ANN ARBOR DISTRICT LIBRARY

3162121006

Essential Italian Verbs

D1045999

Teach Yourself®

Essential Italian Verbs

Maria Bonacina

Revised edition
Theresa Federici

Series editor
Paul Coggle

For UK order enquiries: please contact
Bookpoint Ltd, 130 Milton Park, Abingdon, Oxon OX14 4SB.
Telephone: +44 (0) 1235 827720. *Fax:* +44 (0) 1235 400454.
Lines are open 09.00–17.00, Monday to Saturday, with a 24-hour
message answering service. Details about our titles and how to
order are available at www.teachyourself.com

For USA order enquiries: please contact McGraw-Hill Customer
Services, PO Box 545, Blacklick, OH 43004-0545, USA.
Telephone: 1-800-722-4726. *Fax:* 1-614-755-5645.

For Canada order enquiries: please contact McGraw-Hill
Ryerson Ltd, 300 Water St, Whitby, Ontario L1N 9B6, Canada.
Telephone: 905 430 5000. *Fax:* 905 430 5020.

Long renowned as the authoritative source for self-guided
learning – with more than 50 million copies sold worldwide –
the *Teach Yourself* series includes over 500 titles in the fields of
languages, crafts, hobbies, business, computing and education.

British Library Cataloguing in Publication Data: a catalogue record
for this title is available from the British Library.

Library of Congress Catalog Card Number: on file.

First published in UK 1994 as *Teach Yourself* Italian verbs by
Hodder Education, part of Hachette UK, 338 Euston Road,
London NW1 3BH.

First published in US 1994 by The McGraw-Hill Companies, Inc.

This edition published 2010.

The *Teach Yourself* name is a registered trade mark of
Hodder Headline.

Copyright © 1994, 2003, 2010 Hodder & Stoughton

In UK: All rights reserved. Apart from any permitted use under
UK copyright law, no part of this publication may be reproduced or
transmitted in any form or by any means, electronic or mechanical,
including photocopy, recording, or any information, storage and
retrieval system, without permission in writing from the publisher
or under licence from the Copyright Licensing Agency Limited.
Further details of such licences (for reprographic reproduction)
may be obtained from the Copyright Licensing Agency Limited,
of Saffron House, 6–10 Kirby Street, London EC1N 8TS.

In US: All rights reserved. Except as permitted under the United States
Copyright Act of 1976, no part of this publication may be reproduced
or distributed in any form or by any means, or stored in a database or
retrieval system, without the prior written permission of the publisher.

Typeset by MPS Limited, a Macmillan Company.

Printed in Great Britain for Hodder Education, an Hachette UK
Company, 338 Euston Road, London NW1 3BH.

The publisher has used its best endeavours to ensure that the URLs
for external websites referred to in this book are correct and active
at the time of going to press. However, the publisher and the
author have no responsibility for the websites and can make no
guarantee that a site will remain live or that the content will remain
relevant, decent or appropriate.

Hachette UK's policy is to use papers that are natural, renewable
and recyclable products and made from wood grown in sustainable
forests. The logging and manufacturing processes are expected to
conform to the environmental regulations of the country of origin.

Impression number   10 9 8 7 6 5 4 3 2 1

Year   2014 2013 2012 2011 2010

Contents

··

Personal Introduction by Theresa Federici

Along with a good dictionary, a verb book forms part of the essential kit for supporting language learning. **Essential Italian Verbs** provides you with over 200 verbs, fully conjugated, with sample phrases that put the verb into context and give idiomatic meanings and a reference list of over 3500 verbs linking you to the appropriate model conjugation. For learners starting out in Italian there is an explanatory section giving information on how the different functions of verbs work, with learning tips and examples. Increasing your awareness of verbs and enriching your knowledge of their forms and structures will enable you quickly to improve your overall language skills quickly and give you confidence when using Italian in different social contexts and in your written Italian. The verb list and verb tables enable you to see patterns and logical sequences even in irregular verbs and can make the prospect of learning verbs and their uses much more appealing.

Credits

Front cover: © Oxford Illustrators

Back cover: © Jakub Semeniuk/iStockphoto.com, © Royalty-Free/Corbis, © agencyby/iStockphoto.com, © Andy Cook/iStockphoto.com, © Christopher Ewing/iStockphoto.com, © zebicho – Fotolia.com, © Geoffrey Holman/iStockphoto.com, © Photodisc/Getty Images, © James C. Pruitt/iStockphoto.com, © Mohamed Saber – Fotolia.com

Only got a minute?

A fundamental aspect of the Italian language, verbs do much more than simply tell you which action is taking place and when. In Italian, your choice of verb can convey your intentions, actions and feelings such as humour, sarcasm or longing. They can elevate your language to a more formal level and differ between written and spoken forms that nonetheless carry the same meaning. Verbs also make the difference between informal ways of speaking to family and friends and more formal and polite forms of address. The mood of a verb allows you to give orders, express doubt, hope, regret and many other emotions simply through changing the verb form used. From beginners' level through to more advanced students, Essential Italian Verbs provides learners with over 200 verb tables where the appropriate subject, tense and mood of a verb can be checked and useful idiomatic examples of the verb in action can be found. An introductory section also explains the main functions of verbs: an essential support for learning and perfecting this aspect of language.

5 Only got five minutes?

As you have bought a book of Italian verbs, you have probably started learning Italian already, or you are just about to. You probably know, then, about the rich and diverse history of Italy that has left its mark on the cities and landscapes making it one of the most beautiful and fascinating countries to visit. Italy's rich cultural history has also left a clear imprint on the evolution of the Italian language particularly through the legacy of Latin that remained the language of erudition, religion, and political discourse for many centuries.

The use of Latin for many centuries as the European 'lingua franca' for scholars and the Church and the influence of 'Romance languages' on the evolution of English mean that many cognates can be found when learning Italian. The word 'cognate' itself is of Latin origin: it means 'born together' and in language it is used to refer to words that share the same origin. Some verbs are immediately recognisable and have the same or very similar meanings in both languages. Verbs such as **arrivare**, **entrare**, **dividere**, **studiare** and many others are easily identifiable. These cognates are very helpful when building your confidence in receptive learning skills like reading and listening.

Other cognates that come from Latin exist in different forms. The verbs **mettere**, 'to put', **prendere** 'to take' and **venire** 'to come' do not look like their English equivalent verbs. Verbs from the same families that take a prefix do have cognates in English: **ammetto** is recognisable in 'I admit' and you can see the word 'promise' in the past participle **promesso**; **comprendere** looks like 'to comprehend' and **intervenire** does mean 'to intervene'. Even the verb **eleggere** is recognisable as the English 'to elect' when you look at the past participle **eletto**. It is sometimes English that adds the prefix: **abitare** means 'to live' in the sense of 'to dwell' and we find its cognate in the verb 'to inhabit'.

Prefixes can be very helpful in creating links for learning verbs: a useful example is found in the two Italian verbs that mean 'to leave'. If you look in a dictionary you will find both **partire** and **lasciare** mean 'to leave' but there is a very important distinction between the two verbs: you cannot use **partire** if you leave your keys on the table just as you cannot use **lasciare** if you are leaving the country. A synonym for 'to leave' in the sense of **partire**, is 'to depart' and this shares its origins with the verb **partire**, coming into English via Old French from Latin origins. You cannot 'depart' your keys on the table so knowing the origin and the English cognate becomes a good way of remembering the difference between the two verbs.

However, as always with language, you have to be aware of the exceptions and what appears to be a cognate may have a completely different meaning. This is true of the verb **convenire** made up of a prefix plus **venire**. It looks like the verb 'to convene' and indeed they are the same verb. English has kept the original Latin meaning of 'bringing together' but Italian has a different meaning. If you look for 'convene' in a dictionary you will see that the Italian is **convocare** or **riunirsi**. You will probably notice that the verb **convenire** has two cognates in English, 'to convene' and 'to be convenient' and it is this second meaning that the Italian verb **convenire** carries: 'to be opportune or convenient'. There are other verbs that have completely different meanings to the English verbs they seem to resemble, the 'false friends'. A good example of this can be found in the verbs **assistere** and **attendere**. The Italian verb **assistere** looks as though it may mean 'to assist' in English – but it does not: it means 'to be present' or 'to attend'. In the same way, the Italian verb **attendere** does not mean 'to attend', but 'to wait'.

Looking back at the Latin origin of Italian verbs can also help when trying to learn and understand the very irregular verbs of Italian. **Fare** 'to do', **dire** 'to say', and **bere** 'to drink' are easier to understand when you know that the Latin verbs were 'facere', 'dicere' and 'bevere' and that it is this extra syllable from Latin that is present in the active verb forms: **faccio** 'I do' or 'I make'; **dico** 'I say' and **bevo**, 'I drink'. Latin is also helpful in this way when considering the verb families ending in -**rre**: **porre**, **trarre**, and -**durre**. These are all considered as irregular verbs of the second conjugation, in this case of the -**ere** verbs, even if they do not look like other -**ere** verbs. Again Latin is the reason for this: **porre** is from the Latin form 'ponere' while **trarre** is from the Latin form 'trahere'. The Latin origin helps us to understand the presence of the letter 'n' in **porre** verbs and the double vowels in **trarre** verbs. Verbs ending in -**durre** ended in 'ducere' in Latin. When we bear this in mind many -**durre** verbs are not so irregular, especially in the present indicative and the imperfect, e.g. **tradurre**: **traduco** 'I translate'; **traducevo** 'I used to translate' and **introdurre**: **introduco** 'I introduce'; **introducevo** 'I used to introduce'.

Cognates and borrowings have come full circle with the 'Italianization' of some English words. There are words that have been adopted and adapted into Italian over time, such as the verb **scioccare**, meaning 'to shock' but there is a prevalence of these 'Italianized' English verbs in language concerned with technology. In Italian you can **cliccare con il mouse** and, in colloquial language, 'to send a text message' is **smessaggiare**!

Introduction

AIM OF THIS BOOK

Essential Italian Verbs is a handy, easy-to-use reference resource to support your Italian language learning and to enrich and improve your knowledge of Italian verbs and how they work. This book will be a valuable resource for learners from complete beginners to upper intermediate and advanced learners. The extensive verb list and the model verbs provided in full allow you to learn conjugations, look up the particular form of a verb, and also group verbs into 'families' so as to make them easier to remember. The sample sentences provide idiomatic uses of the verbs and the introductory explanations on how verbs work will help you to decide which tense or mood you need to use.

HOW TO USE THIS BOOK

Read the following section on verbs and how they work.

Look up the verb you want to use in the verb list at the back of the book. Verbs are listed in the *infinitive*; that is the *to ...* form in English, for example *to eat* **mangiare**, *to believe* **credere** and *to sleep* **dormire**.

The verbs have been allocated a number between 1 and 210. If the number is in **bold** print, the verb is one of the 210 presented in the verb tables; if it is not among the 210, the reference number (in ordinary print) will direct you to a verb that behaves in the same way as the verb you want to use.

Turn to the verb referred to for details of your verb. If you are not sure which verb form to use in a given context, turn to the relevant section of 'What are verbs and how do they work?' below.

The examples listed with the 210 verbs show basic uses of the verb, some well-known phrases and idiomatic expressions, and words sharing the same origin.

What are verbs and how do they work?

1 WHAT IS A VERB?

Verbs are the most important element in a sentence; they are used when we want to describe an action, a state, an occurrence or a sensation.

I play football **Gioco a calcio** describes an action; *I stay at home* **Rimango a casa** describes a state; *It happens all the time* **Succede sempre** describes an occurrence and *I am hungry* **Ho fame** describes a sensation. Verbs are generally used to express something that is happening to the subject of the sentence: they can explain what the subject is doing and what the subject is like. The choice of verb and verb form determine the structure of the whole sentence. Verbs are also used to convey when an action takes place. Changes in the verb tense can indicate whether an action has taken place in the past, is taking place in the present, or will take place in the future and whether the action is continuous or not. Verbs can indicate the likelihood of an action taking place, the probability of an action, and can express concerns, doubts, and orders, through changes in the 'mood' of the verb.

In a dictionary, verbs are always given in their infinitive form, *to …* in English. This is the basic form of the verb without any notion of time or specific subject. When a verb is used in connection with a subject or a time, the verb changes: in English the past tense of regular verbs is denoted by the addition of *-ed*; the third person singular, *he*, *she* or *it*, in the present tense is denoted by the letter *-s*; the future is expressed by the addition of *will* before the verb.

In Italian there are three main forms of the infinitive: verbs that end in **-are**, known as the first conjugation; verbs that end in **-ere**, known as the second conjugation; and verbs that end in **-ire**, known as the third conjugation. A conjugation gives the different endings of a verb. In order to conjugate the verbs, the infinitive ending is removed and the appropriate endings are added for the subject, the tense, and the mood required, as the sections below will demonstrate. There are some irregular forms of the infinitive, such as those that end in **-rre**. These verbs are very irregular but can be remembered in 'families' of verbs following the models **porre**, **trarre** and **introdurre** that are given in the verb tables.

Insight

One of the trickiest aspects for beginners is committing verbs to memory. Take a regular verb from each of the families (**-are**, **-ere**, **-ire**) and the most important irregular verbs you come across (to begin with, **essere**, **avere** and **andare**) and try writing them out and sticking them around your computer screen, your mirror, opposite the kitchen sink – anywhere where you will have them in your field of vision but don't need to concentrate on them. Writing them out will help commit them to memory and having them around you in this way will help back up your learning without you even realizing!

2 I, YOU, HE, SHE, IT ...: PERSON

Verbs are used in connection with a given person or persons. Conjugations in all the tenses are always written in the same order:

First person singular	io	*I*
Second person singular	tu	*you* (informal)
Third person singular	lui, lei, Lei	*he, she, you* (formal)
	esso, essa	*it* (not commonly used in spoken Italian)
First person plural	noi	*we*
Second person plural	voi	*you* (informal)
Third person plural	loro, Loro	*they, you* (formal)

In Italian you do not need to use the personal pronouns because the verb endings show *who* or *what* is doing the action. However, the pronouns can be retained for emphasis.

Italian has two pronouns for both *you* singular and *you* plural. The second persons singular and plural, **tu** and **voi**, are used to talk to your family and friends and also to talk to children.

Lei, written with a capital letter, is the formal form for *you* in the singular. **Lei** is used in formal situations, for example when addressing an adult you do not know or someone you would speak to using their title, e.g. **Signor Rossi, Signora Giannini**. Note that the **Lei** form is the third person of the verb, rather than the second person, since it is rather like saying the equivalent of *Does Sir/ Madam* (i.e. you) *speak English?*

The formal address to more than one person is **Loro** (always written with a capital letter). This form is rarely used now and is usually replaced by the less formal **voi**.

Signor Rossi, Lei abita a Roma?	*Mr Rossi, do you live in Rome?*
Signori Rossi, Loro abitano a Roma?	*Mr and Mrs Rossi, do you live in Rome?*
Signori Rossi, voi abitate a Roma?	*Mr and Mrs Rossi, do you live in Rome?*

Insight

In all verb tenses you address someone formally by using the third person singular (**Lei**), but you can still be polite when addressing people informally by using modal verbs (see section 12) and saying *Can you...?*, e.g. *Can you give me a lift?* **Mi puoi dare un passaggio?**; or by using the conditional (see section 6b) and saying *Would you...?* e.g. *Would you give me a lift?* **Mi daresti un passaggio?** You can even use both the modal verb and the conditional *Would you be able to...?* e.g. *Would you be able to give me a lift?* **Mi potresti dare un passaggio?** These polite constructions can also be used formally: **Lei mi può dare un passaggio? Lei mi darebbe un passaggio? Lei mi potrebbe dare un passaggio?**

3 PAST, PRESENT, FUTURE ...: TENSE

a What is tense?

Most languages use changes in the verb form to indicate an aspect of time. These changes in the verb are referred to as *tenses*, and the tenses may be *present*, *past* or *future*. In English and Italian, certain words can specify when an action takes place: adverbs, time clauses, conjunctions, and expressions such as yesterday, today, every day, tomorrow, before, after, since, while, for, etc. do this, but in both languages it is still necessary to alter the tense of the verb as well.

Yesterday I watched a DVD.
I watch TV every day.
Tomorrow I will watch a film at the cinema.

In Italian, these alterations involve adding different endings to the stem of the verb. (In the English examples above, the stem is watch.) The stem of the verb tells you what is being done; the different endings tell you who is doing this action and when. To form the stem, you take the -are, -ire or -ere off the infinitive: for example, the stem of **parlare** is **parl-**, the stem of **credere** is **cred-**, the stem of **partire** is **part-**. Once you have the stem of your verb, you can add the appropriate endings.

Insight

If you come across a verb in something you are reading and you want to look up the meaning, you will have to work out the infinitive form. This is easy with regular verbs as you can look up the stem: if you look for **parl-** in your dictionary, you will find the verb **parlare**. With irregular verbs this is more of a problem. For example, if you came across **vado** in a text and didn't know the verb **andare**, you might look in a dictionary for **vad-** as a stem, which, of course, doesn't exist. If you have access to a computer, online dictionaries like www.wordreference.com will give you the infinitive and the meaning.

b Auxiliary verbs

An auxiliary verb supports the main verb. Auxiliary verbs exist in English and in Italian, but they are not always used in the same context. In English an auxiliary verb is needed when making a question; for example, in the question 'Do you work here?', 'do' is the auxiliary verb. Italian doesn't need auxiliary verbs for questions or negations (in this very sentence 'doesn't need' is an example of an auxiliary verb used in a negation). In Italian the question form is made by altering the inflection of your voice, or adding a question mark in written language, e.g. **Lavora qui?** literally *You work here?* The negation is made by adding **non** in front of the active verb, e.g. **In italiano non servono i verbi ausiliari per formulare domande,** lit. *Italian not needs auxiliary verbs for formulating questions.* In both languages auxiliary verbs are used to make compound tenses. In English some examples of compound tenses are the present continuous: *I am working* and the present perfect: *I have worked.*

The most important auxiliary verbs in English are *to be, to have* and *to do.* Italian, however, does not use **fare** (*to do*) as an auxiliary verb. It uses the verbs **essere** and **stare**, which both mean *to be* and **avere,** meaning *to have,* as its auxiliary verbs. As you will see in the explanations below, **essere** and **avere** are used in all compound tenses except the present and past continuous, which use **stare.**

c Simple and compound tenses

Tenses formed by adding endings to the verb stem are called simple tenses; for example, in the sentence:

Lavoro a Venezia.   *I work in Venice.*

the verb *to work* is **lavorare,** so the stem is **lavor-.** The present indicative is then made by adding the appropriate ending.

Compound tenses need an auxiliary verb followed by a past participle (see below). One of the compound tenses in Italian is the **passato prossimo:**

Ho lavorato a Venezia.   *I worked in Venice.*

Continuous tenses are formed by the verb **stare** plus the gerund (-*ing* in English) for example:

Sto lavorando a Venezia. *I am working in Venice.*

See section 5 below for the use of the present and the present continuous and when to use these and other tenses.

d Participles
In Italian there is a present participle and a past participle. The main uses of the present participle in spoken Italian are as a noun or an adjective, e.g. **insegnante, divertente**. The past participle can be used as an adjective, e.g. **dovuto**, and is used in compound tenses with the auxiliary verbs **avere** *to have*, or **essere**, *to be*:

(io) ho finito	*I finished*
(io) ho parlato	*I spoke*
(io) ho deciso	*I decided*
(io) sono andato	*I went*

4 REGULAR AND IRREGULAR VERBS

A regular verb conforms to a set pattern, but irregular verbs do not. The verb *to work* in English is regular as it conforms to a pattern: *I work, you work, he works, we work, they work.* The verb *to be* in English is irregular as it does not conform to a pattern: *I am, you are, he is, we are, they are.* Many Italian verbs are regular, forming their tenses according to set patterns. There are three types of verb, or conjugations:

▶ First conjugation verbs end in -**are**. A model for this type of verb is **lavorare** *to work* (no. 102). The stem of some of these verbs can be irregular (see opposite).
▶ Second conjugation verbs end in -**ere**. A model for this type of verb is **temere** *to fear* (no. 188). Many -**ere** verbs are irregular, e.g. **essere** *to be*.

▶ Third conjugation verbs end in **-ire**. A model for this type of verb is **partire** *to leave*, *depart* (no. 124). Some **-ire** verbs add **-isc** between the stem and the ending in some forms of the present indicative (see **5a** below), the imperative and the present subjunctive.

Insight

First conjugation verbs don't always follow this rule – unfortunately. There are some verbs that have a **c** or a **g** as the last letter of the stem and that change their spelling in order to keep the same sound throughout. In Italian the syllable sounds of **ca, co, cu, che** and **chi** are hard /k/ sounds, whereas **ce** and **ci** are soft /ch/ sounds. **Cominciare** has a /ch/ sound so the letter **-i-** is needed to make the /ch/ sound as opposed to a hard /k/ sound. In the future tense, **comincerò**, the letter **-i-** is redundant as the **-e-** makes a soft sound anyway. There are verbs that work the other way around too. The verb **cercare** *to look for*, is a regular verb, but you need to add an **-h-** in order to keep the hard sound throughout: **cerco, cerchi, cerca, cerchiamo, cercate, cercano.**

The same rule applies with the letter **g**. The sound in **ga, go, gu, ghe** and **ghi** is a hard /g/ sound, as in the English *grey* or *garden*, whereas **ge** and **gi** are soft /j/ sounds, as in *gel* or *generous*. **Mangiare** has a /j/ sound and therefore the letter **-i-** is needed in order to make the soft /j/ as opposed to the hard /g/ sound (**mangio** *I eat*, **mango** - a soft fruit, as in English). So, the future of *we eat* is **mangeremo**, without the letter **-i-**. Again there are verbs that work the other way around. The verb **pagare** *to pay* has a hard /g/ sound, so you need to add the **h** to keep the hard sound throughout: **pago, paghi, paga, paghiamo, pagate, pagano.**

Of course there are some verbs that change their sound, like **convincere: convinco** with a /k/ sound and **convinci** with a /ch/ sound, so look carefully at the spelling of verbs with **-c** and **-g** so that you get the correct pronunciation.

5 FORMATION AND USE OF TENSES

a The present

To form the present tense, simply take off the **-are**, **-ere** or **-ire** part of the infinitive to get the stem, and add the endings:

	-are verbs	*-ere verbs*	*-ire verbs*
(io)	lavor**o**	tem**o**	part**o**
(tu)	lavor**i**	tem**i**	part**i**
(lui/lei/Lei)	lavor**a**	tem**e**	part**e**
(noi)	lavor**iamo**	tem**iamo**	part**iamo**
(voi)	lavor**ate**	tem**ete**	part**ite**
(loro/Loro)	lavor**ano**	tem**ono**	part**ono**

The present tense of **-ire** verbs adding **-isc**, e.g. **capire** *to understand* (no. 30), is as follows:

capi**sc**o, capi**sc**i, capi**sc**e, capiamo, capite, capi**sc**ono

The present tense (**indicativo presente**) is used:

▶ to express facts and events which are always true.

Il sole tramonta a ovest.　　　*The sun sets in the west.*
L'acqua bolle a 100 gradi.　　*Water boils at 100 degrees.*

▶ to express habitual or routine actions.

(Lui) lavora in banca.　　*He works in a bank.*
Guardo la TV la sera.　　*I watch TV in the evenings.*

▶ to express actions which are happening at this moment.

(Lui) guarda la televisione.　　*He is watching the TV.*

Note, by the way, that English has both the simple form of the present tense: *I work, you work, she works*, etc. and the continuous form: *I am working, you are working, she is working* etc., whereas in Italian, the simple present can be used for both. (See also the present continuous below.)

▶ to express the future. The appropriate future expression is added to the sentence.

    (Io) lavoro domani.   *I will work/will be working tomorrow.*

▶ to express an action that started in the past and is still going on (the present perfect continuous in English). This use relies on expressions of time preceded by **da** (*since, for*):

    (Io) lavoro da ieri.   *I have been working since yesterday.*
    (Lui) parla al telefono da   *He has been talking on the phone*
    due ore.   *for two hours.*

The present continuous

Like the present indicative, the present continuous is used to express an action that is taking place at this moment and is formed by the present tense of **stare** plus the gerund of the main verb. One way to think about when to use the present continuous rather than the indicative is to imagine being interrupted in the middle of something; for example, if the phone rings when you are in the middle of a meal, you might say 'I can't talk now, I'm eating my dinner.' In such situations you would generally use the present continuous for 'I'm eating'. It is formed as follows:

-are verbs	(Io) sto lavor**ando**.	*I'm working.*
-ere verbs	(Tu) stai legg**endo**.	*You're reading.*
-ire verbs	(Noi) stiamo part**endo**.	*We're leaving.*

Insight

The present tense can be quite difficult as there are lots of irregular verbs. As you have seen, the last letter or letters of active verbs carry all the information on who is doing the action, and this is very regular, even in irregular verbs.

(Contd)

Venire, for example, is very irregular but the last letters are the same as in regular **-ire** verbs: **vengo, vieni, viene, veniamo, venite, vengono.** There are some exceptions, such as the third person plural of **andare, fare, dare** and **sapere,** that all have two '**n**'s.

b The imperfect
This tense is formed by adding the appropriate imperfect ending, for **-are, -ere** or **-ire** verbs, to the stem.

	-are verbs	*-ere verbs*	*-ire verbs*
(io)	lavor**avo**	tem**evo**	part**ivo**
(tu)	lavor**avi**	tem**evi**	part**ivi**
(lui/lei/Lei)	lavor**ava**	tem**eva**	part**iva**
(noi)	lavor**avamo**	tem**evamo**	part**ivamo**
(voi)	lavor**avate**	tem**evate**	part**ivate**
(loro/Loro)	lavor**avano**	tem**evano**	part**ivano**

The imperfect (**imperfetto**) is used:

▶ to describe something that used to happen.

Lavoravo a Roma. *I used to work in Rome.*

▶ to describe something that was ongoing at a certain moment in the past. In this sense, it is often used after **mentre** (*while*).

Lavoravo quando sei arrivato. *I was working when you arrived.*
Mentre leggevo, lui dormiva. *While I was reading, he was sleeping.*

▶ to describe a scene or a situation in the past.

Faceva caldo e la gente prendeva il sole. *It was hot and people were sunbathing.*

▶ to express an action that started in the past and was still going on when something else happened.

Lo conoscevo da due anni quando ci siamo sposati.   *I had known him for two years when we got married.*

In general terms we can say that the perfect tense – **ho mangiato, ho parlato, sono andato, siamo scesi** – is used for actions that were completed in the past and the imperfect tense is used for actions that were ongoing in the past. However, if we talk about something that happened in the past between specific times we use the perfect (**passato prossimo**):

Ho lavorato dalle nove alle cinque.   *I worked from nine to five.*

The past continuous
Like the present continuous, this is formed by using the appropriate person of **stare**, this time in the imperfect tense, plus the gerund of the main verb. As with the present continuous, the past continuous is used for an action that is interrupted by a second action:

Stavo lavorando quando sei arrivato.   *I was working when you arrived.*

c The perfect
The perfect (**passato prossimo**) is a compound tense formed by the present tense of the auxiliary verb and the past participle of the main verb. The auxiliary verb is either **avere** (*to have*) or, especially for verbs expressing a movement to/from a place or a change of condition, **essere** (*to be*).

Note that, when the auxiliary verb is **essere** in compound tenses, the past participle changes its ending depending on whether the subject of the verb is masculine or feminine, singular or plural.

The past participles of regular verbs are formed by adding **-ato**, **-uto**, **-ito** to the verb stem:

-are verbs	lavor**ato**	*worked*
-ere verbs	tem**uto**	*feared*
-ire verbs	part**ito**	*left, departed*

	lavorare *(to work)*	andare *(to go)*
(io)	**ho** lavorato	**sono** andato/a
(tu)	**hai** lavorato	**sei** andato/a
(lui/lei/Lei)	**ha** lavorato	**è** andato/a
(noi)	**abbiamo** lavorato	**siamo** andati/e
(voi)	**avete** lavorato	**siete** andati/e
(loro/Loro)	**hanno** lavorato	**sono** andati/e

The perfect is used:

▶ to express an action completed in the distant or recent past.

> **L'anno scorso mio figlio è andato a Roma e ha visitato il Colosseo.**   *Last year my son went to Rome and visited the Colosseum.*
>
> **Ieri sono andato a scuola a piedi.**   *Yesterday, I walked to school.*

▶ to express a completed action which is related to the present.

> **È arrivato Mario. Eccolo!**   *Mario has arrived. Here he is!*

▶ to express an action which lasted some time and has just finished.

> **Ho lavorato due ore.**   *I've been working two hours.*
>
> **Ha camminato tutto il giorno.**   *She's been walking all day.*

Insight

How can you remember which verbs need **essere** and which need **avere** in the **passato prossimo**? As most verbs take **avere**, try learning the ones that take **essere**. There are many ways to do this: you could invent a mnemonic with the first letters, or you could make a drawing to illustrate the verbs of motion (going in or coming out of a house, shop or railway station!); you could learn some of them in opposite pairs, or, if you like singing you could put them to a tune. The main verbs that take **essere** are verbs of motion (**andare, venire, partire, tornare, salire, scendere, entrare, uscire**), verbs that indicate a state of being (**nascere, essere, stare, restare, rimanere, diventare, morire**) and reflexive verbs (**svegliarsi, alzarsi, lavarsi** etc.).

d The pluperfect
The pluperfect (**trapassato prossimo**) is formed by using the imperfect tense of the auxiliary verb and the past participle of the main verb. It is used to express an action in the past that was completed before another one started.

Quando sono arrivato, tu eri già uscito. *When I arrived, you had already gone out.*

	mangiare (to eat)	restare (to stay)
(io)	**avevo** mangiato	**ero** restato/a
(tu)	**avevi** mangiato	**eri** restato/a
(lui/lei/Lei)	**aveva** mangiato	**era** restato/a
(noi)	**avevamo** mangiato	**eravamo** restati/e
(voi)	**avevate** mangiato	**eravate** restati/e
(loro/Loro)	**avevano** mangiato	**erano** restati/e

e The past historic

	-are *verbs*	-ere *verbs*	-ire *verbs*
(io)	lavor**ai**	tem**ei** (**-etti**)	part**ii**
(tu)	lavor**asti**	tem**esti**	part**isti**
(lui/lei/Lei)	lavor**ò**	tem**è** (**-ette**)	part**ì**
(noi)	lavor**ammo**	tem**emmo**	part**immo**
(voi)	lavor**aste**	tem**este**	part**iste**
(loro/Loro)	lavor**arono**	tem**erono** (**-ettero**)	part**irono**

Many verbs are irregular in the past historic (**passato remoto**). Their **io**, **lui/lei** and **loro** forms end in **-i**, **-e**, **-ero** and the stem is anomalous, e.g. **leggere** (*to read*) (no. 103): **lessi, leggesti, lesse, leggemmo, leggeste, lessero.**

The past historic is used in formal written Italian to describe a historic event or a completed action in the past with no link to the present. In speech it is usually replaced by the perfect.

Dante nacque a Firenze.   *Dante was born in Florence.*

f The past anterior
The past anterior (**trapassato remoto**) is formed by using the past historic tense of the auxiliary verb and the past participle of the main verb.

	lavorare *(to work)*	partire *(to leave)*
(io)	**ebbi** lavorato	**fui** partito/a
(tu)	**avesti** lavorato	**fosti** partito/a
(lui/lei/Lei)	**ebbe** lavorato	**fu** partito/a
(noi)	**avemmo** lavorato	**fummo** partiti/e
(voi)	**aveste** lavorato	**foste** partiti/e
(loro/Loro)	**ebbero** lavorato	**furono** partiti/e

This tense is used in formal written Italian after **quando** (*when*), **appena** (*as soon as*) and **dopo che** (*after*), when there is a past historic in the main part of the sentence. Just like the pluperfect, the past anterior is used to express an action in the past that was completed before another action in the past started.

Quando ebbe bevuto il caffè,   *When he had finished drinking his*
lasciò la stanza.   *coffee, he left the room.*

Insight
You may not think the past historic (**passato remoto**) is a very useful tense in spoken Italian; however, many regions use it in everyday conversation. It can be used on the TV, radio

and in newspapers to convey a sense of distant past. It is the tense of story-telling and Italian novels often use it, together with the imperfect. It is good to have a receptive knowledge of the past historic, even if you don't expect to use it yourself yet for writing or speaking. By the way, to say Once upon a time, Italian uses the imperfect: **C'era una volta.**

g The future

	-are *verbs*	-ere *verbs*	-ire *verbs*
(io)	lavor**erò**	tem**erò**	part**irò**
(tu)	lavor**erai**	tem**erai**	part**irai**
(lui/lei/Lei)	lavor**erà**	tem**erà**	part**irà**
(noi)	lavor**eremo**	tem**eremo**	part**iremo**
(voi)	lavor**erete**	tem**erete**	part**irete**
(loro/Loro)	lavor**eranno**	tem**eranno**	part**iranno**

This tense is formed by adding the appropriate future ending to the stem of the verb. Its main uses are:

▶ to express an action which will take place in the future.

Domani lavorerò. *Tomorrow I will work.*

▶ to express probability.

Saranno le tre. *It must be three o'clock.*

▶ to express a hypothesis or to make a guess.

Dov'è Marco? Sarà al lavoro. *Where is Marco? He's probably at work.*

Insight
When talking about events that will happen in the future, you do not always need to use the future tense; quite often you can use the present tense with future meaning. English uses
(Contd)

the present continuous and *going to* for future arrangements and plans, e.g. *Tomorrow I'm going to the supermarket*, or *I'm going to start a new course next year*. Italian would use the present indicative or the future in these situations:

Domani vado al supermercato, or **Domani andrò al supermercato.**

L'anno prossimo comincio un corso nuovo, or **L'anno prossimo comincerò un corso nuovo.**

h The future perfect
This tense is formed by using the future tense of the auxiliary verb and the past participle of the main verb.

	lavorare *(to work)*	partire *(to leave)*
(io)	**avrò** lavorato	**sarò** partito/a
(tu)	**avrai** lavorato	**sarai** partito/a
(lui/lei/Lei)	**avrà** lavorato	**sarà** partito/a
(noi)	**avremo** lavorato	**saremo** partiti/e
(voi)	**avrete** lavorato	**sarete** partiti/e
(loro/Loro)	**avranno** lavorato	**saranno** partiti/e

This tense is used to express an action that will be completed in the future before another future action takes place. The future perfect works very differently to its English equivalent, so its construction can be quite difficult to remember. Take the example: *When he gets home, he'll give me a call*. Both these actions are in the future, but in English, the first action, *getting home*, is in the present indicative and the second action, *giving a call*, is in the future tense. In Italian, the first action, *getting home*, will be in the future perfect, **sarà arrivato a casa**. Once he has arrived home he will complete the second future action of making the phone call: **mi chiamerà**. So the literal meaning in English would be: 'When he will have arrived home, he will call me', **Quando sarà arrivato a casa, mi chiamerà.** Experts of Italian grammar have noticed a decline in the use of this tense in spoken

Italian and the future tense is now more commonly being used for both clauses.

6 INDICATIVE, CONDITIONAL SUBJUNCTIVE, IMPERATIVE ...: MOOD

The term 'mood' is used to group verb phrases into four broad categories according to the general kind of meaning they convey.

a The indicative mood
This is used for making statements or asking questions of a factual kind.

We are not going out today.
Does he work here?

All the tenses we have seen so far are in the indicative mood.

b The conditional
This mood conveys the idea that the outcomes of the action are dependent on certain conditions being met. In subordinate clauses this mood is often closely linked with the subjunctive, e.g. in hypothetical clauses, and is used to express conditions or possibilities.

I would accept her offer, if ...

The conditional mood has two tenses. In Italian, the present conditional is formed by adding the appropriate endings to the stem of the verb.

	-are *verbs*	-ere *verbs*	-ire *verbs*
(io)	lavor**erei**	tem**erei**	part**irei**
(tu)	lavor**eresti**	tem**eresti**	part**iresti**
(lui/lei/Lei)	lavor**erebbe**	tem**erebbe**	part**irebbe**
(noi)	lavor**eremmo**	tem**eremmo**	part**iremmo**
(voi)	lavor**ereste**	tem**ereste**	part**ireste**
(loro/Loro)	lavor**erebbero**	tem**erebbero**	part**irebbero**

The present conditional is used:

▶ to express a polite request.

Vorrei un caffè.	*I would like a coffee.*
Potrebbe chiudere la finestra?	*Could you please close the window?*

▶ to express a desire.

Verrei, ma non posso.	*I would come, but I cannot.*
Sarebbe bellissimo andare a Roma.	*It would be lovely to go to Rome.*

▶ to express a personal opinion.

Direi che è una buona idea.	*I think (lit. I would say) it is a good idea.*

▶ to request or give advice.

Cosa faresti?	*What would you do?*
Cosa consiglieresti?	*What would you advise?*

▶ to describe an unlikely event, in conjunction with an if clause.

Se avessi i soldi, farei il giro del mondo.	*If I had the money, I would go round the world.*

The conditional perfect is formed by using the present conditional form of the auxiliary with the past participle of the verb.

	mangiare	andare
(io)	**avrei** mangiato	**sarei** andato/a
(tu)	**avresti** mangiato	**saresti** andato/a
(lui/lei/Lei)	**avrebbe** mangiato	**sarebbe** andato/a
(noi)	**avremmo** mangiato	**saremmo** andati/e
(voi)	**avreste** mangiato	**sareste** andati/e
(loro/Loro)	**avrebbero** mangiato	**sarebbero** andati/e

It is used:

▶ to express desire, request or intention related to the past.

Avrei voluto un caffè.   *I would have liked a coffee.*
Avrei voluto venire ...   *I would have liked to come ...*

▶ to express a personal opinion related to the past.

Avrei detto che sarebbe stata   *I would have said that it would*
una buona idea.   *have been a good idea.*

▶ to describe what didn't happen, in conjunction with an if clause.

Se fossi uscito, avrei preso   *If I had gone out, I would*
freddo.   *have caught cold.*

c The subjunctive mood
This mood has four tenses and is used for expressing wishes,
conditions, doubts, and subjective points of view.

*It is my wish that he **be** allowed to come.*
*If I **were** you ...*
***Be** that as it may ...*

The use of the subjunctive in English is rare, but it is still frequent in
Italian. There is a subjunctive form for the four tenses given below.

Present subjunctive			
(io)	lavor**i**	tem**a**	part**a**
(tu)	lavor**i**	tem**a**	part**a**
(lui/lei/Lei)	lavor**i**	tem**a**	part**a**
(noi)	lavor**iamo**	tem**iamo**	part**iamo**
(voi)	lavor**iate**	tem**iate**	part**iate**
(loro/Loro)	lavor**ino**	tem**ano**	part**ano**

(Contd)

(io)	lavor**assi**	tem**essi**	part**issi**
(tu)	lavor**assi**	tem**essi**	part**issi**
(lui/lei/Lei)	lavor**asse**	tem**esse**	part**isse**
(noi)	lavor**assimo**	tem**essimo**	part**issimo**
(voi)	lavor**aste**	tem**este**	part**iste**
(loro/Loro)	lavor**assero**	tem**essero**	part**issero**

Perfect subjunctive

(io)	**abbia** lavorato	**sia** partito/a
(tu)	**abbia** lavorato	**sia** partito/a
(lui/lei/Lei)	**abbia** lavorato	**sia** partito/a
(noi)	**abbiamo** lavorato	**siamo** partiti/e
(voi)	**abbiate** lavorato	**siate** partiti/e
(loro/Loro)	**abbiano** lavorato	**siano** partiti/e

Pluperfect subjunctive

(io)	**avessi** lavorato	**fossi** partito/a
(tu)	**avessi** lavorato	**fossi** partito/a
(lui/lei/Lei)	**avesse** lavorato	**fosse** partito/a
(noi)	**avessimo** lavorato	**fossimo** partiti/e
(voi)	**aveste** lavorato	**foste** partiti/e
(loro/Loro)	**avessero** lavorato	**fossero** partiti/e

The subjunctive is used:

▶ after verbs expressing probability, uncertainty, doubt, hope and desire.

Supponiamo che tu abbia ragione.	*Let's suppose you are right.*
Pensavo che lei arrivasse.	*I thought she was coming.*
Non voglio che lui ci vada.	*I don't want him to go there.*

► after impersonal verbs and expressions like **sembra, bisogna, è necessario/importante + che.**

> **Bisogna/È necessario che tu ci vada.** *It's necessary for you to go there.*
> **Sembra che la festa sia finita.** *It seems that the party is over.*

► after conjunctions like **prima che** (*before*), **benché** (*although*), **affinché** (*in order that*).

> **Vado via prima che lui arrivi.** *I'll go away before he arrives.*

after **se** (*if*) when it describes an unlikely or impossible event.

> **Se fossi in te, lo farei.** *If I were you, I would do it.*

The subjunctive is *not* used to give an opinion if the opinion is about the person him/herself, e.g. in the sentence 'He thinks he is intelligent'. To say *I think I am intelligent*, use **Penso** with the preposition **di** followed by an infinitive: **Penso di essere intelligente**. This structure is used no matter who the subject is, as long as the opinion is about the subject himself, e.g. *He thinks he is intelligent*: **Pensa di essere intelligente**; *They think they are intelligent*: **Pensano di essere intelligenti**. It is mainly when the opinion is about someone else that the subjunctive is used, e.g. *I think he is intelligent*: **Penso che lui sia intelligente**; *He thinks that I am intelligent*: **Pensa che io sia intelligente**. The expression **penso di** and other similar ones, e.g. **credo di** and **ritengo di**, are used when the subject of both clauses is the same and there is an element of fact in the opinion expressed.

Insight

One of the main problems with learning the formal imperative, described below, is that the **-are** verbs are 'back-to-front' in the **tu** and the **Lei** form. However, notice that the **Lei** form is the same as the present subjunctive, even in the irregular verbs. A good way of remembering both the present subjunctive singular and the formal imperative in irregular verbs is to think of the **io** form in the present

(Contd)

indicative, take off the **o** and add an a: **vado – vada, vengo – venga, pongo – ponga, traduco – traduca**. Unfortunately, there are always exceptions and this rule doesn't apply to some verbs, including **essere, stare, sapere** and **avere**.

d The imperative mood
This is used to give directives or commands.

Let go!
Get me out of here!
Give me a hand!
Sit down and be quiet!

There is only one 'you' form in English, and therefore only one form of the second person imperative. Italian has the **tu, Lei, voi** and **Loro** forms. Before you give a command in Italian you have to think whether you need to use the informal or formal form and whether you are speaking to one or more persons.

informal form	**Parla!**	*Speak!*	(*you* singular)
formal form	**Parli!**	*Speak!*	(*you* singular)
informal form	**Parlate!**	*Speak!*	(*you* plural)
formal form	**Parlino!**	*Speak!*	(*you* plural but very rarely used as the **voi** form is used in both informal and formal contexts)

The negative form of the informal imperative (second person singular) is formed by putting **non** before the infinitive, e.g. **Non andare!** *Don't go!* **Non parlare!** *Don't speak!*

Italian also has a first person plural of the imperative which corresponds to the English *Let's …*

Andiamo.   *Let's go.*
No, restiamo ancora un po'.   *No, let's stay a bit longer.*

In the verb tables, all five imperative forms are given (clearly there is no imperative for the first person singular!).

(tu) parla   (tu) non parlare
(Lei) parli
(noi) parliamo
(voi) parlate
(Loro) parlino

Insight

Giving orders with an imperative may sound inappropriate, rude, or angry to English speakers as it is rarely used in spoken English, but it is commonly used in Italian, in both informal and formal speech. If you are uncomfortable using the imperative, there are alternatives. You can use modal verbs, or the conditional, e.g. **Può chiudere la finestra per favore?, Potrebbe aprire la porta?** These convey the request without using the imperative. (See also Insight at the end of section 2.) But, as the imperative is used a lot in Italy, don't be surprised if a shopkeeper says **Dica** (lit: *Say*) to you when it is your turn to be served.

Imperatives and pronouns

If you want to give an order or a command that uses a direct or indirect object pronoun, such as *Call him* or *Tell him*, or even commands that have a direct and an indirect object such as *Let me see the book*, *Give me the keys*, the pronouns are attached to the end of the imperative verb except for the **Lei** form:

Call him.	(informal)	**Chiamalo. Chiamatelo.**
	(formal)	**Lo chiami.**
Let's call him.		**Chiamiamolo.**
Tell him	(informal)	**Digli. Ditegli.**
	(formal)	**Gli dica.**
Let's tell him		**Diciamogli.**
Show it (the book) to me.	(informal)	**Fammelo vedere. Fatemelo vedere.**
	(formal)	**Me lo faccia vedere.**
Give them (the keys) to me.	(informal)	**Dammele. Datemele.**
	(formal)	**Me le dia.**

7 THE ACTIVE AND PASSIVE VOICES

Most actions can be viewed in one of two ways:

The dog bit the postman.
The postman was bitten by the dog.

Both sentences express the idea that the dog does the action and the postman receives or is subject to the effects of the action. But in the first sentence the emphasis is on the dog (the doer of the action): *the dog* is the grammatical subject and the verb, *bit*, is in the active voice. In the second sentence the emphasis is on the postman (the receiver of the action): *the postman* is the grammatical subject and the verb (*was bitten*) is in the passive voice.

In Italian, the passive is formed by the appropriate tense of **essere** and the past participle of the main verb. The past participle changes according to whether the subject is masculine or feminine, singular or plural. Note that in compound tenses, the past participle of **essere** must also change, e.g. **Maria è stata lodata.** *Maria has been praised.*

Here are the first person forms of the main tenses for **essere amato,** *to be loved*:

sono amato/a	(present passive)
ero amato/a	(imperfect passive)
sono stato/a amato/a	(perfect passive)
ero stato/a amato/a	(pluperfect passive)
fui amato/a	(past historic passive)
sarò amato/a	(future passive)
sarò stato/a amato/a	(future perfect passive)
sarei amato/a	(present conditional passive)
sarei stato/a amato/a	(perfect conditional passive)
sia amato/a	(present subjunctive passive)
fossi amato/a	(imperfect subjunctive passive)
sia stato/a amato/a	(perfect subjunctive passive)
fossi stato/a amato/a	(pluperfect subjunctive passive)

8 TRANSITIVE AND INTRANSITIVE VERBS

A transitive verb is a verb that can take a direct object. Think about the verbs *to watch* and *to sleep*. With the verb *to watch* you are always watching something, e.g. *you watch the TV, a film* or *you watch the clock*. In these instances, *the TV, a film* and *the clock* are direct objects: they are the thing that is having the action done to it. With the verb *to sleep* there is no thing or person having the action done to it. Verbs like *to watch* are called transitive verbs and verbs like *to sleep* are called intransitive verbs. A good way of knowing if a verb is transitive or intransitive is to ask the question *What?* If a verb is transitive there will always be an answer: *He is watching… What? …a film; I am eating. What? …my dinner.* However, with the statement *I sleep*, there is no answer to the question *What?* Another way to tell whether a verb is transitive or intransitive is to try to put the sentence into the passive form; the resulting sentence may not sound completely natural, but all transitive verbs can work in the passive while intransitive verbs cannot:

I watched the film.   *The film was watched by me.*
I'm learning verbs.   *The verbs are being learned by me.*

But

I live in Rome.
I went outside.

A verb is transitive if it has the possibility of using a direct object, even if it doesn't need one all the time. The verb *to eat* is transitive because you can use a direct object, e.g. *I'm eating my dinner.* You can use the verb *to eat* without the direct object, as in *What are you doing? I'm eating*, but it is still classified as a transitive verb because it is implied that you are eating something.

Like English, the Italian language has both transitive and intransitive verbs. In this book they are identified by the abbreviations tr. and intr. in the main list of verbs and in the verb list at the back.

9 REFLEXIVE VERBS

The term *reflexive* is used when the initiator of an action (or *subject*) and the receiver of the action (or *object*) are one and the same. Many verbs can have a reflexive form, for example, the verb *to wash*:

I wash the dishes.
I wash myself.

There are many verbs that do not use the reflexive pronoun in English, even though the action is something you do to yourself. For example, English does not need a reflexive pronoun for the verbs *to get up, to wash, to clean (your) teeth, to comb (your) hair, to shave, to put on make-up*; it is implied that the subject is doing these actions to himself or herself. However, in Italian you need to say the equivalent of *I get myself up* (**mi alzo**), *I wash myself* (**mi lavo**), *I brush my teeth myself* (**mi lavo i denti**), *I comb my hair myself* (**mi pettino**), *I shave myself* (**mi rado**) and *I put make-up on myself* (**mi trucco**).

When you are looking up verbs, you will see that the reflexive pronoun (**si**) is attached to the end of the infinitive. So in a dictionary you might find **alzare**: *to raise/to lift* and **alzarsi**: *to get up*. The infinitive **alzarsi** gives you the information that the verb is reflexive and that it follows the **-are** pattern. When conjugating a reflexive verb you need to remember to use the appropriate reflexive pronoun: **mi** alzo, **ti** alzi, **si** alza, **ci** alziamo, **vi** alzate, **si** alzano.

10 IMPERSONAL VERBS AND CONSTRUCTIONS

There are a number of verbs in Italian that can only be used with the third person of the verb. They fall into two broad categories: verbs concerning the weather and impersonal constructions. These verbs all take **essere** as an auxiliary verb.

Weather verbs
You will find the verbs concerning the weather in the verb list at the back of the book, e.g. **piovere** *to rain*, **nevicare** *to snow* and **grandinare** *to hail*. These verbs only have the third person singular

form (although the verb to rain can have a figurative meaning as in *insults rained down on him* which would require the third person plural in both English and Italian). They normally take **essere** as an auxiliary, but can also take **avere**. An example is **piovere** below:

Present indicative	**piove**
Imperfect	**pioveva**
Future	**pioverà**
Future perfect	**sarà piovuto**
Past historic	**piovve**
Past anterior	**fu piovuto**
Perfect	**è piovuto**
Pluperfect	**era piovuto**
Conditional	**pioverebbe**
Conditional perfect	**sarebbe piovuto**
Subjunctive	**piova**
Imperfect subjunctive	**piovesse**
Pluperfect subjunctive	**fosse piovuto**
Gerund	**piovendo**

Impersonal constructions: third person verbs
There are some verbs in Italian that use the third person form to express a 'global' meaning, something that is generally true rather than true for a particular situation, individual or group. The most common example is the verb **bisognare**, e.g. **bisogna risparmiare** implies that everyone needs to save; it is a general statement and does not relate to a specific subject. Some other verbs that work in the same way are **occorrere, avvenire, importare, capitare**. These verbs can be found in the verb list at the back of this book.

Impersonal third person verbs with indirect object pronouns
If we want to say *it seems to me* in English, the active verb is *to seem* in the third person singular, used with the indirect object pronoun *to me*. Italian has exactly the same construction: **mi sembra**, i.e. the indirect object pronoun **mi** (*to me*) is used with the verb **sembrare** (*to seem*) in the third person singular. As in English, this construction is also used with the third person plural: *they seem to me* **mi sembrano**. In the present tense, *it seems to you/him/her* etc. is expressed by **sembra** preceded by the appropriate

indirect object pronoun: **mi sembra, ti sembra, gli sembra, le sembra, Le sembra, ci sembra, vi sembra** and **gli sembra** (to express *to them*). This construction always takes **essere** as an auxiliary verb so the past participle must agree in gender and number with the direct object: **mi è sembrato strano** *it seemed strange to me*; **mi sono sembrati strani** *they seemed strange to me*. Common verbs that use this construction include **capitare, parere, succedere, piacere, interessare, stupire, importare** and **bastare**.

Insight

The impersonal construction you will use the most when starting out in Italian may well be **piacere** with an indirect object pronoun in order to describe your likes and dislikes. As this construction conveys the information contained in the English verb 'to like', learning this verb can be a bit confusing. The Italian literally means 'to me it pleases' so if you want to say 'I like football', in Italian you have to say literally 'to me it pleases the football': **mi piace il calcio**; if you want to say 'I like strawberries', in Italian you have to say 'to me they please the strawberries': **mi piacciono le fragole**. **Piacere** is most commonly used this way in the third person, but you can use it with other parts of the verb: be careful though, you have to think about who likes whom! **Non mi piaci** means 'I don't like you' (lit. 'to me you do not please')!

11 *THE IMPERSONAL* SI *AND THE PASSIVE* SI

Si is widely used in Italian to mean *one, anyone, you* in general. It is used with the third person singular of the verb.

Come *si* **dice?**	*How does one/do you say it?*
Con il treno *si* **arriva prima.**	*By train one gets there earlier.*

Si is also used to express the passive voice in the third person singular or plural of the verb.

Qui *si* **parla italiano.**	*Italian is spoken here.*
Qui *si* **vendono francobolli.**	*Stamps are sold here.*

12 MODAL VERBS

Verbs which are used to express concepts such as permission, obligation, ability, and possibility (*can*, *must*, *may*) are referred to as modal verbs. These verbs are frequently used in combination with another verb, e.g. *Could you open the door?*; *You must do your homework; I want to travel.*

Modal verbs are used a lot in Italian. The main ones are **volere** (*to want, to wish*), **potere** (to be able, can, may, might) and **dovere** (*to have to, must, should, ought to*). These verbs are usually followed by an infinitive.

Voglio studiare l'italiano.	*I want to study Italian.*
Non hanno potuto pagare.	*They were not able to pay.*
Posso entrare?	*May I come in?*
Devono partire ora.	*They have to leave now.*

Modal verbs and object pronouns
There are two ways you can express a sentence such as *Can you help me?* in Italian. The key elements are the direct object pronoun **mi**, the modal verb **potere** in the *you* form, and the infinitive of the verb *to help* – **aiutare**. You can place the pronoun before the modal verb **Mi puoi aiutare?** or you can take the final -e off the infinitive and add the pronoun to the infinitive: **Puoi aiutarmi?** There is no difference in meaning or emphasis whichever form you choose to use.

Dovresti leggerlo.	*You should read it.*
Ti devo parlare.	*I need to speak to you.*
Voglio scrivergli.	*I want to write to him.*

And of course the important way to express love for someone is **Ti voglio bene.**

13 VERB FORMS NOT RELATED TO TIME

Sometimes verbs are used in a way that does not indicate a time (past, present or future) or a particular subject. In both English and

Italian the forms of the verb used for these constructions are the *infinitive* and the *gerund*.

Infinitives

If you make a sentence with two verbs using one of the modal verbs above, the second verb is always in the infinitive. Infinitives often follow prepositions in subordinate clauses, e.g. **Sono qui *per parlare* con te** *I am here to speak to you*.

Infinitives can be used in the same way as in English and do not relate to past, present or future time. An excellent example is the famous line of Hamlet's soliloquy:

to die, to sleep; to sleep, perchance to dream

The Italian translation of Shakespeare's famous words is:

morire, dormire; dormire, forse sognare

In more everyday use, you find infinitives used in instructions and recipes, e.g. **scolare la pasta** *drain the pasta*; in exclamations, e.g. **visitare Roma, che piacere!** *What a pleasure to visit Rome!*; and in some declarations, e.g. **Dobbiamo concentrarci sul problema: ridurre la disoccupazione** *We need to concentrate on the problem: reducing unemployment.*

The gerund

We have seen how to form the gerund in the section on the present continuous. The gerund can also be used independently and can be used to indicate an action contemporary to another action:

Leggendo, ascolta anche la radio.	*While reading he also listens to the radio.*
Andando a lavoro, compro un giornale.	*On my way to work/While going to work, I buy a newspaper.*

The gerund is also used to indicate an action that was completed just before another action in the past:

Partendo da casa, ha chiuso a chiave la porta.	*On leaving the house/Having left the house, he locked the door.*

It is also used to describe an action that is not linked to a specific time:

Leggendo impariamo tante cose.	*We learn many things through reading.*

14 VERB-NOUN COLLOCATIONS

A collocation refers to words that are used together frequently. There are collocations between different parts of speech but here we are interested in collocations with verbs and the differences between English and Italian. In English it would be odd to say I *make a photograph*, the literal translation of **Faccio una foto**. In English the collocation is between the verb *to take* and the noun *a photograph*. Some verb-noun collocations in English use different verbs to analogous Italian expressions, particularly with the verbs *to have* **avere**, *to take* **prendere** and *to do/make* **fare**.

To say *to have a coffee* in Italian you need to use **prendere** *to take*: **prendere un caffè**.

To express *to take a photo*, you need to use **fare** *to do/make*: **fare una foto**.

To say *to take* (or *to have*) *a shower/bath*, you need to use **fare**: **fare una doccia**.

For *to make a decision*, you need to use **prendere**: **prendere una decisione**.

To say *to make fun of someone*, you need to use **prendere**: **prendere in giro**.

To make a good impression is the best way to express the very Italian notion of **fare una bella figura**.

Other collocations are the same in both languages, e.g. *to make friends* **fare amicizia**; *to do business* **fare affari**; *to take the bus* **prendere l'autobus**.

It is important to know about these collocations, but it would be impossible to list here all the verb-noun collocations that are different in English and Italian; a good bilingual dictionary will give all the meanings of these verbs, including collocations.

Verb tables

On the following pages you will find the various tenses of 210 Italian verbs presented in full, with examples of how to use them.

Sometimes only the first person singular form is given. These tenses are given in full in the section on verbs and how they work, at the beginning of this book. You should also look back at this section if you are not sure when to use the different tenses.

Abbreviations used in this book

aux.	auxiliary	so	someone
intr.	intransitive	sth	something
r.	reflexive	tr.	transitive

1 abitare *to live* (intr.)

INDICATIVE

	Present	Imperfect	Perfect
io	abito	abitavo	ho abitato
tu	abiti	abitavi	hai abitato
lui/lei/Lei	abita	abitava	ha abitato
noi	abitiamo	abitavamo	abbiamo abitato
voi	abitate	abitavate	avete abitato
loro/Loro	abitano	abitavano	hanno abitato
	Future	**Pluperfect**	**Past Historic**
io	abiterò	avevo abitato	abitai
tu	abiterai	avevi abitato	abitasti
lui/lei/Lei	abiterà	aveva abitato	abitò
noi	abiteremo	avevamo abitato	abitammo
voi	abiterete	avevate abitato	abitaste
loro/Loro	abiteranno	avevano abitato	abitarono
	Future Perfect		**Past Anterior**
io	avrò abitato		ebbi abitato

CONDITIONAL · SUBJUNCTIVE

	Present	Present	Imperfect
io	abiterei	abiti	abitassi
tu	abiteresti	abiti	abitassi
lui/lei/Lei	abiterebbe	abiti	abitasse
noi	abiteremmo	abitiamo	abitassimo
voi	abitereste	abitiate	abitaste
loro/Loro	abiterebbero	abitino	abitassero
	Perfect	**Perfect**	**Pluperfect**
io	avrei abitato	abbia abitato	avessi abitato

GERUND	PAST PARTICIPLE	IMPERATIVE
abitando	abitato	abita, abiti, abitiamo, abitate, abitino

Abitate a Londra? *Do you live in London?*
No, abitiamo in campagna. *No, we live in the country.*
Abitavano al quarto piano. *They used to live on the fourth floor.*
Voglio abitare in una piccola casa. *I want to live in a small house.*
Abitano con i loro genitori. *They live with their parents.*
Abitereste in centro città? *Would you live in the city centre?*
Avresti abitato con me? *Would you have lived with me?*
Il castello non è più abitato da molto tempo. *The castle has not been occupied for a long time.*

l'abitante *(m/f) inhabitant*
l'abitazione *(f) residence, abode*

abitabile *inhabitable*
disabitato *uninhabited*
inabitabile *uninhabitable*

2 accendere *to light, switch on* (tr.)

INDICATIVE

	Present	Imperfect	Perfect
io	accendo	accendevo	ho acceso
tu	accendi	accendevi	hai acceso
lui/lei/Lei	accende	accendeva	ha acceso
noi	accendiamo	accendevamo	abbiamo acceso
voi	accendete	accendevate	avete acceso
loro/Loro	accendono	accendevano	hanno acceso
	Future	**Pluperfect**	**Past Historic**
io	accenderò	avevo acceso	accesi
tu	accenderai	avevi acceso	accendesti
lui/lei/Lei	accenderà	aveva acceso	accese
noi	accenderemo	avevamo acceso	accendemmo
voi	accenderete	avevate acceso	accendeste
loro/Loro	accenderanno	avevano acceso	accesero
	Future Perfect		**Past Anterior**
io	avrò acceso		ebbi acceso

CONDITIONAL · SUBJUNCTIVE

	Present	Present	Imperfect
io	accenderei	accenda	accendessi
tu	accenderesti	accenda	accendessi
lui/lei/Lei	accenderebbe	accenda	accendesse
noi	accenderemmo	accendiamo	accendessimo
voi	accendereste	accendiate	accendeste
loro/Loro	accenderebbero	accendano	accendessero
	Perfect	**Perfect**	**Pluperfect**
io	avrei acceso	abbia acceso	avessi acceso

GERUND	PAST PARTICIPLE	IMPERATIVE
abitando	acceso	accendi, accenda, accendiamo, accendete, accendano

Paolo accende la pipa. *Paolo lights his pipe.*
Accenderemo la radio. *We will switch on the radio.*
Accendi la luce, per favore. *Switch the light on, please.*
Non hai acceso il fuoco. *You have not lit the fire.*
Mi fa accendere? *Do you have a light?*
La ragazza si accese in volto. *The girl blushed.*
Il suo viso si accende di gioia. *Her face lights up with joy.*

l'accendigas *(m)* lighter
l'accendino *(m)* cigarette lighter
l'accensione *(f)* ignition

3 accettare *to accept* (tr.)

INDICATIVE

	Present	Imperfect	Perfect
io	accetto	accettavo	ho accettato
tu	accetti	accettavi	hai accettato
lui/lei/Lei	accetta	accettava	ha accettato
noi	accettiamo	accettavamo	abbiamo accettato
voi	accettate	accettavate	avete accettato
loro/Loro	accettano	accettavano	hanno accettato
	Future	**Pluperfect**	**Past Historic**
io	accetterò	avevo accettato	accettai
tu	accetterai	avevi accettato	accettasti
lui/lei/Lei	accetterà	aveva accettato	accettò
noi	accetteremo	avevamo accettato	accettamo
voi	accetterete	avevate accettato	accettaste
loro/Loro	accetteranno	avevano accettato	accettarono
	Future Perfect		**Past Anterior**
io	avrò accettato		ebbi accettato

CONDITIONAL · SUBJUNCTIVE

	Present	Present	Imperfect
io	accetterei	accetti	accettassi
tu	accetteresti	accetti	accettassi
lui/lei/Lei	accetterebbe	accetti	accettasse
noi	accetteremmo	accettiamo	accettassimo
voi	accettereste	acettiate	accettaste
loro/Loro	accetterebbero	accettino	accettassero
	Perfect	**Perfect**	**Pluperfect**
io	avrei accettato	avessi accettato	avessi accettato

GERUND	PAST PARTICIPLE	IMPERATIVE
accettando	accettato	accetta, accetti, accettiamo, accettate, accettino

Ho accettato la sua proposta. *I have accepted his/her proposal.*
Il Signor Rossi non accetta scuse. *Mr Rossi does not accept excuses.*
Accettano una cambiale. *They accept a bill of exchange.*
Ha accettato di fare da interprete. *He agreed to act as an interpreter.*
L'insegnante accettò la proposta. *The teacher agreed to the proposal.*
Lo studente accetterà la sfida. *The student will take up the challenge.*
Voi eravate ben accetti a tutti. *You were well liked by everybody.*

l'accettazione *(f) acceptance*
l'accettazione bagagli *check-in desk*
l'ufficio *(m)* **accettazione** *reception*
bene accetto *welcome*
male accetto *unwelcome*

4 accorgersi *to perceive, realize* (r.)

INDICATIVE

	Present	Imperfect	Perfect
io	mi accorgo	mi accorgevo	mi sono accorto/a
tu	ti accorgi	ti accorgevi	ti sei accorto/a
lui/lei/Lei	si accorge	si accorgeva	si è accorto/a
noi	ci accorgiamo	ci accorgevamo	ci siamo accorti/e
voi	vi accorgete	vi accorgevate	vi siete accorti/e
loro/Loro	si accorgono	si accorgevano	si sono accorti/e

	Future	Pluperfect	Past Historic
io	mi accorgerò	mi ero accorto/a	mi accorsi
tu	ti accorgerai	ti eri accorto/a	ti accorgesti
lui/lei/Lei	si accorgerà	si era accorto/a	si accorse
noi	ci accorgeremo	ci eravamo accorti/e	ci accorgemmo
voi	vi accorgerete	vi eravate accorti/e	vi accorgeste
loro/Loro	si accorgeranno	si erano accorti/e	si accorsero

	Future Perfect		Past Anterior
io	mi sarò accorto/a		mi fui accorto/a

CONDITIONAL · SUBJUNCTIVE

	Present	Present	Imperfect
io	mi accorgerei	mi accorga	mi accorgessi
tu	ti accorgeresti	ti accorga	ti accorgessi
lui/lei/Lei	si accorgerebbe	si accorga	si accorgesse
noi	ci accorgeremmo	ci accorgiamo	ci accorgessimo
voi	vi accorgereste	vi accorgiate	vi accorgeste
loro/Loro	si accorgerebbero	si accorgano	si accorgessero

	Perfect	Perfect	Pluperfect
io	mi sarei accorto/a	mi sia accorto/a	mi fossi accorto/a

GERUND	PAST PARTICIPLE	IMPERATIVE
accorgendomi	accorto/a/i/e	accorgiti, si accorga, accorgiamoci, accorgetevi, si accorgano

Mi sono accorta che Paolo è sempre in ritardo. *I have realized that Paolo is always late.*
Luigi lo disse senza accorgersene. *Luigi said it without realizing.*
Non si accorsero del tuo arrivo. *They did not notice your arrival.*
Vi siete accorti di qualcosa? *Did you notice anything?*
non accorgersi di qualcosa *to overlook something*
Il ragazzo si accorgerà dell'errore. *The boy will become aware of the mistake.*

l'accorgimento (m) *shrewdness*
accortamente *shrewdly, wisely*
usare ogni accorgimento *to use all one's cunning*

stare accorto *to be on the alert*
l'accortezza (f) *prudence*

5 **affiggere** *to post, to put up* (tr.)

INDICATIVE

	Present	Imperfect	Perfect
io	affiggo	affiggevo	ho affisso
tu	affiggi	affiggevi	hai affisso
lui/lei/Lei	affigge	affiggeva	ha affisso
noi	affiggiamo	affiggevamo	abbiamo affisso
voi	affiggete	affiggevate	avete affisso
loro/Loro	affiggono	affiggevano	hanno affisso

	Future	Pluperfect	Past Historic
io	affiggerò	avevo affisso	affissi
tu	affiggerai	avevi affisso	affiggesti
lui/lei/Lei	affiggerà	aveva affisso	affisse
noi	affiggeremo	avevamo affisso	affiggemmo
voi	affiggerete	avevate affisso	affiggeste
loro/Loro	affiggeranno	avevano affisso	affissero

	Future Perfect		Past Anterior
io	avrò affisso		ebbi affisso

CONDITIONAL — SUBJUNCTIVE

	Present	Present	Imperfect
io	affiggerei	affigga	affiggessi
tu	affiggeresti	affigga	affiggessi
lui/lei/Lei	affiggerebbe	affigga	affiggesse
noi	affiggeremmo	affiggiamo	affiggessimo
voi	affiggereste	affiggiate	affiggeste
loro/Loro	affiggerebbero	affiggano	affiggessero

	Perfect	Perfect	Pluperfect
io	avrei affisso	abbia affisso	avessi affisso

GERUND	PAST PARTICIPLE	IMPERATIVE
affiggendo	affisso	affiggi, affigga, affiggiamo, affiggete, affiggano

Il comune ha affisso il bando per il posto amministrativo. *The Council posted the advert for the administrative position.*

Affisso il manifesto, il ragazzo se ne andò. *Having pinned up the poster, the boy went away.*

Stanno affiggendo manifesti elettorali su tutta la città. *They are putting up electoral posters everywhere in town.*

affisso *(adj.) posted, pinned up*

6 affittare *to let, lease, rent* (tr.)

INDICATIVE

	Present	Imperfect	Perfect
io	affitto	affittavo	ho affittato
tu	affitti	affittavi	hai affitato
lui/lei/Lei	affitta	affittava	ha affittato
noi	affittiamo	affittavamo	abbiamo affittato
voi	affittate	affittavate	avete affittato
loro/Loro	affittano	affittavano	hanno affittato

	Future	Pluperfect	Past Historic
io	affitterò	avevo affittato	affittai
tu	affitterai	avevi affittato	affittasti
lui/lei/Lei	affitterà	aveva affittato	affittò
noi	affitteremo	avevamo affittato	affittammo
voi	affitterete	avevate affittato	affittaste
loro/Loro	affitteranno	avevano affittato	affittarono

	Future Perfect		Past Anterior
io	avrò affittato		ebbi affittato

CONDITIONAL   SUBJUNCTIVE

	Present	Present	Imperfect
io	affitterei	affitti	affittasi
tu	affitteresti	affitti	affittassi
lui/lei/Lei	affitterebbe	affitti	affittasse
noi	affitteremmo	affittiamo	affittassimo
voi	affittereste	affittiate	affittaste
loro/Loro	affitterebbero	affittino	affittassero

	Perfect	Perfect	Pluperfect
io	avrei affittato	abbia affittato	avessi affittato

GERUND	PAST PARTICIPLE	IMPERATIVE
affittando	affittato	affitta, affitti, affittiamo, affittate, affittino

Affitto il mio appartamento a mio zio. *I let my flat to my uncle.*
Affittiamo una casa al mare. *We rent a house by the sea.*
Questo palazzo ha camere da affittare. *This building has rooms to let.*
Affitteranno una camera in città. *They will rent a room in the city.*
affittare un terreno *to lease a plot of land*
prendere in affitto *to rent*
Maria darà in affitto la sua casa. *Maria will let her house.*
La Signora Rossi paga sempre l'affitto. *Mrs Rossi always pays the rent.*

l'affitto *(m) rent*   **'affittasi'** *'to let'*
affitto a vita *life tenancy*   **l'affittacamere** *(m/f) landlord/landlady*
l'affittuario *(m) tenant*

7 agire to act (intr.)

INDICATIVE

	Present	Imperfect	Perfect
io	agisco	agivo	ho agito
tu	agisci	agivi	hai agito
lui/lei/Lei	agisce	agiva	ha agito
noi	agiamo	agivamo	abbiamo agito
voi	agite	agivate	avete agito
loro/Loro	agiscono	agivano	hanno agito

	Future	Pluperfect	Past Historic
io	agirò	avevo agito	agii
tu	agirai	avevi agito	agisti
lui/lei/Lei	agirà	aveva agito	agì
noi	agiremo	avevamo agito	agimmo
voi	agirete	avevate agito	agiste
loro/Loro	agiranno	avevano agito	agirono

	Future Perfect		Past Anterior
io	avrò agito		ebbi agito

CONDITIONAL   SUBJUNCTIVE

	Present	Present	Imperfect
io	agirei	agisca	agissi
tu	agiresti	agisca	agissi
lui/lei/Lei	agirebbe	agisca	agisse
noi	agiremmo	agiamo	agissimo
voi	agireste	agiate	agiste
loro/Loro	agirebbero	agiscano	agissero

	Perfect	Perfect	Pluperfect
io	avrei agito	abbia agito	avessi agito

GERUND	PAST PARTICIPLE	IMPERATIVE
agendo	agito	agisci, agisca, agiamo, agite, agiscano

Agiscono secondo le loro convinzioni. *They act according to their convictions.*
Paolo ha agito per conto proprio. *Paolo has acted on his own behalf (account).*
Agiamo di comune accordo. *We act by mutual consent.*
Luigi avrebbe dovuto agire proprio come te. *Luigi should have acted precisely as you did.*
agire bene/male *to behave well/badly*
Paolo agirebbe in buona fede. *Paolo would act in good faith.*
Lui agisce in modo onesto. *He behaves honestly.*

l'agente *(m) agent, representative*
agente di pubblica sicurezza *policeman, policewoman*
l'agenzia *(f) agency*

agenzia di viaggi *travel agency*
agenzia d'informazioni *information bureau*

8 aiutare *to help* (tr.)

INDICATIVE

	Present	Imperfect	Perfect
io	aiuto	aiutavo	ho aiutato
tu	aiuti	aiutavi	hai aiutato
lui/lei/Lei	aiuta	aiutava	ha aiutato
noi	aiutiamo	aiutavamo	abbiamo aiutato
voi	aiutate	aiutavate	avete aiutato
loro/Loro	aiutano	aiutavano	hanno aiutato
	Future	**Pluperfect**	**Past Historic**
io	aiuterò	avevo aiutato	aiutai
tu	aiuterai	avevi aiutato	aiutasti
lui/lei/Lei	aiuterà	aveva aiutato	aiutò
noi	aiuteremo	avevamo aiutato	aiutammo
voi	aiuterete	avevate aiutato	aiutaste
loro/Loro	aiuteranno	avevano aiutato	aiutarono
	Future Perfect		**Past Anterior**
io	avrò aiutato		ebbi aiutato

CONDITIONAL   SUBJUNCTIVE

	Present	Present	Imperfect
io	aiuterei	aiuti	aiutassi
tu	aiuteresti	aiuti	aiutassi
lui/lei/Lei	aiuterebbe	aiuti	aiutasse
noi	aiuteremmo	aiutiamo	aiutassimo
voi	aiutereste	aiutiate	aiutaste
loro/Loro	aiuterebbero	aiutino	aiutassero
	Perfect	**Perfect**	**Pluperfect**
io	avrei aiutato	abbia aiutato	avessi aiutato

GERUND	PAST PARTICIPLE	IMPERATIVE
aiutando	aiutato	aiuta, aiuti, aiutiamo, aiutate, aiutino

Maria mi aiuta nel mio lavoro. *Maria assists me with my work.*
Paolo mi ha aiutato nel pericolo. *Paolo has helped me in danger.*
Questa bevanda aiuta la digestione. *This drink aids digestion.*
Mi aiuteranno a fare i compiti. *They will help me with my homework.*
Aiutati che Dio ti aiuta. *God helps those who help themselves.*
Loro si aiutano come possono. *They do their best.*
Invocavano aiuto. *They were calling for help.*

l'aiuto *(m)* help
l'aiutante *(m/f)* assistant
essere di aiuto *to be of assistance.*

9 alzarsi *to get up* (r.)

INDICATIVE

	Present	Imperfect	Perfect
io	mi alzo	mi alzavo	mi sono alzato/a
tu	ti alzi	ti alzavi	ti sei alzato/a
lui/lei/Lei	si alza	si alzava	si è alzato/a
noi	ci alziamo	ci alzavamo	ci siamo alzati/e
voi	vi alzate	vi alzavate	vi siete alzati/e
loro/Loro	si alzano	si alzavano	si sono alzati/e

	Future	Pluperfect	Past Historic
io	mi alzerò	mi ero alzato/a	mi alzai
tu	ti alzerai	ti eri alzato/a	ti alzasti
lui/lei/Lei	si alzerà	si era alzato/a	si alzò
noi	ci alzeremo	ci eravamo alzati/e	ci alzammo
voi	vi alzerete	vi eravate alzati/e	vi alzaste
loro/Loro	si alzeranno	si erano alzati/e	si alzarono

	Future Perfect		Past Anterior
io	mi sarò alzato/a		mi fui alzato/a

CONDITIONAL   SUBJUNCTIVE

	Present	Present	Imperfect
io	mi alzerei	mi alzi	mi alzassi
tu	ti alzeresti	ti alzi	ti alzassi
lui/lei/Lei	si alzerebbe	si alzi	si alzasse
noi	ci alzeremmo	ci alziamo	ci alzassimo
voi	vi alzereste	vi alziate	vi alzaste
loro/Loro	si alzerebbero	si alzino	si alzassero

	Perfect	Perfect	Pluperfect
io	mi sarei alzato/a	mi sia alzato/a	mi fossi alzato/a

GERUND	PAST PARTICIPLE	IMPERATIVE
alzandomi	alzato/a/i/e	alzati, si alzi, alziamoci, alzatevi, si alzino

Mi alzo presto la mattina. *I get up early in the morning.*
Tua sorella si è alzata? *Is your sister up?*
Si alzarono in piedi quando Lei entrò. *They stood up when you came in.*
Paolo si alza sempre tardi. *Paolo always gets up late.*
alzare i tacchi *to flee*
alzare gli occhi *to look up*
Ieri sera Giovanni ha alzato il gomito. *Last night Giovanni drank too much.*
L'insegnante alza la voce. *The teacher raises her voice.*

alzato/a *up/out of bed*
l'alzata di mano *show of hands*
l'alzata di spalle *shrug of the shoulders*

10 amare *to love* (tr.)

INDICATIVE

	Present	Imperfect	Perfect
io	amo	amavo	ho amato
tu	ami	amavi	hai amato
lui/lei/Lei	ama	amava	ha amato
noi	amiamo	amavamo	abbiamo amato
voi	amate	amavate	avete amato
loro/Loro	amano	amavano	hanno amato
	Future	Pluperfect	Past Historic
io	amerò	avevo amato	amai
tu	amerai	avevi amato	amasti
lui/lei/Lei	amerà	aveva amato	amò
noi	ameremo	avevamo amato	amammo
voi	amerete	avevate amato	amaste
loro/Loro	ameranno	avevano amato	amarono
	Future Perfect		Past Anterior
io	avrò amato		ebbi amato

CONDITIONAL   SUBJUNCTIVE

	Present	Present	Imperfect
io	amerei	ami	amassi
tu	ameresti	ami	amassi
lui/lei/Lei	amerebbe	ami	amasse
noi	ameremmo	amiamo	amassimo
voi	amereste	amiate	amaste
loro/Loro	amerebbero	amino	amassero
	Perfect	Perfect	Pluperfect
io	avrei amato	abbia amato	avessi amato

GERUND	PAST PARTICIPLE	IMPERATIVE
amando	amato	ama, ami, amiamo, amate, amino

Amo la mia famiglia. *I love my family.*
Luigi ama lo studio. *Luigi is fond of studying.*
Amavamo questa musica. *We used to love this music.*
Amano il quieto vivere. *They like the quiet life.*
Chi mi ama mi segua. *Let those who love me follow me.*
Ama chi ti consiglia, non chi ti loda. *Love the person who advises you, not the person who praises you.*
Giovanni è innamorato di sua moglie. *Giovanni is in love with his wife.*

l'amatore (m)/**l'amatrice** (f) *lover of, connoisseur*
l'amato (m) *one's beloved*
d'amore e d'accordo *in full agreement*
Per amor di Dio! *For God's sake!*

11 andare *to go* (intr.)

INDICATIVE

	Present	Imperfect	Perfect
io	vado	andavo	sono andato/a
tu	vai	andavi	sei andato/a
lui/lei/Lei	va	andava	è andato/a
noi	andiamo	andavamo	siamo andati/e
voi	andate	andavate	siete andati/e
loro/Loro	vanno	andavano	sono andati/e

	Future	Pluperfect	Past Historic
io	andrò	ero andato/a	andai
tu	andrai	eri andato/a	andasti
lui/lei/Lei	andrà	era andato/a	andò
noi	andremo	eravamo andati/e	andammo
voi	andrete	eravate andati/e	andaste
loro/Loro	andranno	erano andati/e	andarono

	Future Perfect		Past Anterior
io	sarò andato/a		fui andato/a

CONDITIONAL / SUBJUNCTIVE

	Present	Present	Imperfect
io	andrei	vada	andassi
tu	andresti	vada	andassi
lui/lei/Lei	andrebbe	vada	andasse
noi	andremmo	andiamo	andassimo
voi	andreste	andiate	andaste
loro/Loro	andrebbero	vadano	andassero

	Perfect	Perfect	Pluperfect
io	sarei andato/a	sia andato/a	fossi andato/a

GERUND	PAST PARTICIPLE	IMPERATIVE
andando	andato/a/i/e	va/vai/va', vada, andiamo, andate, vadano

Andiamo a casa. *Let's go home.*
Questa strada va a Roma. *This road leads to Rome.*
Ti andrebbe di andare al mare? *Would you like to go to the seaside?*
Andarono in Francia l'anno scorso. *Last year they went to France.*
andare a fondo *to sink, to be ruined*
Va' all'inferno! *Go to hell!*
Come va la vita? *How are things?*
Questa gonna ti va a pennello. *This skirt suits you to a T.*

l'andatura *(f) walk, gait*
andato *gone by*
viaggio di andata *outward journey*
l'andirivieni *(m) coming and going*

12 appendere *to hang* (tr.)

INDICATIVE

	Present	Imperfect	Perfect
io	appendo	appendevo	ho appeso
tu	appendo	appendevi	hai appeso
lui/lei/Lei	appende	appendeva	ha appeso
noi	appendiamo	appendevamo	abbiamo appeso
voi	appendete	appendevate	avete appeso
loro/Loro	appendono	appendevano	hanno appeso

	Future	Pluperfect	Past Historic
io	appenderò	avevo appeso	appesi
tu	appenderai	avevi appeso	appendesti
lui/lei/Lei	appenderà	aveva appeso	appese
noi	appenderemo	avevamo appeso	appendemmo
voi	appenderete	avevate appeso	appendeste
loro/Loro	appenderanno	avevano appeso	appesero

	Future Perfect		Past Anterior
io	avrò appeso		ebbi appeso

CONDITIONAL   SUBJUNCTIVE

	Present	Present	Imperfect
io	appenderei	appenda	appendessi
tu	appenderesti	appenda	appendessi
lui/lei/Lei	appenderebbe	appenda	appendesse
noi	appenderemmo	appendiamo	appendessimo
voi	appendereste	appendiate	appendeste
loro/Loro	appenderebbero	appendano	appendessero

	Perfect	Perfect	Pluperfect
io	avrei appeso	abbia appeso	avessi appeso

GERUND	PAST PARTICIPLE	IMPERATIVE
appendendo	appeso	appendi, appenda, appendiamo, appendete, appendano

Appendete i vostri cappotti. *Hang your coats up.*
Appendo lo specchio al muro. *I am hanging the mirror on the wall.*
appendersi al braccio di... *to lean on the arm of...*
Hai appeso la lampada nello studio? *Have you hung the lamp in the study?*

l'appendiabiti *(m) coathanger, peg, hall stand*
l'appendice *(f) appendix*
l'appendicite *(f) appendicitis*

13 aprire *to open* (tr.)

INDICATIVE

	Present	Imperfect	Perfect
io	apro	aprivo	ho aperto
tu	apri	aprivi	hai aperto
lui/lei/Lei	apre	apriva	ha aperto
noi	apriamo	aprivamo	abbiamo aperto
voi	aprite	aprivate	avete aperto
loro/Loro	aprono	aprivano	hanno aperto
	Future	**Pluperfect**	**Past Historic**
io	aprirò	avevo aperto	aprii (apersi)
tu	aprirai	avevi aperto	apristi
lui/lei/Lei	aprirà	aveva aperto	aprì (aperse)
noi	apriremo	avevamo aperto	aprimmo
voi	aprirete	avevate aperto	apriste
loro/Loro	apriranno	avevano aperto	aprirono (apersero)
	Future Perfect		**Past Anterior**
io	avrò aperto		ebbi aperto

CONDITIONAL · SUBJUNCTIVE

	Present	Present	Imperfect
io	aprirei	apra	aprissi
tu	apriresti	apra	aprissi
lui/lei/Lei	aprirebbe	apra	aprisse
noi	apriremmo	apriamo	aprissimo
voi	aprireste	apriate	apriste
loro/Loro	aprirebbero	aprano	aprissero
	Perfect	**Perfect**	**Pluperfect**
io	avrei aperto	abbia aperto	avessi aperto

GERUND	PAST PARTICIPLE	IMPERATIVE
aprendo	aperto	apri, apra, apriamo aprite, aprano

Apri la porta, per favore. *Open the door, please.*
Non aprire il rubinetto. *Do not turn on the tap.*
Ieri Paolo ha aperto la discussione. *Yesterday Paolo opened the debate.*
La banca è aperta tutti i giorni. *The bank is open every day.*
aprire le porte al nemico *to surrender (Lit. open the doors to the enemy)*
Aprirono le braccia all'amico. *They welcome their friends with open arms.*
aprire le orecchie *to be all ears (Lit. to open your ears)*
non aprire bocca *not to say a word*

l'apertura *(f) opening*
l'apriscatole *(m) tin-opener*
Apriti cielo! *Heavens above!*

14 **arrivare** *to arrive* (intr.)

INDICATIVE

	Present	Imperfect	Perfect
io	arrivo	arrivavo	sono arrivato/a
tu	arrivi	arrivavi	sei arrivato/a
lui/lei/Lei	arriva	arrivava	è arrivato/e
noi	arriviamo	arrivavamo	siamo arrivati/e
voi	arrivate	arrivavate	siete arrivati/e
loro/Loro	arrivano	arrivavano	sono arrivati/e
	Future	**Pluperfect**	**Past Historic**
io	arriverò	ero arrivato/a	arrivai
tu	arriverai	eri arrivato/a	arrivasti
lui/lei/Lei	arriverà	era arrivato/a	arrivò
noi	arriveremo	eravamo arrivati/e	arrivammo
voi	arriverete	eravate arrivati/e	arrivaste
loro/Loro	arriveranno	erano arrivati/e	arrivarono
	Future Perfect		**Past Anterior**
io	sarò arrivato/a		fui arrivato/a

	CONDITIONAL	SUBJUNCTIVE	
	Present	Present	Imperfect
io	arriverei	arrivi	arrivassi
tu	arriveresti	arrivi	arrivassi
lui/lei/Lei	arriverebbe	arrivi	arrivasse
noi	arriveremmo	arriviamo	arrivassimo
voi	arrivereste	arriviate	arrivaste
loro/Loro	arriverebbero	arrivino	arrivassero
	Perfect	**Perfect**	**Pluperfect**
io	sarei arrivato/a	sia arrivato/a	fossi arrivato/a

GERUND	PAST PARTICIPLE	IMPERATIVE
arrivando	arrivato/a/i/e	arriva, arrivi, arriviamo, arrivate, arrivino

Il treno arriva alle cinque. *The train arrives at five o'clock.*
Luigi arriverà a Milano domani. *Luigi will be arriving in Milan tomorrow.*
Sono arrivato a una decisione. *I have arrived at a decision.*
Ieri la temperatura è arrivata a trenta gradi. *Yesterday the temperature went up to thirty degrees.*
Arrivò al suo scopo. *He/she reached his/her aim.*
La mamma è arrivata a proposito. *Mum has arrived at the right moment.*
Dove vuoi arrivare? *What are you getting at?*
Chi tardi arriva, male alloggia. *Last come, last served.*

l'arrivo *(m) arrival*
arrivi e partenze *arrivals and departures*

arrivato *successful*
l'arrivismo *(m) social climbing*
l'arrivista *(m/f) social climber*

15 asciugare *to dry* (tr.)

INDICATIVE

	Present	Imperfect	Perfect
io	asciugo	asciugavo	ho asciugato
tu	asciughi	asciugavi	hai asciugato
lui/lei/Lei	asciuga	asciugava	ha asciugato
noi	asciughiamo	asciugavamo	abbiamo asciugato
voi	asciugate	asciugavate	avete asciugato
loro/Loro	asciugano	asciugavano	hanno asciugato
	Future	Pluperfect	Past Historic
io	asciugherò	avevo asciugato	asciugai
tu	asciugherai	avevi asciugato	asciugasti
lui/lei/Lei	asciugherà	aveva asciugato	asciugò
noi	asciugheremo	avevamo asciugato	asciugammo
voi	asciugherete	avevate asciugato	asciugaste
loro/Loro	asciugheranno	avevano asciugato	asciugarono
	Future Perfect		Past Anterior
io	avrò asciugato		ebbi asciugato

	CONDITIONAL	SUBJUNCTIVE	
	Present	Present	Imperfect
io	asciugherei	asciughi	asciugassi
tu	asciugheresti	asciughi	asciugassi
lui/lei/Lei	asciugherebbe	asciughi	asciugasse
noi	asciugheremmo	asciughiamo	asciugassimo
voi	asciughereste	asciughiate	asciugaste
loro/Loro	asciugherebbero	asciughino	asciugassero
	Perfect	Perfect	Pluperfect
io	avrei asciugato	abbia asciugato	avessi asciugato

GERUND	PAST PARTICIPLE	IMPERATIVE
asciugando	asciugato	asciuga, asciughi, asciughiamo, asciugate, asciughino

La mamma asciuga sempre i piatti. *Mum always dries the dishes.*
Asciugati le lacrime. *Wipe your tears.*
Hanno appeso i panni ad asciugare? *Have they hung the washing out to dry?*
Asciugatevi le mani. *Dry your hands.*
Si asciugava il sudore dalla fronte. *He was wiping the sweat from his forehead.*
asciugare una bottiglia *to empty a bottle*

asciutto *dry*
Io sono all'asciutto. *I am broke.*
l'asciugamano *(m) towel*
l'asciugacapelli *(m) hair-dryer*

clima asciutto *dry climate*
persona asciutta *uncommunicative person*

16 ascoltare *to listen to* (tr.)

INDICATIVE

	Present	Imperfect	Perfect
io	ascolto	ascoltavo	ho ascoltato
tu	ascolti	ascoltavi	hai ascoltato
lui/lei/Lei	ascolta	ascoltava	ha ascoltato
noi	ascoltiamo	ascoltavamo	abbiamo ascoltato
voi	ascoltate	ascoltavate	avete ascoltato
loro/Loro	ascoltano	ascoltavano	hanno ascoltato

	Future	Pluperfect	Past Historic
io	ascolterò	avevo ascoltato	ascoltai
tu	ascolterai	avevi ascoltato	ascoltasti
lui/lei/Lei	ascolterà	aveva ascoltato	ascoltò
noi	ascolteremo	avevamo ascoltato	ascoltammo
voi	ascolterete	avevate ascoltato	ascoltaste
loro/Loro	ascolteranno	avevano ascoltato	ascoltarono

	Future Perfect		Past Anterior
io	avrò ascoltato		ebbi ascoltato

CONDITIONAL · SUBJUNCTIVE

	Present	Present	Imperfect
io	ascolterei	ascolti	ascoltassi
tu	ascolteresti	ascolti	ascoltassi
lui/lei/Lei	ascolterebbe	ascolti	ascoltasse
noi	ascolteremmo	ascoltiamo	ascoltassimo
voi	ascoltereste	ascoltiate	ascoltaste
loro/Loro	ascolterebbero	ascoltino	ascoltassero

	Perfect	Perfect	Pluperfect
io	avrei ascoltato	abbia ascoltato	avessi ascoltato

GERUND	PAST PARTICIPLE	IMPERATIVE
ascoltando	ascoltato	ascolta, ascolti, ascoltiamo, ascoltate, ascoltino

Mi piace ascoltare la radio. *I like listening to the radio.*
Ascoltavamo sempre la Messa. *We always used to hear Mass.*
Ascoltate la voce della vostra coscienza! *Listen to the voice of your conscience!*
Paolo ha ascoltato all'insaputa. *Paolo overheard.*
ascoltare la preghiera di qualcuno *to hear someone's prayer*
Non ascoltatela! *Never mind her!*
Ascolta il mio consiglio. *Follow my advice.*
I ragazzi ascolteranno la lezione. *The boys will attend class.*

l'ascoltatore *(m)***/l'ascoltatrice** *(f) listener*
l'ascolto *(m) listening*
l'indice di ascolto *audience rating*
essere in ascolto *to be listening*
dare ascolto *to pay attention*

17 aspettare *to wait for* (tr.)

INDICATIVE

	Present	Imperfect	Perfect
io	aspetto	aspettavo	ho aspettato
tu	aspetti	aspettavi	hai aspettato
lui/lei/Lei	aspetta	aspettava	ha aspettato
noi	aspettiamo	aspettavamo	abbiamo aspettato
voi	aspettate	aspettavate	avete aspettato
loro/Loro	aspettano	aspettavano	hanno aspettato
	Future	**Pluperfect**	**Past Historic**
io	aspetterò	avevo aspettato	aspettai
tu	aspetterai	avevi aspettato	aspettasti
lui/lei/Lei	aspetterà	aveva aspettato	aspettò
noi	aspetteremo	avevamo aspettato	aspettammo
voi	aspetterete	avevate aspettato	aspettaste
loro/Loro	aspetteranno	avevano aspettato	aspettarono
	Future Perfect		**Past Anterior**
io	avrò aspettato		ebbi aspettato

CONDITIONAL   SUBJUNCTIVE

	Present	Present	Imperfect
io	aspetterei	aspetti	aspettassi
tu	aspetteresti	aspetti	aspettassi
lui/lei/Lei	aspetterebbe	aspetti	aspettasse
noi	aspetteremmo	aspettiamo	aspettassimo
voi	aspettereste	aspettiate	aspettaste
loro/Loro	aspetterebbero	aspettino	aspettassero
	Perfect	**Perfect**	**Pluperfect**
io	avrei aspettato	abbia aspettato	avessi aspettato

GERUND	PAST PARTICIPLE	IMPERATIVE
aspettando	aspettato	aspetta, aspetti, aspettiamo, aspettate, aspettino

Aspetto il treno delle due. *I am waiting for the two o'clock train.*
Luigi ti aspetta da più di un'ora. *Luigi has been waiting for you for more than an hour.*
Sua sorella aspetta un bambino. *His/her sister is expecting a baby.*
Non fatermi aspettare! *Do not keep me waiting!*
Non mi aspettavo che venisse. *I didn't expect him to come.*
quando meno te l'aspetti *when you least expect it*
Chi ha tempo non aspetti tempo. *Strike while the iron is hot. (Lit. He who has time shouldn't wait.)*
Aspetta cavallo che l'erba cresce. *You will have to wait a long time.*

l'aspetto *(m) appearance*
sala d'aspetto *waiting room*
l'aspettativa *(f) expectation*

corrispondere alle aspettative *to come up to one's expectations*

18 assistere *to attend, be present at* (intr./tr.)

INDICATIVE

	Present	Imperfect	Perfect
io	assisto	assistevo	ho assistito
tu	assisti	assistevi	hai assistito
lui/lei/Lei	assiste	assisteva	ha assistito
noi	assistiamo	assistevamo	abbiamo assistito
voi	assistete	assistevate	avete assistito
loro/Loro	assistono	assistevano	hanno assistito
	Future	**Pluperfect**	**Past Historic**
io	assisterò	avevo assistito	assistei (assistetti)
tu	assisterai	avevi assistito	assistesti
lui/lei/Lei	assisterà	aveva assistito	assistè (assistette)
noi	assisteremo	avevamo assistito	assistemmo
voi	assistereste	avevate assistito	assisteste
loro/Loro	assisteranno	avevano assistito	assisterono (assistettero)
	Future Perfect		**Past Anterior**
io	avrò assistito		ebbi assistito

CONDITIONAL / SUBJUNCTIVE

	Present	Present	Imperfect
io	assisterei	assista	assistessi
tu	assisteresti	assista	assistessi
lui/lei/Lei	assisterebbe	assista	assistesse
noi	assisteremmo	assistiamo	assistessimo
voi	assistereste	assistiate	assisteste
loro/Loro	assisterebbero	assistano	assistessero
	Perfect	**Perfect**	**Pluperfect**
io	avrei assistito	abbia assistito	avessi assistito

GERUND	PAST PARTICIPLE	IMPERATIVE
assistendo	assistito	assisti, assista, assistiamo, assistete, assistano

Gli studenti assisteranno alla sua lezione. *The students will attend his lecture.*
Il bambino ha assistito a un incidente. *The child was witness to an accident.*
Le infermiere assistevano i malati. *The nurses were looking after the sick.*
Assistilo con i tuoi consigli. *Give him the benefit of your advice.*
Che la fortuna ci assista! *May fortune smile on us!*

l'assistente *(m/f)* assistant
assistente sociale social worker
assistente universitario assistant lecturer
assistente di volo air steward/ess

l'assistenza *(f)* assistance, attendance
prestare assistenza to assist
assistenza legale legal aid
assistenza sanitaria health care

19 assumere *to take on* (tr.)

INDICATIVE

	Present	Imperfect	Perfect
io	assumo	assumevo	ho assunto
tu	assumi	assumevi	hai assunto
lui/lei/Lei	assume	assumeva	ha assunto
noi	assumiamo	assumevamo	abbiamo assunto
voi	assumete	assumevate	avete assunto
loro/Loro	assumono	assumevano	hanno assunto

	Future	Pluperfect	Past Historic
io	assumerò	avevo assunto	assunsi
tu	assumerai	avevi assunto	assumesti
lui/lei/Lei	assumerà	aveva assunto	assunse
noi	assumeremo	avevamo assunto	assumemmo
voi	assumerete	avevate assunto	assumeste
loro/Loro	assumeranno	avevano assunto	assunsero

	Future Perfect		Past Anterior
io	avrò assunto		ebbi assunto

CONDITIONAL / SUBJUNCTIVE

	Present	Present	Imperfect
io	assumerei	assuma	assumessi
tu	assumeresti	assuma	assumessi
lui/lei/Lei	assumerebbe	assuma	assumesse
noi	assumeremmo	assumiamo	assumessimo
voi	assumereste	assumiate	assumeste
loro/Loro	assumerebbero	assumano	assumessero

	Perfect	Perfect	Pluperfect
io	avrei assunto	abbia assunto	avessi assunto

GERUND	PAST PARTICIPLE	IMPERATIVE
assumendo	assunto	assumi, assuma, assumiamo, assumete, assumano

Il Signor Rossi assunse la carica. *Mr Rossi took office.*
Sto assumendo informazioni. *I am making enquiries.*
Paolo ha assunto questo incarico? *Has Paolo undertaken this task?*
Assunsero due nuovi segretari. *They appointed two new secretaries.*
assumere in prova *to employ on a trial basis*
assumersi la responsabilità di *to take responsibility for*
assumere un titolo *to take up a title*
assumere un tono di superiorità *to put on/adopt an air of superiority*
Paolo assumerà un impegno. *Paolo will undertake an obligation.*

l'assunto *(m) undertaking, task*
l'assunzione *(f) appointment*
l'Assunzione *Assumption (of the Virgin)*

20 **attrarre** *to attract* (tr.)

INDICATIVE

	Present	Imperfect	Perfect
io	attraggo	attraevo	ho attratto
tu	attrai	attraevi	hai attratto
lui/lei/Lei	attrae	attraeva	ha attratto
noi	attraiamo	attraevamo	abbiamo attratto
voi	attraete	attraevate	avete attratto
loro/Loro	attraggono	attraevano	hanno attratto
	Future	**Pluperfect**	**Past Historic**
io	attrarrò	avevo attratto	attrassi
tu	attrarrai	avevi attratto	attraesti
lui/lei/Lei	attrarrà	aveva attratto	attrasse
noi	attrarremo	avevamo attratto	attraemmo
voi	attrarrete	avevate attratto	attraeste
loro/Loro	attrarranno	avevano attratto	attrassero
	Future Perfect		**Past Anterior**
io	avrò attratto		ebbi attratto

CONDITIONAL · SUBJUNCTIVE

	Present	Present	Imperfect
io	attrarrei	attragga	attraessi
tu	attrarresti	attragga	attraessi
lui/lei/Lei	attrarrebbe	attragga	attraesse
noi	attrarremmo	attraiamo	attraessimo
voi	attrarreste	attraete	attraeste
loro/Loro	attrarrebbero	attraggano	attraessero
	Perfect	**Perfect**	**Pluperfect**
io	avrei attratto	abbia attratto	avessi attratto

GERUND	PAST PARTICIPLE	IMPERATIVE
attraendo	attratto	attrai, attragga, attraiamo, attraete, attraggano

Attrai l'attenzione di quel vigile! *Attract the attention of that traffic warden!*
Al teatro abbiamo visto uno spettacolo attraente. *At the theatre we saw a very appealing show.*
Due opposti si attraggono. *Two opposite poles attract each other.*

attraente *(adj.) charming, seducing, attractive, appealing*
l'attrazione *(f) attraction*

21 aumentare *to increase* (intr./tr.)

INDICATIVE

	Present	Imperfect	Perfect
io	aumento	aumentavo	ho aumentato
tu	aumenti	aumentavi	hai aumentato
lui/lei/Lei	aumenta	aumentava	ha aumentato
noi	aumentiamo	aumentavamo	abbiamo aumentato
voi	aumentate	aumentavate	avete aumentato
loro/Loro	aumentano	aumentavano	hanno aumentato

	Future	Pluperfect	Past Historic
io	aumenterò	avevo aumentato	aumentai
tu	aumenterai	avevi aumentato	aumentasti
lui/lei/Lei	aumenterà	aveva aumentato	aumentò
noi	aumenteremo	avevamo aumentato	aumentammo
voi	aumenterete	avevate aumentato	aumentaste
loro/Loro	aumenteranno	avevano aumentato	aumentarono

	Future Perfect		Past Anterior
io	avrò aumentato		ebbi aumentato

CONDITIONAL   SUBJUNCTIVE

	Present	Present	Imperfect
io	aumenterei	aumenti	aumentassi
tu	aumenteresti	aumenti	aumentassi
lui/lei/Lei	aumenterebbe	aumenti	aumentasse
noi	aumenteremmo	aumentiamo	aumentassimo
voi	aumentereste	aumentiate	aumentaste
loro/Loro	aumenterebbero	aumentino	aumentassero

	Perfect	Perfect	Pluperfect
io	avrei aumentato	abbia aumentato	avessi aumentato

GERUND	PAST PARTICIPLE	IMPERATIVE
aumentando	aumentato	aumenta, aumenti, aumentiamo, aumentate, aumentino

Sono aumentato di due chili. *I put on two kilos (in weight).*
Il prezzo è aumentato. *The price has risen.*
La temperatura aumenta velocemente. *The temperature is going up rapidly.*
Le vostre difficoltà sono aumentate. *Your difficulties have increased.*
aumentare l'affitto *to put up the rent*
aumentare gli stipendi *to raise the salaries*
L'oro è aumentato di valore. *Gold has increased in value.*

l'aumento *(m) increase*
in aumento *on the increase*
Il costo della vita è in aumento. *The cost of living is on the increase.*

aumento di temperatura *rise in temperature*

22 avere *to have* (tr.) (aux.)

INDICATIVE

	Present	Imperfect	Perfect
io	ho	avevo	ho avuto
tu	hai	avevi	hai avuto
lui/lei/Lei	ha	aveva	ha avuto
noi	abbiamo	avevamo	abbiamo avuto
voi	avete	avevate	avete avuto
loro/Loro	hanno	avevano	hanno avuto

	Future	Pluperfect	Past Historic
io	avrò	avevo avuto	ebbi
tu	avrai	avevi avuto	avesti
lui/lei/Lei	avrà	aveva avuto	ebbe
noi	avremo	avevamo avuto	avemmo
voi	avrete	avevate avuto	aveste
loro/Loro	avranno	avevano avuto	ebbero

	Future Perfect		Past Anterior
io	avrò avuto		ebbi avuto

CONDITIONAL   SUBJUNCTIVE

	Present	Present	Imperfect
io	avrei	abbia	avessi
tu	avresti	abbia	avessi
lui/lei/Lei	avrebbe	abbia	avesse
noi	avremmo	abbiamo	avessimo
voi	avreste	abbiate	aveste
loro/Loro	avrebbero	abbiano	avessero

	Perfect	Perfect	Pluperfect
io	avrei avuto	abbia avuto	avessi avuto

GERUND	PAST PARTICIPLE	IMPERATIVE
avendo	avuto	abbi, abbia, abbiamo, abbiate, abbiano

Avevamo una casa in campagna. *We used to have a house in the country.*
Ho avuto la tua lettera oggi. *I have had your letter today.*
Non hanno molto da fare. *They have not got much to do.*
Luigi ha il raffreddore. *Luigi has a cold.*
avere freddo/caldo/fame/sete/sonno *to be cold/warm/hungry/thirsty/sleepy*
avere voglia di... *to feel like...*
Maria ha paura del buio. *Maria is afraid of the dark.*
L'insegnante ha ragione. *The teacher is right.*

avente diritto *being entitled*   **il dare e l'avere** *debits and credits*
l'avere *(m) property, fortune*   **a vostro avere** *to your credit*

23 badare *to look after* (intr.)

INDICATIVE

	Present	Imperfect	Perfect
io	bado	badavo	ho badato
tu	badi	badavi	hai badato
lui/lei/Lei	bada	badava	ha badato
noi	badiamo	badavamo	abbiamo badato
voi	badate	badavate	avete badato
loro/Loro	badano	badavano	hanno badato

	Future	Pluperfect	Past Historic
io	baderò	avevo badato	badai
tu	baderai	avevi badato	badasti
lui/lei/Lei	baderà	aveva badato	badò
noi	baderemo	avevamo badato	badammo
voi	baderete	avevate badato	badaste
loro/Loro	baderanno	avevano badato	badarono

	Future Perfect		Past Anterior
io	avrò badato		ebbi badato

CONDITIONAL SUBJUNCTIVE

	Present	Present	Imperfect
io	baderei	badi	badassi
tu	baderesti	badi	badassi
lui/lei/Lei	baderebbe	badi	badasse
noi	baderemmo	badiamo	badassimo
voi	badereste	badiate	badaste
loro/Loro	baderebbero	badino	badassero

	Perfect	Perfect	Pluperfect
io	avrei badato	abbia badato	avessi badato

GERUND PAST PARTICIPLE IMPERATIVE

GERUND	PAST PARTICIPLE	IMPERATIVE
badando	badato	bada, badi, badiamo, badate, badino

La madre bada ai bambini. *Mother looks after the children.*
Luigi badava ai propri interessi. *Luigi used to look after his own interests.*
Non badano a chiacchiere. *They do not listen to gossip.*
Bada a quel che dico! *Pay attention to what I am saying!*
Bada ai fatti tuoi. *Mind your own business.*
Bada di non fare tardi. *Mind you're not late.*
Badate a quello che dite. *Watch what you say.*
Senza badare a spese. *Regardless of expense.*

tenere a bada qualcuno *to keep someone at bay*
sbadato *careless*
sbadataggine *(f) carelessness*

24 bere *to drink* (tr.)

INDICATIVE

	Present	Imperfect	Perfect
io	bevo	bevevo	ho bevuto
tu	bevi	bevevi	hai bevuto
lui/lei/Lei	beve	beveva	ha bevuto
noi	beviamo	bevevamo	abbiamo bevuto
voi	bevete	bevevate	avete bevuto
loro/Loro	bevono	bevevano	hanno bevuto
	Future	**Pluperfect**	**Past Historic**
io	berrò	avevo bevuto	bevvi (bevetti)
tu	berrai	avevi bevuto	bevesti
lui/lei/Lei	berrà	aveva bevuto	bevve (bevette)
noi	berremo	avevamo bevuto	bevemmo
voi	berrete	avevate bevuto	beveste
loro/Loro	berranno	avevano bevuto	bevvero (bevettero)
	Future Perfect		**Past Anterior**
io	avrò bevuto		ebbi bevuto

CONDITIONAL / SUBJUNCTIVE

	Present	Present	Imperfect
io	berrei	beva	bevessi
tu	berresti	beva	bevessi
lui/lei/Lei	berrebbe	beva	bevesse
noi	berremmo	beviamo	bevessimo
voi	berreste	beviate	beveste
loro/Loro	berrebbero	bevano	bevessero
	Perfect	**Perfect**	**Pluperfect**
io	avrei bevuto	abbia bevuto	avessi bevuto

GERUND / PAST PARTICIPLE / IMPERATIVE

GERUND	PAST PARTICIPLE	IMPERATIVE
bevendo	bevuto	bevi, beva, beviamo, bevete, bevano

Lei beve troppo! *You drink too much!*
Il pubblico beveva le sue parole. *The listeners took in (Lit. drank) his words.*
Lui si è dato al bere. *He took to drink.*
Mi ha pagato da bere. *He bought me a drink.*
bere in un sorso *to guzzle*
bere per dimenticare *to drown one's sorrow in drink*
Questo uomo beve come una spugna. *This man drinks like a fish. (Lit. like a sponge)*
Beviamo alla tua salute. *Let's drink to your health.*
Questa non la bevo! *I won't be taken in!*

il bevitore/la bevitrice *drinker*
il beone *drunkard*
una bella bevuta *a good, long drink*
bevibile *drinkable*

25 bollire *to boil* (intr./tr.)

INDICATIVE

	Present	Imperfect	Perfect
io	bollo	bollivo	ho bollito
tu	bolli	bollivi	hai bollito
lui/lei/Lei	bolle	bolliva	ha bollito
noi	bolliamo	bollivamo	abbiamo bollito
voi	bollite	bollivate	avete bollito
loro/Loro	bollono	bollivano	hanno bollito
	Future	**Pluperfect**	**Past Historic**
io	bollirò	avevo bollito	bollii
tu	bollirai	avevi bollito	bollisti
lui/lei/Lei	bollirà	aveva bollito	bollì
noi	bolliremo	avevamo bollito	bollimmo
voi	bollirete	avevate bollito	bolliste
loro/Loro	bolliranno	avevano bollito	bollirono
	Future Perfect		**Past Anterior**
io	avrò bollito		ebbi bollito

CONDITIONAL   SUBJUNCTIVE

	Present	Present	Imperfect
io	bollirei	bolla	bollissi
tu	bolliresti	bolla	bollissi
lui/lei/Lei	bollirebbe	bolla	bollisse
noi	bolliremmo	bolliamo	bollissimo
voi	bollireste	bolliate	bolliste
loro/Loro	bollirebbero	bollano	bollissero
	Perfect	**Perfect**	**Pluperfect**
io	avrei bollito	abbia bollito	avessi bollito

GERUND	PAST PARTICIPLE	IMPERATIVE
bollendo	bollito	bolli, bolla, bolliamo, bollite, bollano

Lascia bollire il latte. *Let the milk boil.*
Bolli il brodo a fuoco lento. *Simmer the broth.*
bollire dal caldo *to be boiling hot*
Dentro di sé, Paolo bolliva. *Inwardly, Paolo was seething (Lit. boiling) with anger.*
Si sentì bollire il sangue nelle vene. *It made her blood boil. (Lit. She felt her blood boil in her veins.)*
sapere quello che bolle in pentola *to know what's going on*

la bollitura *boiling*
il bollitore *kettle*
il bollore *intense heat*
l'ebollizione *(f) boiling point*

bollito *boiled*
vitello bollito *boiled veal*
acqua bollente *boiling water*

26 **buttare** *to throw* (tr.)

INDICATIVE

	Present	Imperfect	Perfect
io	butto	buttavo	ho buttato
tu	butti	buttavi	hai buttato
lui/lei/Lei	butta	buttava	ha buttato
noi	buttiamo	buttavamo	abbiamo buttato
voi	buttate	buttavate	avete buttato
loro/Loro	buttano	buttavano	hanno buttato
	Future	**Pluperfect**	**Past Historic**
io	butterò	avevo buttato	buttai
tu	butterai	avevi buttato	buttasti
lui/lei/Lei	butterà	aveva buttato	buttò
noi	butteremo	avevamo buttato	buttammo
voi	butterete	avevate buttato	buttaste
loro/Loro	butteranno	avevano buttato	buttarono
	Future Perfect		**Past Anterior**
io	avrò buttato		ebbi buttato

CONDITIONAL · SUBJUNCTIVE

	Present	Present	Imperfect
io	butterei	butti	buttassi
tu	butteresti	butti	buttassi
lui/lei/Lei	butterebbe	butti	buttasse
noi	butteremmo	buttiamo	buttassimo
voi	buttereste	buttiate	buttaste
loro/Loro	butterebbero	buttino	buttassero
	Perfect	**Perfect**	**Pluperfect**
io	avrei buttato	abbia buttato	avessi buttato

GERUND	PAST PARTICIPLE	IMPERATIVE
buttando	buttato	butta, butti, buttiamo, buttate, buttino

Non buttare la carta a terra! *Do not throw the paper on the ground!*
Buttale la palla, per favore. *Throw her the ball, please.*
Buttano via il loro tempo. *They waste their time.*
buttare all'aria *to turn upside down, upset, ruin*
Buttati! *Take the plunge!*
L'edificio è stato buttato giù. *The building has been demolished.*
L'alunno ha buttato giù un saggio. *The pupil has dashed off an essay.*
buttare la colpa addosso a qualcuno *to lay the blame on somebody*
roba da buttare via things *to be thrown away*

il buttafuori *bouncer*

27 cadere *to fall* (intr.)

INDICATIVE

	Present	Imperfect	Perfect
io	cado	cadevo	sono caduto/a
tu	cadi	cadevi	sei caduto/a
lui/lei/Lei	cade	cadeva	è caduto/a
noi	cadiamo	cadevamo	siamo caduti/e
voi	cadete	cadevate	siete caduti/e
loro/Loro	cadono	cadevano	sono caduti/e
	Future	**Pluperfect**	**Past Historic**
io	cadrò	ero caduto/a	caddi
tu	cadrai	eri caduto/a	cadesti
lui/lei/Lei	cadrà	era caduto/a	cadde
noi	cadremo	eravamo caduti/e	cademmo
voi	cadrete	eravate caduti/e	cadeste
loro/Loro	cadranno	erano caduti/e	caddero
	Future Perfect		**Past Anterior**
io	sarò caduto/a		fui caduto/a

CONDITIONAL · SUBJUNCTIVE

	Present	Present	Imperfect
io	cadrei	cada	cadessi
tu	cadresti	cada	cadessi
lui/lei/Lei	cadrebbe	cada	cadesse
noi	cadremmo	cadiamo	cadessimo
voi	cadreste	cadiate	cadeste
loro/Loro	cadrebbero	cadano	cadessero
	Perfect	**Perfect**	**Pluperfect**
io	sarei caduto/a	sia caduto/a	fossi caduto/a

GERUND	PAST PARTICIPLE	IMPERATIVE
cadendo	caduto/a/i/e	cadi, cada, cadiamo, cadete, cadano

Paolo è caduto dalla motocicletta. *Paolo has fallen off his motorbike.*
Le sono caduti tutti i capelli. *All her hair fell out.*
Mi ha fatto cadere. *She knocked me over.*
Hanno fatto cadere il governo. *They brought down the government.*
Paolo lasciò cadere l'argomento. *Paolo dropped the subject.*
La Pasqua cade sempre di domenica. *Easter always falls on a Sunday.*
cadere ammalato *to fall ill*
cadere in piedi *to fall on one's feet*
cadere dalle nuvole *to be taken aback (Lit. to fall from the clouds)*

la cadenza *beat, cadence*
la caduta *fall, drop*
la caduta dei prezzi *drop in prices*
cadente *ruined, decrepit*

28 cambiare *to change* (tr./intr.)

INDICATIVE

	Present	Imperfect	Perfect
io	cambio	cambiavo	ho cambiato
tu	cambi	cambiavi	hai cambiato
lui/lei/Lei	cambia	cambiava	ha cambiato
noi	cambiamo	cambiavamo	abbiamo cambiato
voi	cambiate	cambiavate	avete cambiato
loro/Loro	cambiano	cambiavano	hanno cambiato
	Future	**Pluperfect**	**Past Historic**
io	cambierò	avevo cambiato	cambiai
tu	cambierai	avevi cambiato	cambiasti
lui/lei/Lei	cambierà	aveva cambiato	cambiò
noi	cambieremo	avevamo cambiato	cambiammo
voi	cambierete	avevate cambiato	cambiaste
loro/Loro	cambieranno	avevano cambiato	cambiarono
	Future Perfect		**Past Anterior**
io	avrò cambiato		ebbi cambiato

CONDITIONAL | SUBJUNCTIVE

	Present	Present	Imperfect
io	cambierei	cambi	cambiassi
tu	cambieresti	cambi	cambiassi
lui/lei/Lei	cambierebbe	cambi	cambiasse
noi	cambieremmo	cambiamo	cambiassimo
voi	cambiereste	cambiate	cambiaste
loro/Loro	cambierebbero	cambino	cambiassero
	Perfect	**Perfect**	**Pluperfect**
io	avrei cambiato	abbia cambiato	avessi cambiato

GERUND	PAST PARTICIPLE	IMPERATIVE
cambiando	cambiato	cambia, cambi, cambiamo, cambiate, cambino

La mamma cambiò idea. *Mum changed her mind.*
Cambiate treno a Milano. *Change trains at Milan.*
Hai cambiato indirizzo? *Have you changed your address?*
cambiare aspetto *to take on a different appearance*
tanto per cambiare *just for a change*
L'anno scorso abbiamo cambiato casa. *We moved last year.*
Voi cambiate sempre argomento. *You are always changing the subject.*
Come sei cambiata! *How you have changed!*
Il mondo cambia. *The world is changing.*

il cambiamento *change*
il cambio *exchange*
fare cambio *to swap*

agente di cambio *stockbroker*
tasso di cambio *rate of exchange*
in cambio di *in exchange for*

29 camminare *to walk* (intr.)

INDICATIVE

	Present	Imperfect	Perfect
io	cammino	camminavo	ho camminato
tu	cammini	camminavi	hai camminato
lui/lei/Lei	cammina	camminava	ha camminato
noi	camminiamo	camminavamo	abbiamo camminato
voi	camminate	camminavate	avete camminato
loro/Loro	camminano	camminavano	hanno camminato

	Future	Pluperfect	Past Historic
io	camminerò	avevo camminato	camminai
tu	camminerai	avevi camminato	camminasti
lui/lei/Lei	camminerà	aveva camminato	camminò
noi	cammineremo	avevamo camminato	camminammo
voi	camminerete	avevate camminato	camminaste
loro/Loro	cammineranno	avevano camminato	camminarono

	Future Perfect		Past Anterior
io	avrò camminato		ebbi camminato

CONDITIONAL   SUBJUNCTIVE

	Present	Present	Imperfect
io	camminerei	cammini	camminassi
tu	cammineresti	cammini	camminassi
lui/lei/Lei	camminerebbe	cammini	camminasse
noi	cammineremmo	camminiamo	camminassimo
voi	camminereste	camminiate	camminaste
loro/Loro	camminerebbero	camminino	camminassero

	Perfect	Perfect	Pluperfect
io	avrei camminato	abbia camminato	avessi camminato

GERUND	PAST PARTICIPLE	IMPERATIVE
camminando	camminato	cammina, cammini, camminiamo, camminate, camminino

Camminiamo sempre di buon passo. *We always walk at a good pace.*
La ragazza camminava zoppicando. *The girl was limping.*
Cammina! *Hurry up!*
I bambini camminano in fila indiana. *The children walk in single file.*
Mi piace camminare in punta di piedi. *I like to tiptoe.*
camminare carponi *to crawl*
camminare sulle uova *to walk cautiously*

la camminata *walk*
il camminatore/la camminatrice *walker*
il cammino *way, walk*
essere in cammino *to be on one's way*

30 capire *to understand* (tr.)

INDICATIVE

	Present	Imperfect	Perfect
io	capisco	capivo	ho capito
tu	capisci	capivi	hai capito
lui/lei/Lei	capisce	capiva	ha capito
noi	capiamo	capivamo	abbiamo capito
voi	capite	capivate	avete capito
loro/Loro	capiscono	capivano	hanno capito

	Future	Pluperfect	Past Historic
io	capirò	avevo capito	capii
tu	capirai	avevi capito	capisti
lui/lei/Lei	capirà	aveva capito	capì
noi	capiremo	avevamo capito	capimmo
voi	capirete	avevate capito	capiste
loro/Loro	capiranno	avevano capito	capirono

	Future Perfect		Past Anterior
io	avrò capito		ebbi capito

CONDITIONAL / SUBJUNCTIVE

	Present	Present	Imperfect
io	capirei	capisca	capissi
tu	capiresti	capisca	capissi
lui/lei/Lei	capirebbe	capisca	capisse
noi	capiremmo	capiamo	capissimo
voi	capireste	capiate	capiste
loro/Loro	capirebbero	capiscano	capissero

	Perfect	Perfect	Pluperfect
io	avrei capito	abbia capito	avessi capito

GERUND	PAST PARTICIPLE	IMPERATIVE
capendo	capito	capisci, capisca, capiamo, capite, capiscano

Può ripetere per favore? Non capisco. *Can you repeat that please? I do not understand.*
Il ragazzo capiva l'italiano. *The boy used to understand Italian.*
Non ci capiamo più. *We do not understand each other any more.*
Non vogliono capirla. *They refuse to understand.*
capire male *to misunderstand*
Si capisce! *Of course!*
Capisco l'antifona. *I take the hint.*
Loro capiranno al volo. *They will catch on quickly.*

farsi capire *to make oneself understood*

31 cercare *to look for* (tr./intr.)

INDICATIVE

	Present	Imperfect	Perfect
io	cerco	cercavo	ho cercato
tu	cerchi	cercavi	hai cercato
lui/lei/Lei	cerca	cercava	ha cercato
noi	cerchiamo	cercavamo	abbiamo cercato
voi	cercate	cercavate	avete cercato
loro/Loro	cercano	cercavano	hanno cercato
	Future	**Pluperfect**	**Past Historic**
io	cercherò	avevo cercato	cercai
tu	cercherai	avevi cercato	cercasti
lui/lei/Lei	cercherà	aveva cercato	cercò
noi	cercheremo	avevamo cercato	cercammo
voi	cercherete	avevate cercato	cercaste
loro/Loro	cercheranno	avevano cercato	cercarono
	Future Perfect		**Past Anterior**
io	avrò cercato		ebbi cercato

CONDITIONAL   SUBJUNCTIVE

	Present	Present	Imperfect
io	cercherei	cerchi	cercassi
tu	cercheresti	cerchi	cercassi
lui/lei/Lei	cercherebbe	cerchi	cercasse
noi	cercheremmo	cerchiamo	cercassimo
voi	cerchereste	cerchiate	cercaste
loro/Loro	cercherebbero	cerchino	cercassero
	Perfect	**Perfect**	**Pluperfect**
io	avrei cercato	abbia cercato	avessi cercato

GERUND	PAST PARTICIPLE	IMPERATIVE
cercando	cercato	cerca, cerchi, cerchiamo, cercate, cerchino

Dove lo hai cercato? *Where have you looked for him?*
L'ho cercato dappertutto. *I have looked for him everywhere.*
Lo studente cercò la parola nel dizionario. *The student looked the word up in the dictionary.*
Cerca di finire oggi. *Try to finish today.*
cercare per mare e per terra *to look everywhere for something*
Chi cerca trova! *Seek and you will find!*
Quest'uomo cerca sempre il pelo nell'uovo. *This man is always fussy about everything.*

il cercatore/la cercatrice *seeker*
cercatore d'oro *gold-digger*

in cerca di ... *in search of ...*
Il ragazzo è in cerca di guai. *The boy is looking for trouble.*

32 chiamare *to call* (tr.)

INDICATIVE

	Present	Imperfect	Perfect
io	chiamo	chiamavo	ho chiamato
tu	chiami	chiamavi	hai chiamato
lui/lei/Lei	chiama	chiamava	ha chiamato
noi	chiamiamo	chiamavamo	abbiamo chiamato
voi	chiamate	chiamavate	avete chiamato
loro/Loro	chiamano	chiamavano	hanno chiamato

	Future	Pluperfect	Past Historic
io	chiamerò	avevo chiamato	chiamai
tu	chiamerai	avevi chiamato	chiamasti
lui/lei/Lei	chiamerà	aveva chiamato	chiamò
noi	chiameremo	avevamo chiamato	chiamammo
voi	chiamerete	avevate chiamato	chiamaste
loro/Loro	chiameranno	avevano chiamato	chiamarono

	Future Perfect		Past Anterior
io	avrò chiamato		ebbi chiamato

CONDITIONAL SUBJUNCTIVE

	Present	Present	Imperfect
io	chiamerei	chiami	chiamassi
tu	chiameresti	chiami	chiamassi
lui/lei/Lei	chiamerebbe	chiami	chiamasse
noi	chiameremmo	chiamiamo	chiamassimo
voi	chiamereste	chiamiate	chiamaste
loro/Loro	chiamerebbero	chiamino	chiamassero

	Perfect	Perfect	Pluperfect
io	avrei chiamato	abbia chiamato	avessi chiamato

GERUND	PAST PARTICIPLE	IMPERATIVE
chiamando	chiamato	chiama, chiami, chiamiamo, chiamate, chiamino

Come si chiama? Mi chiamo Paolo. *What is your name? My name is Paolo.*
Come ti chiami? Mi chiamo Maria. *What is your name? My name is Maria.*
Il dovere lo chiama. *Duty calls (him).*
Chiamavano aiuto da ore. *They had been calling for help for hours.*
Chiamami alle sette. *Wake me up at seven.*
Ti chiamerò dopo cena. *I'll phone you after dinner.*
essere chiamati alla ribalta *to take a curtain call*
chiamare in causa *to involve someone*
Mi hai mandato a chiamare? *Did you send for me?*
Perché non chiami le cose con il loro nome? *Why don't you call a spade a spade?*

la chiamata *call*   **chiamata alle armi** *call-to-arms*
chiamata telefonica *telephone call*

33 chiedere *to ask* (tr.)

INDICATIVE

	Present	Imperfect	Perfect
io	chiedo	chiedevo	ho chiesto
tu	chiedi	chiedevi	hai chiesto
lui/lei/Lei	chiede	chiedeva	ha chiesto
noi	chiediamo	chiedevamo	abbiamo chiesto
voi	chiedete	chiedevate	avete chiesto
loro/Loro	chiedono	chiedevano	hanno chiesto

	Future	Pluperfect	Past Historic
io	chiederò	avevo chiesto	chiesi
tu	chiederai	avevi chiesto	chiedesti
lui/lei/Lei	chiederà	aveva chiesto	chiese
noi	chiederemo	avevamo chiesto	chiedemmo
voi	chiederete	avevate chiesto	chiedeste
loro/Loro	chiederanno	avevano chiesto	chiesero

	Future Perfect		Past Anterior
io	avrò chiesto		ebbi chiesto

CONDITIONAL   SUBJUNCTIVE

	Present	Present	Imperfect
io	chiederei	chieda	chiedessi
tu	chiederesti	chieda	chiedessi
lui/lei/Lei	chiederebbe	chieda	chiedesse
noi	chiederemmo	chiediamo	chiedessimo
voi	chiedereste	chiediate	chiedeste
loro/Loro	chiederebbero	chiedano	chiedessero

	Perfect	Perfect	Pluperfect
io	avrei chiesto	abbia chiesto	avessi chiesto

GERUND	PAST PARTICIPLE	IMPERATIVE
chiedendo	chiesto	chiedi, chieda, chiediamo, chiedete, chiedano

Mio fratello mi ha chiesto un consiglio. *My brother has asked me for my advice.*
Paolo le chiese di non lasciarlo. *Paolo urged her not to leave him.*
Chiedile di sua madre. *Ask her about her mother.*
Luigi chiede venti sterline per quel quadro. *Luigi is asking twenty pounds for that picture.*
chiedere scusa *to apologize*
chiedere la mano di una ragazza *to ask a girl for her hand in marriage*
chiedere l'elemosina *to beg*
Maria gli chiese perdono. *Maria begged his pardon.*
Mi chiedo se verrà. *I wonder if he/she will come.*

richiedere *to request, to apply for*
la richiesta *request, application*
su richiesta *on request*

34 chiudere *to close* (tr.)

INDICATIVE

	Present	Imperfect	Perfect
io	chiudo	chiudevo	ho chiuso
tu	chiudi	chiudevi	hai chiuso
lui/lei/Lei	chiude	chiudeva	ha chiuso
noi	chiudiamo	chiudevamo	abbiamo chiuso
voi	chiudete	chiudevate	avete chiuso
loro/Loro	chiudono	chiudevano	hanno chiuso
	Future	**Pluperfect**	**Past Historic**
io	chiuderò	avevo chiuso	chiusi
tu	chiuderai	avevi chiuso	chiudesti
lui/lei/Lei	chiuderà	aveva chiuso	chiuse
noi	chiuderemo	avevamo chiuso	chiudemmo
voi	chiuderete	avevate chiuso	chiudeste
loro/Loro	chiuderanno	avevano chiuso	chiusero
	Future Perfect		**Past Anterior**
io	avrò chiuso		ebbi chiuso

CONDITIONAL · SUBJUNCTIVE

	Present	Present	Imperfect
io	chiuderei	chiuda	chiudessi
tu	chiuderesti	chiuda	chiudessi
lui/lei/Lei	chiuderebbe	chiuda	chiudesse
noi	chiuderemmo	chiudiamo	chiudessimo
voi	chiudereste	chiudiate	chiudeste
loro/Loro	chiuderebbero	chiudano	chiudessero
	Perfect	**Perfect**	**Pluperfect**
io	avrei chiuso	abbia chiuso	avessi chiuso

GERUND	PAST PARTICIPLE	IMPERATIVE
chiudendo	chiuso	chiudi, chiuda, chiudiamo, chiudete, chiudano

La banca chiude alle tre. *The bank shuts at three o'clock.*
Chiudi la porta, fa freddo. *Shut the door, it is cold.*
Hai chiuso le tende? *Have you drawn the curtains?*
La ragazza chiuderà la porta a chiave? *Will the girl lock the door?*
chiudere un occhio *to turn a blind eye*
Chiudi la bocca! *Shut up!*
Hai chiuso il rubinetto? *Have you turned off the tap?*
Chiusero la lettera prima di spedirla. *They sealed the letter before posting it.*

la chiusura *closing*
orario di chiusura *closing time*
chiusura di sicurezza *safety catch*
la chiusura lampo *zip*

ad occhi chiusi *with complete confidence*
tempo chiuso *overcast weather*

35 cogliere *to pick, gather* (tr.)

INDICATIVE

	Present	Imperfect	Perfect
io	colgo	coglievo	ho colto
tu	cogli	coglievi	hai colto
lui/lei/Lei	coglie	coglieva	ha colto
noi	cogliamo	coglievamo	abbiamo colto
voi	cogliete	coglievate	avete colto
loro/Loro	colgono	coglievano	hanno colto
	Future	**Pluperfect**	**Past Historic**
io	coglierò	avevo colto	colsi
tu	coglierai	avevi colto	cogliesti
lui/lei/Lei	coglierà	aveva colto	colse
noi	coglieremo	avevamo colto	cogliemmo
voi	coglierete	avevate colto	coglieste
loro/Loro	coglieranno	avevano colto	colsero
	Future Perfect		**Past Anterior**
io	avrò colto		ebbi colto

CONDITIONAL   SUBJUNCTIVE

	Present	Present	Imperfect
io	coglierei	colga	cogliessi
tu	coglieresti	colga	cogliessi
lui/lei/Lei	coglierebbe	colga	cogliesse
noi	coglieremmo	cogliamo	cogliessimo
voi	cogliereste	cogliate	coglieste
loro/Loro	coglierebbero	colgano	cogliessero
	Perfect	**Perfect**	**Pluperfect**
io	avrei colto	abbia colto	avessi colto

GERUND	PAST PARTICIPLE	IMPERATIVE
cogliendo	colto	cogli, colga, cogliamo, cogliete, colgano

Maria coglie i fiori in giardino. *Maria is picking flowers in the garden.*
Loro coglierebbero il senso del discorso. *They would grasp the sense of the speech.*
Hai colto nel segno. *You have hit the target.*
cogliere l'occasione per *to take the opportunity to*
cogliere la palla al balzo *to be quick off the mark*
Lo colsero sul fatto. *They caught him in the act.*
Mi hai colto di sorpresa. *You took me by surprise.*
La notizia li ha colti alla sprovvista. *The news caught them unawares/unprepared.*

colto *cultured*
una persona colta *a cultured person*
un terreno incolto *a piece of uncultivated land*

36 cominciare *to begin, start* (intr./tr.)

INDICATIVE

	Present	Imperfect	Perfect
io	comincio	cominciavo	ho cominciato
tu	cominci	cominciavi	hai cominciato
lui/lei/Lei	comincia	cominciava	ha cominciato
noi	cominciamo	cominciavamo	abbiamo cominciato
voi	cominciate	cominciavate	avete cominciato
loro/Loro	cominciano	cominciavano	hanno cominciato
	Future	**Pluperfect**	**Past Historic**
io	comincerò	avevo cominciato	cominciai
tu	comincerai	avevi cominciato	cominciasti
lui/lei/Lei	comincerà	aveva cominciato	cominciò
noi	cominceremo	avevamo cominciato	cominciammo
voi	comincerete	avevate cominciato	cominciaste
loro/Loro	cominceranno	avevano cominciato	cominciarono
	Future Perfect		**Past Anterior**
io	avrò cominciato		ebbi cominciato

CONDITIONAL   SUBJUNCTIVE

	Present	Present	Imperfect
io	comincerei	cominci	cominciassi
tu	cominceresti	cominci	cominciassi
lui/lei/Lei	comincerebbe	cominci	cominciasse
noi	cominceremmo	cominciamo	cominciassimo
voi	comincereste	cominciate	cominciaste
loro/Loro	comincerebbero	comincino	cominciassero
	Perfect	**Perfect**	**Pluperfect**
io	avrei cominciato	abbia cominciato	avessi cominciato

GERUND	PAST PARTICIPLE	IMPERATIVE
cominciando	cominciato	comincia, cominci, cominciamo, cominciate, comincino

La gara comincia alle quattro. *The race starts at four o'clock.*
Cominciò col dire... *He began by saying...*
Cominciava a piovere. *It was beginning to rain.*
Lo studente ha cominciato a leggere quel libro mesi fa. *The student began reading that book months ago.*
a cominciare da oggi *from today*
Chi ben comincia è a metà dell'opera. *Beginning is half the battle.*
Cominciarono il loro viaggio il mese scorso. *They set off on their trip last month.*
Cominciamo da capo. *Let's begin all over again.*

il cominciare *beginning, start*
per cominciare *to start with*

37 compiere *to fulfil, achieve* (tr.)

	INDICATIVE		
	Present	**Imperfect**	**Perfect**
io	compio	compivo	ho compiuto
tu	compi	compivi	hai compiuto
lui/lei/Lei	compie	compiva	ha compiuto
noi	compiamo	compivamo	abbiamo compiuto
voi	compite	compivate	avete compiuto
loro/Loro	compiono	compivano	hanno compiuto
	Future	**Pluperfect**	**Past Historic**
io	compirò	avevo compiuto	compii
tu	compirai	avevi compiuto	compisti
lui/lei/Lei	compirà	aveva compiuto	compì
noi	compiremo	avevamo compiuto	compimmo
voi	compirete	avevate compiuto	compiste
loro/Loro	compiranno	avevano compiuto	compirono
	Future Perfect		**Past Anterior**
io	avrò compiuto		ebbi compiuto

	CONDITIONAL	SUBJUNCTIVE	
	Present	**Present**	**Imperfect**
io	compirei	compia	compissi
tu	compiresti	compia	compissi
lui/lei/Lei	compirebbe	compia	compisse
noi	compiremmo	compiamo	compissimo
voi	compireste	compiate	compiste
loro/Loro	compirebbero	compiano	compissero
	Perfect	**Perfect**	**Pluperfect**
io	avrei compiuto	abbia compiuto	avessi compiuto

GERUND	PAST PARTICIPLE	IMPERATIVE
compiendo	compiuto	compi, compia, compiamo, compite, compiano

Maria ha compiuto vent'anni. *Maria has had her twentieth birthday.*
Quando compi gli anni? *When is your birthday?*
Compiremo il nostro dovere. *We'll carry out our duty.*
compiere una buona azione *to do a good deed*

compimento *completion*
portare a compimento *to bring to fulfilment*
compleanno *birthday*
compiuto *finished*
mettere di fronte al fatto compiuto *to present with a fait accompli*

38 concedere *to allow, grant, concede* (tr.)

INDICATIVE

	Present	Imperfect	Perfect
io	concedo	concedevo	ho concesso
tu	concedi	concedevi	hai concesso
lui/lei/Lei	concede	concedeva	ha concesso
noi	concediamo	concedevamo	abbiamo concesso
voi	concedete	concedevate	avete concesso
loro/Loro	concedono	concedevano	hanno concesso

	Future	Pluperfect	Past Historic
io	concederò	avevo concesso	concessi
tu	concederai	avevi concesso	concedesti
lui/lei/Lei	concederà	aveva concesso	concesse
noi	concederemo	avevamo concesso	concedemmo
voi	concederete	avevate concesso	concedeste
loro/Loro	concederanno	avevano concesso	concessero

	Future Perfect		Past Anterior
io	avrò concesso		ebbi concesso

CONDITIONAL SUBJUNCTIVE

	Present	Present	Imperfect
io	concederei	conceda	concedessi
tu	concederesti	conceda	concedessi
lui/lei/Lei	concederebbe	conceda	concedesse
noi	concederemmo	concediamo	concedessimo
voi	concedereste	concediate	concedeste
loro/Loro	concederebbero	concedano	concedessero

	Perfect	Perfect	Pluperfect
io	avrei concesso	abbia concesso	avessi concesso

GERUND	PAST PARTICIPLE	IMPERATIVE
concedendo	concesso	concedi, conceda, concediamo, concedete, concedano

Non è concesso uscire durante lo spettacolo. *It is not permitted to leave during the show.*
Maria si è concessa una bella vacanza. *Maria has allowed herself a lovely holiday.*
Ti concedo di andare. *I allow you to go.*
Concedimi ancora una settimana. *Give me another week.*
concedere un favore *to grant a favour*
concedere un brevetto *to issue a patent*
concedere un rinvio *to adjourn a suit*
Mi concederai un'udienza? *Will you grant me an audience?*

la concessione *concession*
fare una concessione *to make a concession*
il concessionario *agent, dealer*

39 confondere *to confuse* (tr.)

INDICATIVE

	Present	Imperfect	Perfect
io	confondo	confondevo	ho confuso
tu	confondi	confondevi	hai confuso
lui/lei/Lei	confonde	confondeva	ha confuso
noi	confondiamo	confondevamo	abbiamo confuso
voi	confondete	confondevate	avete confuso
loro/Loro	confondono	confondevano	hanno confuso
	Future	**Pluperfect**	**Past Historic**
io	confonderò	avevo confuso	confusi
tu	confonderai	avevi confuso	confondesti
lui/lei/Lei	confonderà	aveva confuso	confuse
noi	confonderemo	avevamo confuso	confondemmo
voi	confonderete	avevate confuso	confondeste
loro/Loro	confonderanno	avevano confuso	confusero
	Future Perfect		**Past Anterior**
io	avrò confuso		ebbi confuso

CONDITIONAL SUBJUNCTIVE

	Present	Present	Imperfect
io	confonderei	confonda	confondessi
tu	confonderesti	confonda	confondessi
lui/lei/Lei	confonderebbe	confonda	confondesse
noi	confonderemmo	confondiamo	confondessimo
voi	confondereste	confondiate	confondeste
loro/Loro	confonderebbero	confondano	confondessero
	Perfect	**Perfect**	**Pluperfect**
io	avrei confuso	abbia confuso	avessi confuso

GERUND	PAST PARTICIPLE	IMPERATIVE
confondendo	confuso	confondi, confonda, confondiamo, confondete, confondano

Paolo mi confonde con mia sorella. *Paolo confuses me with my sister.*
Le loro chiacchiere mi confondono le idee. *Their chatter confuses me.*
Il loro comportamento mi confuse. *Their behaviour confounded me.*
Perché avete confuso tutti i libri? *Why have you muddled up all the books?*
Scusa, mi sono confuso. *Sorry, I got mixed up/made a mistake.*
Paolo si confonde tra la folla. *Paolo mingles with the crowd.*
Non confonderlo! *Do not muddle him!*

la confusione *confusion, disorder*
confusamente *confusedly, in a muddled manner*
essere un confusionario *to be a muddler*

40 connettere *to connect, link up* (intr.)

INDICATIVE

	Present	Imperfect	Perfect
io	connetto	connettevo	ho connesso
tu	connetti	connettevi	hai connesso
lui/lei/Lei	connette	connetteva	ha connesso
noi	connettiamo	connettevamo	abbiamo connesso
voi	connettete	connettevate	avete connesso
loro/Loro	connettono	connettevano	hanno connesso

	Future	Pluperfect	Past Historic
io	connetterò	avevo connesso	connettei
tu	connetterai	avevi connesso	connettesti
lui/lei/Lei	connetterà	aveva connesso	connettè
noi	connetteremo	avevamo connesso	connettemmo
voi	connetterete	avevate connesso	connetteste
loro/Loro	connetteranno	avevano connesso	connetterono

	Future Perfect		Past Anterior
io	avrò connesso		ebbi connesso

CONDITIONAL   SUBJUNCTIVE

	Present	Present	Imperfect
io	onnetterei	connetta	connettessi
tu	connetteresti	connetta	connettessi
lui/lei/Lei	connetterebbe	connetta	connettesse
noi	connetteremmo	connettiamo	connettessimo
voi	connettereste	connettiate	connetteste
loro/Loro	connetterebbero	connettano	connettessero

	Perfect	Perfect	Pluperfect
io	avrei connesso	abbia connesso	avessi connesso

GERUND	PAST PARTICIPLE	IMPERATIVE
connettendo	connesso	connetti, connetta, connettiamo, connettete, connettano

La linea telefonica è stata connessa. *The phone line has been connected.*
Mi connetterò ad una nuova banda larga il mese prossimo. *I'll get a new broadband connection next month.*
una connessione d'idee *a nexus of ideas*
essere in connessione con *to be in relation/related to, in connection with, in collaboration with*
annessi e connessi *all things strictly connected: the ins and outs*
la connessione *connection*

41 conoscere *to know* (tr.)

INDICATIVE

	Present	Imperfect	Perfect
io	conosco	conoscevo	ho conosciuto
tu	conosci	conoscevi	hai conosciuto
lui/lei/Lei	conosce	conosceva	ha conosciuto
noi	conosciamo	conoscevamo	abbiamo conosciuto
voi	conoscete	conoscevate	avete conosciuto
loro/Loro	conoscono	conoscevano	hanno conosciuto
	Future	**Pluperfect**	**Past Historic**
io	conoscerò	avevo conosciuto	conobbi
tu	conoscerai	avevi conosciuto	conoscesti
lui/lei/Lei	conoscerà	aveva conosciuto	conobbe
noi	conosceremo	avevamo conosciuto	conoscemmo
voi	conoscerete	avevate conosciuto	conosceste
loro/Loro	conosceranno	avevano conosciuto	conobbero
	Future Perfect		**Past Anterior**
io	avrò conosciuto		ebbi conosciuto

CONDITIONAL   SUBJUNCTIVE

	Present	Present	Imperfect
io	conoscerei	conosca	conoscessi
tu	conosceresti	conosca	conoscessi
lui/lei/Lei	conoscerebbe	conosca	conoscesse
noi	conosceremmo	conosciamo	conoscessimo
voi	conoscereste	conosciate	conosceste
loro/Loro	conoscerebbero	conoscano	conoscessero
	Perfect	**Perfect**	**Pluperfect**
io	avrei conosciuto	abbia conosciuto	avessi conosciuto

GERUND	PAST PARTICIPLE	IMPERATIVE
conoscendo	conosciuto	conosci, conosca, conosciamo, conoscete, conoscano

Conosco Londra molto bene. *I know London very well.*
Luigi conosce l'italiano. *Luigi knows Italian.*
Hanno conosciuto mio fratello. *They have met my brother.*
Ci siamo conosciuti un anno fa. *We met a year ago.*
Conoscevamo la strada giusta. *We knew the right way.*
far conoscere *to introduce*
Conosci te stesso. *Know yourself.*
Maria conosce questo brano per filo e per segno. *Maria knows this piece inside out.*
Paolo conosceva il suo mestiere. *Paolo knew his job.*

il/la conoscente *acquaintance*
la conoscenza *knowledge*
venire a conoscenza di *to find out about*

il conoscitore/la conoscitrice *connoisseur*
conoscitore di vini *wine connoisseur*

42 continuare *to carry on* (intr./tr.)

INDICATIVE

	Present	Imperfect	Perfect
io	continuo	continuavo	ho continuato
tu	continui	continuavi	hai continuato
lui/lei/Lei	continua	continuava	ha continuato
noi	continuiamo	continuavamo	abbiamo continuato
voi	continuate	continuavate	avete continuato
loro/Loro	continuano	continuavano	hanno continuato
	Future	**Pluperfect**	**Past Historic**
io	continuerò	avevo continuato	continuai
tu	continuerai	avevi continuato	continuasti
lui/lei/Lei	continuerà	aveva continuato	continuò
noi	continueremo	avevamo continuato	continuammo
voi	continuerete	avevate continuato	continuaste
loro/Loro	continueranno	avevano continuato	continuarono
	Future Perfect		**Past Anterior**
io	avrò continuato		ebbi continuato

CONDITIONAL SUBJUNCTIVE

	Present	Present	Imperfect
io	continuerei	continui	continuassi
tu	continueresti	continui	continuassi
lui/lei/Lei	continuerebbe	continui	continuasse
noi	continueremmo	continuiamo	continuassimo
voi	continuereste	continuiate	continuaste
loro/Loro	continuerebbero	continuino	continuassero
	Perfect	**Perfect**	**Pluperfect**
io	avrei continuato	abbia continuato	avessi continuato

GERUND	PAST PARTICIPLE	IMPERATIVE
continuando	continuato	continua, continui, continuiamo, continuate, continuino

Luigi continuò a parlare. *Luigi carried on speaking.*
Continueranno la tradizione. *They will keep up the tradition.*
La strada continua oltre la valle. *The road goes on beyond the valley.*
continua *to be continued*
La vita continua. *Life goes on.*
Il malato deve continuare la cura. *The patient must keep up the treatment.*
Continua pure, non interromperti. *Carry on, don't stop.*

continuamente *non-stop*
continuato *uninterruped*
orario continuato continuous *working hours, all-day opening*
la continuità *continuity*

43 convincere *to convince* (tr.)

INDICATIVE

	Present	Imperfect	Perfect
io	convinco	convincevo	ho convinto
tu	convinci	convincevi	hai convinto
lui/lei/Lei	convince	convinceva	ha convinto
noi	convinciamo	convincevamo	abbiamo convinto
voi	convincete	convincevate	avete convinto
loro/Loro	convincono	convincevano	hanno convinto

	Future	Pluperfect	Past Historic
io	convincerò	avevo convinto	convinsi
tu	convincerai	avevi convinto	convincesti
lui/lei/Lei	convincerà	aveva convinto	convinse
noi	convinceremo	avevamo convinto	convincemmo
voi	convincerete	avevate convinto	convinceste
loro/Loro	convinceranno	avevano convinto	convisero

	Future Perfect		Past Anterior
io	avrò convinto		ebbi convinto

CONDITIONAL / SUBJUNCTIVE

	Present	Present	Imperfect
io	convincerei	convinca	convincessi
tu	convinceresti	convinca	convincessi
lui/lei/Lei	convincerebbe	convinca	convincesse
noi	convinceremmo	convinciamo	convincessimo
voi	convincereste	convinciate	convinceste
loro/Loro	convincerebbero	convincano	convincessero

	Perfect	Perfect	Pluperfect
io	avrei convinto	abbia convinto	avessi convinto

GERUND	PAST PARTICIPLE	IMPERATIVE
convincendo	convinto	convinci, convinca, convinciamo, convincete, convincano

Lo convinsi a venire. *I convinced him to come.*
Mi hai convinto. *You have talked me into it.*
La convinsero del suo errore. *They convinced her of her mistake.*
Non mi convinco. *I am not persuaded.*

convincente *convincing*
argomento convincente *convincing argument*
una scusa poco convincente *a lame excuse*
Il tuo discorso è convincente. *Your speech is convincing.*

la convinzione *conviction, persuasion*
convinzioni religiose *religious beliefs*
avere la convinzione che... *to be convinced that...*
L'insegnante parla con convinzione. *The teacher speaks with conviction.*

44 correre *to run* (intr.)

INDICATIVE

	Present	Imperfect	Perfect
io	corro	correvo	sono corso/a
tu	corri	correvi	sei corso/a
lui/lei/Lei	corre	correva	è corso/a
noi	corriamo	correvamo	siamo corsi/e
voi	correte	correvate	siete corsi/e
loro/Loro	corrono	correvano	sono corsi/e
	Future	**Pluperfect**	**Past Historic**
io	correrò	ero corso/a	corsi
tu	correrai	eri corso/a	corresti
lui/lei/Lei	correrà	era corso/a	corse
noi	correremo	eravamo corsi/e	corremmo
voi	correrete	eravate corsi/e	correste
loro/Loro	correranno	erano corsi/e	corsero
	Future Perfect		**Past Anterior**
io	sarò corso/a		fui corso/a

CONDITIONAL · SUBJUNCTIVE

	Present	Present	Imperfect
io	correrei	corra	corressi
tu	correresti	corra	corressi
lui/lei/Lei	correrebbe	corra	corresse
noi	correremmo	corriamo	corressimo
voi	correreste	corriate	correste
loro/Loro	correrebbero	corrano	corressero
	Perfect	**Perfect**	**Pluperfect**
io	sarei corso/a	sia corso/a	fossi corso/a

GERUND	PAST PARTICIPLE	IMPERATIVE
correndo	corso/a/i/e	corri, corra, corriamo, correte, corrano

Non correre! Si scivola qui. *Don't run! It's slippery here.*
Corro a casa. *I am running home.*
L'auto correva veloce. *The car was travelling fast.*
Corri, è tardi! *Hurry, it is late!*
Il mio pensiero corre a te. *My thoughts go out to you.*
correre il rischio di *to run the risk of*
correre un pericolo *to be in danger*
Lascia correre. *Let it go.*
Corre voce che… *There is a rumour that…*

il corridore *runner*　　　　　　**il corridoio** *corridor*
corridore automobilista *racing driver*　　**il corriere** *messenger, courier*
la corsa *running, race*
cavallo da corsa *racehorse*

45 credere *to believe* (intr./tr.)

INDICATIVE

	Present	Imperfect	Perfect
io	credo	credevo	ho creduto
tu	credi	credevi	hai creduto
lui/lei/Lei	crede	credeva	ha creduto
noi	crediamo	credevamo	abbiamo creduto
voi	credete	credevate	avete creduto
loro/Loro	credono	credevano	hanno creduto
	Future	**Pluperfect**	**Past Historic**
io	crederò	avevo creduto	credei (credetti)
tu	crederai	avevi creduto	credesti
lui/lei/Lei	crederà	aveva creduto	credè (credette)
noi	crederemo	avevamo creduto	credemmo
voi	crederete	avevate creduto	credeste
loro/Loro	crederanno	avevano creduto	crederono (credettero)
	Future Perfect		**Past Anterior**
io	avrò creduto		ebbi creduto

CONDITIONAL   SUBJUNCTIVE

	Present	Present	Imperfect
io	crederei	creda	credessi
tu	crederesti	creda	credessi
lui/lei/Lei	crederebbe	creda	credesse
noi	crederemmo	crediamo	credessimo
voi	credereste	crediate	credeste
loro/Loro	crederebbero	credano	credessero
	Perfect	**Perfect**	**Pluperfect**
io	avrei creduto	abbia creduto	avessi creduto

GERUND	PAST PARTICIPLE	IMPERATIVE
credendo	creduto	credi, creda, crediamo, credete, credano

Paolo ha creduto a tutto. *Paolo has believed everything.*
Credono in Dio. *They believe in God.*
Ti credono uno stupido. *They consider you a fool.*
Credi che farà bel tempo? Credo di sì. *Do you think the weather will be fine?*
  Yes, I think so.
Crede di sapere tutto. *He thinks he knows everything.*
Credevo che non fosse possibile. *I thought it was not possible.*
Ha creduto bene ignorarlo. *She thought it best to ignore him.*
dare a credere *to get someone to believe something*
Le credettero sulla parola. *They trusted her word.*
Paolo fa un po' quel che crede. *Paolo does as he likes.*

il/la credente *believer*
la credenza *belief*

credibile *believable, trustworthy*

46 crescere *to grow* (intr.)

INDICATIVE

	Present	Imperfect	Perfect
io	cresco	crescevo	sono cresciuto/a
tu	cresci	crescevi	sei cresciuto/a
lui/lei/Lei	cresce	cresceva	è cresciuto/a
noi	cresciamo	crescevamo	siamo cresciuti/e
voi	crescete	crescevate	siete cresciuti/e
loro/Loro	crescono	crescevano	sono cresciuti/e
	Future	**Pluperfect**	**Past Historic**
io	crescerò	ero cresciuto/a	crebbi
tu	crescerai	eri cresciuto/a	crescesti
lui/lei/Lei	crescerà	era cresciuto/a	crebbe
noi	cresceremo	eravamo cresciuti/e	crescemmo
voi	crescerete	eravate cresciuti/e	cresceste
loro/Loro	cresceranno	erano cresciuti/e	crebbero
	Future Perfect		**Past Anterior**
io	sarò cresciuto/a		fui cresciuto/a

CONDITIONAL / SUBJUNCTIVE

	Present	Present	Imperfect
io	crescerei	cresca	crecessi
tu	cresceresti	cresca	crescessi
lui/lei/Lei	crescerebbe	cresca	crescesse
noi	cresceremmo	cresciamo	crescessimo
voi	crescereste	cresciate	cresceste
loro/Loro	crescerebbero	crescano	crescessero
	Perfect	**Perfect**	**Pluperfect**
io	sarei cresciuto/a	sia cresciuto/a	fossi cresciuto/a

GERUND	PAST PARTICIPLE	IMPERATIVE
crescendo	cresciuto/a/i/e	cresci, cresca, cresciamo, crescete, crescano

I bambini crescono in fretta. *Children grow up quickly.*
I fiori sono cresciuti nel giardino. *The flowers have grown in the garden.*
La popolazione cresce costantemente. *The population increases constantly.*
Maria si fece crescere i capelli. *Maria let her hair grow.*
farsi crescere la barba *to grow a beard*
crescere in fama *to become more famous*
Sono cresciuta di peso. *I have put on weight.*
Il bambino cresceva a vista d'occhio. *The child was growing quickly.*

crescente *growing*
luna crescente *waxing moon*
la crescita *growth*
la crescita dei prezzi *the rise in prices*

47 cucire *to sew* (tr.)

INDICATIVE

	Present	Imperfect	Perfect
io	cucio	cucivo	ho cucito
tu	cuci	cucivi	hai cucito
lui/lei/Lei	cuce	cuciva	ha cucito
noi	cuciamo	cucivamo	abbiamo cucito
voi	cucite	cucivate	avete cucito
loro/Loro	cuciono	cucivano	hanno cucito
	Future	**Pluperfect**	**Past Historic**
io	cucirò	avevo cucito	cucii
tu	cucirai	avevi cucito	cucisti
lui/lei/Lei	cucirà	aveva cucito	cucì
noi	cuciremo	avevamo cucito	cucimmo
voi	cucirete	avevate cucito	cuciste
loro/Loro	cuciranno	avevano cucito	cucirono
	Future Perfect		**Past Anterior**
io	avrò cucito		ebbi cucito

CONDITIONAL / SUBJUNCTIVE

	Present	Present	Imperfect
io	cucirei	cucia	cucissi
tu	cuciresti	cucia	cucissi
lui/lei/Lei	cucirebbe	cucia	cucisse
noi	cuciremmo	cuciamo	cucissimo
voi	cucireste	cuciate	cuciste
loro/Loro	cucirebbero	cuciano	cucissero
	Perfect	**Perfect**	**Pluperfect**
io	avrei cucito	abbia cucito	avessi cucito

GERUND	PAST PARTICIPLE	IMPERATIVE
cucendo	cucito	cuci, cucia, cuciamo, cucite, cuciano

Hai cucito il mio vestito? *Have you sewn my dress?*
La sarta lo cuce a mano. *The seamstress hand-sews it.*
Paolo ha cucito un bottone alla sua camicia. *Paolo has sewn a button on to his shirt.*
Cuciono a zig-zag. *They do zigzag stitching.*
cucirsi la bocca *to keep one's mouth shut*
cucire la bocca a qualcuno *to shut someone's mouth*
Ho la bocca cucita. *My lips are sealed.*
Il dottore cucirà la ferita. *The doctor will stitch the wound.*

il cucitore/la cucitrice *sewer*　　　　**la cucitura** *seam*
la cucitrice *stapler*　　　　**la macchina da cucire** *sewing machine*

48 cuocere *to cook* (tr.)

INDICATIVE

	Present	Imperfect	Perfect
io	cuocio	c(u)ocevo	ho cotto
tu	cuoci	c(u)ocevi	hai cotto
lui/lei/Lei	cuoce	c(u)oceva	ha cotto
noi	c(u)ociamo	c(u)ocevamo	abbiamo cotto
voi	c(u)ocete	c(u)ocevate	avete cotto
loro/Loro	cuociono	c(u)ocevano	hanno cotto

	Future	Pluperfect	Past Historic
io	c(u)ocerò	avevo cotto	cossi
tu	c(u)ocerai	avevi cotto	c(u)ocesti
lui/lei/Lei	c(u)ocerà	aveva cotto	cosse
noi	c(u)ceremo	avevamo cotto	c(u)ocemmo
voi	c(u)ocerete	avevate cotto	c(u)oceste
loro/Loro	c(u)oceranno	avevano cotto	cossero

	Future Perfect		Past Anterior
io	avrò cotto		ebbi cotto

CONDITIONAL   SUBJUNCTIVE

	Present	Present	Imperfect
io	c(u)ocerei	cuocia	c(u)ocessi
tu	c(u)oceresti	cuocia	c(u)ocessi
lui/lei/Lei	c(u)ocerebbe	cuocia	c(u)ocesse
noi	c(u)oceremmo	c(u)ociamo	c(u)ocessimo
voi	c(u)ocereste	c(u)ociate	c(u)oceste
loro/Loro	c(u)ocerebbero	cuociano	c(u)ocessero

	Perfect	Perfect	Pluperfect
io	avrei cotto	abbia cotto	avessi cotto

GERUND	PAST PARTICIPLE	IMPERATIVE
c(u)ocendo	cotto	cuoci, cuocia, c(u)ociamo, c(u)ocete, cuociano

Sto cuocendo il riso. *I am cooking rice.*
La cena è cotta. *Dinner is cooked.*
Hanno cotto questa carne in umido. *They have stewed this meat.*
cuocere al forno *to bake*
Paolo sta cuocendo sulla spiaggia. *Paolo is sunbathing on the beach.*
Lasciala cuocere nel suo brodo. *Let her stew in her own juice.*

il cuoco/la cuoca *cook*
la cottura *cooking*
il grado di cottura *cooking temperature*
essere a mezza cottura *to be half-baked*
essere (innamorato) cotto *to be head-over-heels in love*

49 dare *to give* (tr.)

INDICATIVE

	Present	Imperfect	Perfect
io	do	davo	ho dato
tu	dai	davi	hai dato
lui/lei/Lei	dà	dava	ha dato
noi	diamo	davamo	abbiamo dato
voi	date	davate	avete dato
loro/Loro	danno	davano	hanno dato
	Future	**Pluperfect**	**Past Historic**
io	darò	avevo dato	diedi (detti)
tu	darai	avevi dato	desti
lui/lei/Lei	darà	aveva dato	diede (dette)
noi	daremo	avevamo dato	demmo
voi	darete	avevate dato	deste
loro/Loro	daranno	avevano dato	diedero (dettero)
	Future Perfect		**Past Anterior**
io	avrò dato		ebbi dato

CONDITIONAL / SUBJUNCTIVE

	Present	Present	Imperfect
io	darei	dia	dessi
tu	daresti	dia	dessi
lui/lei/Lei	darebbe	dia	desse
noi	daremmo	diamo	dessimo
voi	dareste	diate	deste
loro/Loro	darebbero	diano	dessero
	Perfect	**Perfect**	**Pluperfect**
io	avrei dato	abbia dato	avessi dato

GERUND	PAST PARTICIPLE	IMPERATIVE
dando	dato	da'/dai, dia, diamo, date, diano

Ti ho dato cinquanta euro. *I have given you fifty euros.*
Diede la vita per il suo amico. *He gave his life for his friend.*
Gli danno la colpa. *They blame it on him.*
Mi dai ragione? Non, ti do torto. *Do you say I am right? No, I say you are wrong.*
dare la mano a qualcuno *to shake someone's hand*
Quel vestito dà nell'occhio. *That dress is eye-catching.*
Mi diedero il benvenuto. *They welcomed me.*
La casa dà sul mare. *The house looks out onto the sea.*

la data date
data ultima deadline
il dare e l'avere debits and credits

il datore di lavoro employer
darsi al bere to take to drink

50 decidere *to decide* (tr.)

INDICATIVE

	Present	Imperfect	Perfect
io	decido	decidevo	ho deciso
tu	decidi	decidevi	hai deciso
lui/lei/Lei	decide	decideva	ha deciso
noi	decidiamo	decidevamo	abbiamo deciso
voi	decidete	decidevate	avete deciso
loro/Loro	decidono	decidevano	hanno deciso
	Future	**Pluperfect**	**Past Historic**
io	deciderò	avevo deciso	decisi
tu	deciderai	avevi deciso	decidesti
lui/lei/Lei	deciderà	aveva deciso	decise
noi	decideremo	avevamo deciso	decidemmo
voi	deciderete	avevate deciso	decideste
loro/Loro	decideranno	avevano deciso	decisero
	Future Perfect		**Past Anterior**
io	avrò deciso		ebbi deciso

CONDITIONAL SUBJUNCTIVE

	Present	Present	Imperfect
io	deciderei	decida	decidessi
tu	decideresti	decida	decidessi
lui/lei/Lei	deciderebbe	decida	decidesse
noi	decideremmo	decidiamo	decidessimo
voi	decidereste	decidiate	decideste
loro/Loro	deciderebbero	decidano	decidessero
	Perfect	**Perfect**	**Pluperfect**
io	avrei deciso	abbia deciso	avessi deciso

GERUND	PAST PARTICIPLE	IMPERATIVE
decidendo	deciso	decidi, decida, decidiamo, decidete, decidano

Bisogna decidere ora. *We must decide now.*
Ho deciso oggi. *I have decided today.*
Gli operai decisero di scioperare. *The workmen decided to strike.*
Dobbiamo decidere la data. *We must fix the date.*
Deciditi. *Make your mind up.*
Non si decideva a dirglielo. *He couldn't make up his mind to tell her.*
Dobbiamo decidere la questione. *We must settle the question.*

la decisione *decision*
la decisione del tribunale *the court's ruling*
decisivo *decisive*

deciso *definite, determined*
deciso a tutto *ready to do anything*
un taglio deciso *a clear-cut decision*

51 difendere *to defend* (tr.)

INDICATIVE

	Present	Imperfect	Perfect
io	difendo	difendevo	ho difeso
tu	difendi	difendevi	hai difeso
lui/lei/Lei	difende	difendeva	ha difeso
noi	difendiamo	difendevamo	abbiamo difeso
voi	difendete	difendevate	avete difeso
loro/Loro	difendono	difendevano	hanno difeso

	Future	Pluperfect	Past Historic
io	difenderò	avevo difeso	difesi
tu	difenderai	avevi difeso	difendesti
lui/lei/Lei	difenderà	aveva difeso	difese
noi	difenderemo	avevamo difeso	difendemmo
voi	difenderete	avevate difeso	difendeste
loro/Loro	difenderanno	avevano difeso	difesero

	Future Perfect		Past Anterior
io	avrò difeso		ebbi difeso

CONDITIONAL   SUBJUNCTIVE

	Present	Present	Imperfect
io	difenderei	difenda	difendessi
tu	difenderesti	difenda	difendessi
lui/lei/Lei	difenderebbe	difenda	difendesse
noi	difenderemmo	difendiamo	difendessimo
voi	difendereste	difendiate	difendeste
loro/Loro	difenderebbero	difendano	difendessero

	Perfect	Perfect	Pluperfect
io	avrei difeso	abbia difeso	avessi difeso

GERUND	PAST PARTICIPLE	IMPERATIVE
difendendo	difeso	difendi, difenda, difendiamo, difendete, difendano

I soldati difesero la città. *The soldiers defended the city.*
Paolo difende i suoi interessi. *Paolo looks after his own interests.*
In italiano mi difendo. *I get by in Italian.*
Non posso difendere il suo atteggiamento. *I cannot explain/tolerate his attitude.*
difendersi dal freddo/caldo *to protect ovneself from the cold/heat*
Paolo sa difendersi. *Paolo knows how to look after himself.*
Difesero la loro opinione. *They stuck to their argument (opinion).*

il difensore/la difenditrice *defender*
avvocato difensore *counsel for the defense*
la difesa *defence*

difesa personale *self-defence*
prendere le difese di qualcuno *to take somebody's part*
stare sulla difensiva *to be on the defensive*

52 dimenticare *to forget* (intr./tr.)

INDICATIVE

	Present	Imperfect	Perfect
io	dimentico	dimenticavo	ho dimenticato
tu	dimentichi	dimenticavi	hai dimenticato
lui/lei/Lei	dimentica	dimenticava	ha dimenticato
noi	dimentichiamo	dimenticavamo	abbiamo dimenticato
voi	dimenticate	dimenticavate	avete dimenticato
loro/Loro	dimenticano	dimenticavano	hanno dimenticato

	Future	Pluperfect	Past Historic
io	dimenticherò	avevo dimenticato	dimenticai
tu	dimenticherai	avevi dimenticato	dimenticasti
lui/lei/Lei	dimenticherà	aveva dimenticato	dimenticò
noi	dimenticheremo	avevamo dimenticato	dimenticammo
voi	dimenticherete	avevate dimenticato	dimenticaste
loro/Loro	dimenticheranno	avevano dimenticato	dimenticarono

	Future Perfect		Past Anterior
io	avrò dimenticato		ebbi dimenticato

CONDITIONAL SUBJUNCTIVE

	Present	Present	Imperfect
io	dimenticherei	dimentichi	dimenticassi
tu	dimenticheresti	dimentichi	dimenticassi
lui/lei/Lei	dimenticherebbe	dimentichi	dimenticasse
noi	dimenticheremmo	dimentichiamo	dimenticassimo
voi	dimentichereste	dimentichiate	dimenticaste
loro/Loro	dimenticherebbero	dimentichino	dimenticassero

	Perfect	Perfect	Pluperfect
io	avrei dimenticato	abbia dimenticato	avessi dimenticato

GERUND	PAST PARTICIPLE	IMPERATIVE
dimenticando	dimenticato	dimentica, dimentichi, dimentichiamo, dimenticate, dimentichino

Ho dimenticato l'ombrello. *I have forgotten my umbrella.*
Non dimenticare i tuoi amici. *Do not forget your friends.*
Paolo si dimenticò tutto. *Paolo forgot everything.*
Vi siete dimenticati di telefonare? *Did you forget to phone?*
dimenticare un'offesa *to forgive an offence*
Dimentica il passato! *Let bygones be bygones!*
Non dimenticare i tuoi doveri. *Do not neglect your duties.*
Faremo dimenticare lo scandalo. *We will live down the scandal.*

la dimenticanza *oversight*
cadere in dimenticanza *to be forgotten*
dimenticato *forgotten, neglected*

53 dipendere *to depend* (intr.)

INDICATIVE

	Present	Imperfect	Perfect
io	dipendo	dipendevo	sono dipeso/a
tu	dipendi	dipendevi	sei dipeso/a
lui/lei/Lei	dipende	dipendeva	è dipeso/a
noi	dipendiamo	dipendevamo	siamo dipesi/e
voi	dipendete	dipendevate	siete dipesi/e
loro/Loro	dipendono	dipendevano	sono dipesi/e
	Future	**Pluperfect**	**Past Historic**
io	dipenderò	ero dipeso/a	dipesi
tu	dipenderai	eri dipeso/a	dipendesti
lui/lei/Lei	dipenderà	era dipeso/a	dipese
noi	dipenderemo	eravamo dipesi/e	dipendemmo
voi	dipenderete	eravate dipesi/e	dipendeste
loro/Loro	dipenderanno	erano dipesi/e	dipesero
	Future Perfect		**Past Anterior**
io	sarò dipeso/a		fui dipeso/a

CONDITIONAL SUBJUNCTIVE

	Present	Present	Imperfect
io	dipenderei	dipenda	dipendessi
tu	dipenderesti	dipenda	dipendessi
lui/lei/Lei	dipenderebbe	dipenda	dipendesse
noi	dipenderemmo	dipendiamo	dipendessimo
voi	dipendereste	dipendiate	dipendeste
loro/Loro	dipenderebbero	dipendano	dipendessero
	Perfect	**Perfect**	**Pluperfect**
io	sarei dipeso/a	sia dipeso/a	fossi dipeso/a

GERUND	PAST PARTICIPLE	IMPERATIVE
dipendendo	dipeso/a/i/e	dipendi, dipenda, dipendiamo, dipendete, dipendano

Dipende dal tempo. *It depends on the weather.*
Paolo dipendeva da sua madre. *Paolo used to depend upon his mother.*
Il personale dipende da lui. *He is in charge of the staff.*
Questa banca dipende dall'ufficio centrale. *This bank reports to the head office.*
dipendere solo dall'ignoranza *to be entirely due to ignorance*
Dipende! *It all depends!*
Dipende da te. *It is up to you.*
Dipendesse da te... *If it were up to you,...*

il/la dipendente *employee*
la dipendenza *dependence, addiction*
in dipendenza di ciò *as a consequence of this*
essere alle dipendenze di qualcuno *to be in somebody's employ*

54 dipingere *to paint, depict* (tr.)

INDICATIVE

	Present	Imperfect	Perfect
io	dipingo	dipingevo	ho dipinto
tu	dipingi	dipingevi	hai dipinto
lui/lei/Lei	dipinge	dipingeva	ha dipinto
noi	dipingiamo	dipingevamo	abbiamo dipinto
voi	dipingete	dipingevate	avete dipinto
loro/Loro	dipingono	dipingevano	hanno dipinto
	Future	**Pluperfect**	**Past Historic**
io	dipingerò	avevo dipinto	dipinsi
tu	dipingerai	avevi dipinto	dipingesti
lui/lei/Lei	dipingerà	aveva dipinto	dipinse
noi	dipingeremo	avevamo dipinto	dipingemmo
voi	dipingerete	avevate dipinto	dipingeste
loro/Loro	dipingeranno	avevano dipinto	dipinsero
	Future Perfect		**Past Anterior**
io	avrò dipinto		ebbi dipinto

CONDITIONAL · SUBJUNCTIVE

	Present	Present	Imperfect
io	dipingerei	dipinga	dipingessi
tu	dipingeresti	dipinga	dipingessi
lui/lei/Lei	dipingerebbe	dipinga	dipingesse
noi	dipingeremmo	dipingiamo	dipingessimo
voi	dipingereste	dipingiate	dipingeste
loro/Loro	dipingerebbero	dipingano	dipingessero
	Perfect	**Perfect**	**Pluperfect**
io	avrei dipinto	abbia dipinto	avessi dipinto

GERUND	PAST PARTICIPLE	IMPERATIVE
dipingendo	dipinto	dipingi, dipinga, dipingiamo, dipingete, dipingano

Oggi dipingo le pareti della casa. *Today I am painting the walls of the house.*
L'insegnante lo dipinse come un idiota. *The teacher depicted him as an idiot.*
La ragazza si dipinge troppo. *The girl uses too much make-up.*
Il cielo si stava dipingendo di rosso. *The sky was turning red.*
dipingere su tela *to paint on canvas*
dipingere ad acquarello *to paint in watercolours*
Questo artista dipinge ad olio. *This artist paints in oils.*
Quel pittore dipinge dal vero. *That painter paints from life.*

il pittore/la pittrice *painter*
il dipinto *painting*
dipinto ad olio *oil painting*
pittura murale *mural fresco*

55 dire *to say, tell* (tr.)

INDICATIVE

	Present	Imperfect	Perfect
io	dico	dicevo	ho detto
tu	dici	dicevi	hai detto
lui/lei/Lei	dice	diceva	ha detto
noi	diciamo	dicevamo	abbiamo detto
voi	dite	dicevate	avete detto
loro/Loro	dicono	dicevano	hanno detto
	Future	**Pluperfect**	**Past Historic**
io	dirò	avevo detto	dissi
tu	dirai	avevi detto	dicesti
lui/lei/Lei	dirà	aveva detto	disse
noi	diremo	avevamo detto	dicemmo
voi	direte	avevate detto	diceste
loro/Loro	diranno	avevano detto	dissero
	Future Perfect		**Past Anterior**
io	avrò detto		ebbi detto

	CONDITIONAL	SUBJUNCTIVE	
	Present	**Present**	**Imperfect**
io	direi	dica	dicessi
tu	diresti	dica	dicessi
lui/lei/Lei	direbbe	dica	dicesse
noi	diremmo	diciamo	dicessimo
voi	direste	diciate	diceste
loro/Loro	direbbero	dicano	dicessero
	Perfect	**Perfect**	**Pluperfect**
io	avrei detto	abbia detto	avessi detto

GERUND	PAST PARTICIPLE	IMPERATIVE
dicendo	detto	di', dica, diciamo, dite, dicano

Non ho detto niente. *I have not said anything.*
Dico le preghiere. *I say my prayers.*
Dimmi che cosa è successo. *Tell me what happened.*
Le ho detto di scrivermi. *I told her to write to me.*
Luigi ha detto la sua. *Luigi had his say.*
dire bene di qualcuno *to speak well of someone*
Fra il dire e il fare c'è di mezzo il mare. *It's easier said than done.*
Non dire stupidaggini! *Do not talk nonsense!*
Come sarebbe a dire? *What do you mean?*
Maria dice pane al pane e vino al vino. *Maria calls a spade a spade.*

Hai un bel dire. *You can talk as much as you like.*

56 dirigere *to direct* (intr.)

INDICATIVE

	Present	Imperfect	Perfect
io	dirigo	dirigevo	ho diretto
tu	dirigi	dirigevi	hai diretto
lui/lei/Lei	dirige	dirigeva	ha diretto
noi	dirigiamo	dirigevamo	abbiamo diretto
voi	dirigete	dirigevate	avete diretto
loro/Loro	dirigono	dirigevano	hanno diretto
	Future	**Pluperfect**	**Past Historic**
io	dirigerò	avevo diretto	diressi
tu	dirigerai	avevi diretto	dirigesti
lui/lei/Lei	dirigerà	aveva diretto	diresse
noi	dirigeremo	avevamo diretto	dirigemmo
voi	dirigerete	avevate diretto	dirigeste
loro/Loro	dirigeranno	avevano diretto	diressero
	Future Perfect		**Past Anterior**
io	avrò diretto		ebbi diretto

CONDITIONAL   SUBJUNCTIVE

	Present	Present	Imperfect
io	dirigerei	diriga	dirigessi
tu	dirigeresti	diriga	dirigessi
lui/lei/Lei	dirigerebbe	diriga	dirigesse
noi	dirigeremmo	dirigiamo	dirigessimo
voi	dirigereste	dirigiate	dirigeste
loro/Loro	dirigerebbero	dirigano	dirigessero
	Perfect	**Perfect**	**Pluperfect**
io	avrei diretto	abbia diretto	avessi diretto

GERUND	PAST PARTICIPLE	IMPERATIVE
dirigendo	diretto	dirigi, diriga, dirigiamo, dirigete, dirigano

Toscanini diresse l'orchestra con grande abilità. *Toscanini conducted the orchestra with great skill.*
Dirigeremo le nostre forze verso un unico scopo. *We will direct our efforts towards a single goal.*
La poliziotta dirigeva il traffico verso l'Aurelia. *The policewoman directed the traffic towards the Aurelia road.*

la direzione *the management; the direction*
il direttore *the director, the general manager*

57 discutere *to discuss* (tr.)

INDICATIVE

	Present	Imperfect	Perfect
io	discuto	discutevo	ho discusso
tu	discuti	discutevi	hai discusso
lui/lei/Lei	discute	discuteva	ha discusso
noi	discutiamo	discutevamo	abbiamo discusso
voi	discutete	discutevate	avete discusso
loro/Loro	discutono	discutevano	hanno discusso

	Future	Pluperfect	Past Historic
io	discuterò	avevo discusso	discussi
tu	discuterai	avevi discusso	discutesti
lui/lei/Lei	discuterà	aveva discusso	discusse
noi	discuteremo	avevamo discusso	discutemmo
voi	discuterete	avevate discusso	discuteste
loro/Loro	discuteranno	avevano discusso	discussero

	Future Perfect		Past Anterior
io	avrò discusso		ebbi discusso

CONDITIONAL   SUBJUNCTIVE

	Present	Present	Imperfect
io	discuterei	discuta	discutessi
tu	discuteresti	discuta	discutessi
lui/lei/Lei	discuterebbe	discuta	discutesse
noi	discuteremmo	discutiamo	discutessimo
voi	discutereste	discutiate	discuteste
loro/Loro	discuterebbero	discutano	discutessero

	Perfect	Perfect	Pluperfect
io	avrei discusso	abbia discusso	avessi discusso

GERUND	PAST PARTICIPLE	IMPERATIVE
discutendo	discusso	discuti, discuta, discutiamo, discutete, discutano

Abbiamo discusso per ore. *We have talked it over for hours.*
Non discuto quello che dici. *I am not disputing what you are saying.*
Gli piace discutere di musica. *He likes talking about music.*
Non discussero gli ordini. *They did not question the orders.*
discutere un progetto di legge *to discuss/debate a bill*
I clienti discussero dei prezzi. *The customers argued over the prices.*
Abbiamo già discusso a fondo la faccenda. *We have already argued at length.*
È un punto discutibile. *It's a moot point.*

discutibile *arguable, debatable*
la discussione *discussion*
discusso *argued*

58 distrarre *to distract* (tr.)

INDICATIVE

	Present	Imperfect	Perfect
io	distraggo	distraevo	ho distratto
tu	distrai	distraevi	hai distratto
lui/lei/Lei	distrae	distraeva	ha distratto
noi	distraiamo	distraevamo	abbiamo distratto
voi	distraete	distraevate	avete distratto
loro/Loro	distraggono	distraevano	hanno distratto
	Future	**Pluperfect**	**Past Historic**
io	distrarrò	avevo distratto	distrassi
tu	distrarrai	avevi distratto	distraesti
lui/lei/Lei	distrarrà	aveva distratto	distrasse
noi	distrarremo	avevamo distratto	distraemmo
voi	distrarrete	avevate distratto	distraeste
loro/Loro	distrarranno	avevano distratto	distrassero
	Future Perfect		**Past Anterior**
io	avrò distratto		ebbi distratto

CONDITIONAL SUBJUNCTIVE

	Present	Present	Imperfect
io	distrarrei	distragga	distraessi
tu	distrarresti	distragga	distraessi
lui/lei/Lei	distrarrebbe	distragga	distraesse
noi	distrarremmo	distraiamo	distraessimo
voi	distrarreste	distraiate	distraeste
loro/Loro	distrarrebbero	distraggano	distraessero
	Perfect	**Perfect**	**Pluperfect**
io	avrei distratto	abbia distratto	avessi distratto

GERUND	PAST PARTICIPLE	IMPERATIVE
distraendo	distratto	distrai, distragga, distraiamo, distraete, distraggano

Il rumore delle macchine mi distrae dalla lettura. *The noise of the cars distracts me from my reading.*
Come possiamo distrarla dai suoi esami? *How can we get her mind off her exams?*
Distrassero il nemico. *They distracted the enemy.*
Ho bisogno di distrarmi un po'. *I need some relaxation.*
distrarre la mente *to distract the mind*
distrarsi *to lose concentration*
Non distrarti! *Pay attention!*
Distrassero lo sguardo. *They looked away.*

la distrazione *distraction, absent-mindedness*
distrattamente *absent-mindedly*

distratto *careless*
un errore di distrazione *a slip*

59 distruggere *to destroy* (tr.)

INDICATIVE

	Present	Imperfect	Perfect
io	distruggo	distruggevo	ho distrutto
tu	distruggi	distruggevi	hai distrutto
lui/lei/Lei	distrugge	distruggeva	ha distrutto
noi	distruggiamo	distruggevamo	abbiamo distrutto
voi	distruggete	distruggevate	avete distrutto
loro/Loro	distruggono	distruggevano	hanno distrutto

	Future	Pluperfect	Past Historic
io	distruggerò	avevo distrutto	distrussi
tu	distruggerai	avevi distrutto	distruggesti
lui/lei/Lei	distruggerà	aveva distrutto	distrusse
noi	distruggeremo	avevamo distrutto	distruggemmo
voi	distruggerete	avevate distrutto	distruggeste
loro/Loro	distruggeranno	avevano distrutto	distrussero

	Future Perfect		Past Anterior
io	avrò distrutto		ebbi distrutto

CONDITIONAL / SUBJUNCTIVE

	Present	Present	Imperfect
io	distruggerei	distrugga	distruggessi
tu	distruggeresti	distrugga	distruggessi
lui/lei/Lei	distruggerebbe	distrugga	distruggesse
noi	distruggeremmo	distruggiamo	distruggessimo
voi	distruggereste	distruggiate	distruggeste
loro/Loro	distruggerebbero	distruggano	distruggessero

	Perfect	Perfect	Pluperfect
io	avrei distrutto	abbia distrutto	avessi distrutto

GERUND	PAST PARTICIPLE	IMPERATIVE
distruggendo	distrutto	distruggi, distrugga, distruggiamo, distruggete, distruggano

La bomb a distrusse la città. *The bomb destroyed the city.*
Il brutto tempo distruggeva il raccolto. *The bad weather was destroying the harvest.*
L'esercito fu distrutto. *The army was destroyed.*
Distruggi quel libro. *Destroy that book.*
Il gioco d'azzardo l'ha distrutto. *Gambling has been his ruin.*
La donna era distrutta dal dolore. *The woman was consumed by grief.*
Non distruggere tutte le sue speranze. *Do not dash all his hopes.*

il distruttore/la distruttrice *destroyer*
la distruzione *destruction*
la critica distruttiva *destructive criticism*
il potere distruttivo *destructive power*

60 **diventare** *to become* (intr.)

INDICATIVE

	Present	Imperfect	Perfect
io	divento	diventavo	sono diventato/a
tu	diventi	diventavi	sei diventato/a
lui/lei/Lei	diventa	diventava	è diventato/a
noi	diventiamo	diventavamo	siamo diventati/e
voi	diventate	diventavate	siete diventati/e
loro/Loro	diventano	diventavano	sono diventati/e

	Future	Pluperfect	Past Historic
io	diventerò	ero diventato/a	diventai
tu	diventerai	eri diventato/a	diventasti
lui/lei/Lei	diventerà	era diventato/a	diventò
noi	diventeremo	eravamo diventati/e	diventammo
voi	diventerete	eravate diventati/e	diventaste
loro/Loro	diventeranno	erano diventati/e	diventarono

	Future Perfect		Past Anterior
io	sarò diventato		fui diventato/a

CONDITIONAL   SUBJUNCTIVE

	Present	Present	Imperfect
io	diventerei	diventi	diventassi
tu	diventeresti	diventi	diventassi
lui/lei/Lei	diventerebbe	diventi	diventasse
noi	diventeremmo	diventiamo	diventassimo
voi	diventereste	diventiate	diventaste
loro/Loro	diventerrebbero	diventino	diventassero

	Perfect	Perfect	Pluperfect
io	sarei diventato/a	sia diventato/a	fossi diventato/a

GERUND	PAST PARTICIPLE	IMPERATIVE
diventando	diventato/a/i/e	diventa, diventi, diventiamo, diventate, diventino

Diventerà un medico. *He will be a doctor.*
Luigi, come sei diventato alto! *Luigi, how tall you have grown!*
Sono diventati cristiani. *They have become Christians.*
Paolo è diventato sindaco. *Paolo has been elected mayor.*
Mi fai diventare matto! *You are driving me mad!*

diventare di tutti i colori *to blush*
diventare di sasso *to be petrified*
Quella bambina diventerà qualcuno. *That child will become famous.*

61 divertirsi *to enjoy oneself* (r.)

INDICATIVE

	Present	Imperfect	Perfect
io	mi diverto	mi divertivo	mi sono divertito/a
tu	ti diverti	ti divertivi	ti sei divertito/a
lui/lei/Lei	si diverte	si divertiva	si è divertito/a
noi	ci divertiamo	ci divertivamo	ci siamo divertiti/e
voi	vi divertite	vi divertivate	vi siete divertiti/e
loro/Loro	si divertono	si divertivano	si sono divertiti/e

	Future	Pluperfect	Past Historic
io	mi divertirò	mi ero divertito/a	mi divertii
tu	ti divertirai	ti eri divertito/a	ti divertisti
lui/lei/Lei	si divertirà	si era divertito/a	si divertì
noi	ci divertiremo	ci eravamo divertiti/e	ci divertimmo
voi	vi divertirete	vi eravate divertiti/e	vi divertiste
loro/Loro	si divertiranno	si erano divertiti/e	si divertirono

	Future Perfect		Past Anterior
io	mi sarò divertito/a		mi fui divertito/a

CONDITIONAL — SUBJUNCTIVE

	Present	Present	Imperfect
io	mi divertirei	mi diverta	mi divertissi
tu	ti divertiresti	ti diverta	ti divertissi
lui/lei/Lei	si divertirebbe	si diverta	si divertisse
noi	ci divertiremmo	ci divertiamo	ci divertissimo
voi	vi divertireste	vi divertiate	vi divertiste
loro/Loro	si divertirebbero	si divertano	si divertissero

	Perfect	Perfect	Pluperfect
io	mi sarei divertito/a	mi sia divertito/a	mi fossi divertito/a

GERUND	PAST PARTICIPLE	IMPERATIVE
divertendomi	divertito/a/i/e	divertiti, si diverta, divertiamoci, divertitevi, si divertano

Paolo si diverte a giocare a calcio. *Paolo enjoys playing football.*
Il pagliaccio divertiva i bambini. *The clown entertained the children.*
Vi siete divertiti? Sì, ci siamo divertiti molto. *Have you enjoyed yourselves? Yes, we enjoyed ourselves a lot.*
Questa commedia mi diverte. *I am enjoying this play.*
Divertiti! *Have a good time!*
Ci siamo divertiti un sacco. *We have had a whale of a time.*
Non è giusto che tu ti diverta alle sue spalle. *It is not right that you laugh at him/her behind his/her back.*

il divertimento *fun*   **Buon divertimento!** *Have a good time!*
per divertimento *for fun*   **parco dei divertimenti** *amusement park*
                                             divertente *amusing, funny*

62 dividere *to divide* (tr.)

INDICATIVE

	Present	Imperfect	Perfect
io	divido	dividevo	ho diviso
tu	dividi	dividevi	hai diviso
lui/lei/Lei	divide	divideva	ha diviso
noi	dividiamo	dividevamo	abbiamo diviso
voi	dividete	dividevate	avete diviso
loro/Loro	dividono	dividevano	hanno diviso
	Future	**Pluperfect**	**Past Historic**
io	dividerò	avevo diviso	divisi
tu	dividerai	avevi diviso	dividesti
lui/lei/Lei	dividerà	aveva diviso	divise
noi	divideremo	avevamo diviso	dividemmo
voi	dividerete	avevate diviso	divideste
loro/Loro	divideranno	avevano diviso	divisero
	Future Perfect		**Past Anterior**
io	avrò diviso		ebbi diviso

CONDITIONAL   SUBJUNCTIVE

	Present	Present	Imperfect
io	dividerei	divida	dividessi
tu	divideresti	divida	dividessi
lui/lei/Lei	dividerebbe	divida	dividesse
noi	divideremmo	dividiamo	dividessimo
voi	dividereste	dividiate	divideste
loro/Loro	dividerebbero	dividano	dividessero
	Perfect	**Perfect**	**Pluperfect**
io	avrei diviso	abbia diviso	avessi diviso

GERUND	PAST PARTICIPLE	IMPERATIVE
dividendo	diviso	dividi, divida, dividiamo, dividete, dividano

Dividi la torta con me? *Will you share the cake with me?*
L'odio divise i fratelli. *Hatred divided the brothers.*
I giocatori si divisero in due squadre. *The players split up into two teams.*
I genitori di Paolo vivono divisi. *Paolo's parents live apart.*
dividere i litiganti *to part/separate the brawlers*
È difficile dividere il torto dalla ragione. *It is difficult to tell right from wrong.*
Non ho nulla da dividere con lui. *I have nothing in common with him.*
Il testo si divide in 3 parti. *The text is divided into 3 parts.*
15 diviso 3 fa 5. *15 divided by 3 is 5.*

la divisione *division*
divisione degli utili *profit-sharing*
linea di divisione *dividing line*
il divisorio *partition (wall)*

63 dolere (dolersi) *to ache* (intr./r.)

INDICATIVE

	Present	Imperfect	Perfect
io	(mi) dolgo	(mi) dolevo	(mi) sono doluto/a
tu	(ti) duoli	(ti) dolevi	(ti) sei doluto/a
lui/lei/Lei	(si) duole	(si) doleva	(si) è doluto/a
noi	(ci) doliamo/	(ci) dolevamo	(ci) siamo doluti/e
voi	dogliamo	(vi) dolevate	(vi) siete doluti/e
loro/Loro	(vi) dolete	(si) dolevano	(si) sono doluti/e
	(si) dolgono		

	Future	Pluperfect	Past Historic
io	(mi) dorrò	(mi) ero doluto/a	(mi) dolsi
tu	(ti) dorrai	(ti) eri doluto/a	(ti) dolesti
lui/lei/Lei	(si) dorrà	(si) era doluto/a	(si) dolse
noi	(ci) dorremo	(ci) eravamo doluti/e	(ci) dolemmo
voi	(vi) dorrete	(vi) eravate doluti/e	(vi) doleste
loro/Loro	(si) dorranno	(si) erano doluti/e	(si) dolsero

	Future Perfect		Past Anterior
io	(mi) sarò doluto/a		(mi) fui doluto/a

CONDITIONAL / SUBJUNCTIVE

	Present	Present	Imperfect
io	(mi) dorrei	(mi) dolga/doglia	(mi) dolessi
tu	(ti) dorresti	(ti) dolga	(ti) dolessi
lui/lei/Lei	(si) dorrebbe	(si) dolga	(si) dolesse
noi	(ci) dorremmo	(ci) doliamo/dogliamo	(ci) dolessimo
voi	(vi) dorreste	(vi) doliate/dogliate	(vi) doleste
loro/Loro	(si) dorrebbero	(si) dolgano	(si) dolessero

	Perfect	Perfect	Pluperfect
io	(mi) sarei doluto/a	(mi) sia doluto/a	(mi) fossi doluto/a

GERUND	PAST PARTICIPLE	IMPERATIVE
dolendo	doluto	duoli(ti), (si) duolga, doliamo(ci), dolete(vi), (si) dolgano

Occhio non vede, cuore non duole. *(Prov) What the eye does not see, the heart does not grieve over.*
La mano mi doleva sempre dopo le partite. *My hand was always painful after a match.*
Me ne duole, ma non c'è nulla da fare. *I am sorry but there is nothing we can do.*

punto dolente *sensitive issue*
dolenti note *unpleasant details*
dolente *painful*

64 domandare *to ask, demand* (tr.)

INDICATIVE

	Present	Imperfect	Perfect
io	domando	domandavo	ho domandato
tu	domandi	domandavi	hai domandato
lui/lei/Lei	domanda	domandava	ha domandato
noi	domandiamo	domandavamo	abbiamo domandato
voi	domandate	domandavate	avete domandato
loro/Loro	domandano	domandavano	hanno domandato
	Future	**Pluperfect**	**Past Historic**
io	domanderò	avevo domandato	domandai
tu	domanderai	avevi domandato	domandasti
lui/lei/Lei	domanderà	aveva domandato	domandò
noi	domanderemo	avevamo domandato	domandammo
voi	domanderete	avevate domandato	domandaste
loro/Loro	domanderanno	avevano domandato	domandarono
	Future Perfect		**Past Anterior**
io	avrò domandato		ebbi domandato

CONDITIONAL SUBJUNCTIVE

	Present	Present	Imperfect
io	domanderei	domandi	domandassi
tu	domanderesti	domandi	domandassi
lui/lei/Lei	domanderebbe	domandi	domandasse
noi	domanderemmo	domandiamo	domandassimo
voi	domandereste	domandiate	domandaste
loro/Loro	domanderebbero	domandino	domandassero
	Perfect	**Perfect**	**Pluperfect**
io	avrei domandato	abbia domandato	avessi domandato

GERUND	PAST PARTICIPLE	IMPERATIVE
domandando	domandato	domanda, domandi, domandiamo, domandate, domandino

Le domando un consiglio. *I am asking you for advice.*
Mi domando a che ora arrivi. *I wonder what time he/she is coming.*
Domanda la strada a quella ragazza. *Ask that girl the way.*
domandare in prestito *to borrow*
domandare notizie di qualcuno *to ask after someone*
domandare il permesso di fare qualcosa *to ask permission to do something*
Ti domando scusa. *I beg your pardon.*

la domanda *question*
accogliere una domanda *to grant a request*
la domanda e l'offerta *supply and demand*
domanda d'impiego *job application*

65 dormire *to sleep* (intr.)

INDICATIVE

	Present	Imperfect	Perfect
io	dormo	dormivo	ho dormito
tu	dormi	dormivi	hai dormito
lui/lei/Lei	dorme	dormiva	ha dormito
noi	dormiamo	dormivamo	abbiamo dormito
voi	dormite	dormivate	avete dormito
loro/Loro	dormono	dormivano	hanno dormito
	Future	**Pluperfect**	**Past Historic**
io	dormirò	avevo dormito	dormii
tu	dormirai	avevi dormito	dormisti
lui/lei/Lei	dormirà	aveva dormito	dormì
noi	dormiremo	avevamo dormito	dormimmo
voi	dormirete	avevate dormito	dormiste
loro/Loro	dormiranno	avevano dormito	dormirono
	Future Perfect		**Past Anterior**
io	avrò dormito		ebbi dormito

CONDITIONAL   SUBJUNCTIVE

	Present	Present	Imperfect
io	dormirei	dorma	dormissi
tu	dormiresti	dorma	dormissi
lui/lei/Lei	dormirebbe	dorma	dormisse
noi	dormiremmo	dormiamo	dormissimo
voi	dormireste	dormiate	dormiste
loro/Loro	dormirebbero	dormano	dormissero
	Perfect	**Perfect**	**Pluperfect**
io	avrei dormito	abbia dormito	avessi dormito

GERUND	PAST PARTICIPLE	IMPERATIVE
dormendo	dormito	dormi, dorma, dormiamo, dormite, dormano

Hai dormito bene? *Have you slept well?*
Dormirò a casa. *I will sleep at home.*
A che ora vanno a dormire? *What time do they go to bed?*
una storia che fa dormire *a boring tale*
Chi dorme non piglia pesci. *The early bird catches the worm.*
Ieri sera ho dormito come un ghiro. *Last night I slept like a log.*
Metto a dormire i bambini. *I am putting the children to bed.*

il dormiglione *sleepy head*
la dormita *sleep*
il dormitorio *dormitory*

il dormitorio pubblico *night shelter, free hostel*
il dormiveglia *drowsiness*

66 dovere *to have to, owe* (intr./tr.)

INDICATIVE

	Present	Imperfect	Perfect
io	devo (debbo)	dovevo	ho dovuto
tu	devi	dovevi	hai dovuto
lui/lei/Lei	deve	doveva	ha dovuto
noi	dobbiamo	dovevamo	abbiamo dovuto
voi	dovete	dovevate	avete dovuto
loro/Loro	devono (debbono)	dovevano	hanno dovuto
	Future	**Pluperfect**	**Past Historic**
io	dovrò	avevo dovuto	dovetti (dovei)
tu	dovrai	avevi dovuto	dovesti
lui/lei/Lei	dovrà	aveva dovuto	dovette (dovè)
noi	dovremo	avevamo dovuto	dovemmo
voi	dovrete	avevate dovuto	doveste
loro/Loro	dovranno	avevano dovuto	dovettero (doverono)
	Future Perfect		**Past Anterior**
io	avrò dovuto		ebbi dovuto

CONDITIONAL · SUBJUNCTIVE

	Present	Present	Imperfect
io	dovrei	deva (debba)	dovessi
tu	dovresti	deva (debba)	dovessi
lui/lei/Lei	dovrebbe	deva (debba)	dovesse
noi	dovremmo	dobbiamo	dovessimo
voi	dovreste	dobbiate	doveste
loro/Loro	dovrebbero	devano (debbano)	dovessero
	Perfect	**Perfect**	**Pluperfect**
io	avrei dovuto	abbia dovuto	avessi dovuto

GERUND	PAST PARTICIPLE	IMPERATIVE
dovendo	dovuto	(not in use)

Devi studiare di più. *You must study harder.*
Devo chiederti un favore. *I have to ask you a favour.*
A che ora dovevano partire? *What time did they have to leave?*
Quanto ti devo? Mi devi cinque sterline. *How much do I owe you? You owe me five pounds.*
Avrebbe dovuto arrivare alle tre. *He should have arrived at three.*
Dovresti chiedere scusa. *You ought to apologize.*
Prima il dovere poi il piacere. *Work before pleasure.*

dovutamente *properly*
doveroso *dutiful*
fare il proprio dovere *to do one's duty*

il dovuto *due*
la somma dovuta *the amount due*
visita di dovere *duty call*

67 durare *to last* (intr.)

INDICATIVE

	Present	Imperfect	Perfect
io	duro	duravo	sono durato/a
tu	duri	duravi	sei durato/a
lui/lei/Lei	dura	durava	è durato/a
noi	duriamo	duravamo	siamo durati/e
voi	durate	duravate	siete durati/e
loro/Loro	durano	duravano	sono durati/e

	Future	Pluperfect	Past Historic
io	durerò	ero durato/a	durai
tu	durerai	eri durato/a	durasti
lui/lei/Lei	durerà	era durato/a	durò
noi	dureremo	eravamo durati/e	durammo
voi	durerete	eravate durati/e	duraste
loro/Loro	dureranno	erano durati/e	durarono

	Future Perfect		Past Anterior
io	sarò durato/a		fui durato/a

CONDITIONAL	SUBJUNCTIVE

	Present	Present	Imperfect
io	durerei	duri	durassi
tu	dureresti	duri	durassi
lui/lei/Lei	durerebbe	duri	durasse
noi	dureremmo	duriamo	durassimo
voi	durereste	duriate	duraste
loro/Loro	durerebbero	durino	durassero

	Perfect	Perfect	Pluperfect
io	sarei durato/a	sia durato/a	fossi durato/a

GERUND	PAST PARTICIPLE	IMPERATIVE
durando	durato/a/i/e	dura, duri, duriamo, durate, durino

Questi fiori sono durati a lungo. *These flowers have lasted a long time.*
Il bel tempo durò a lungo. *The fine weather lasted a long time.*
Queste maglie non durano niente. *These jumpers do not wear well.*
Durarono fino alla fine. *They held out to the end.*
Il divertimento non durerà in eterno. *The fun will not last forever.*
Un bel gioco dura poco. *Brevity is the soul of wit.*
Chi la dura la vince. *Slow and steady wins the race.*

la durata *duration*
per tutta la durata della lezione *throughout the lesson*
la durata media della vita *life expectancy*
duraturo *lasting*

68 eleggere *to elect* (tr.)

INDICATIVE

	Present	Imperfect	Perfect
io	eleggo	eleggevo	ho eletto
tu	eleggi	eleggevi	hai eletto
lui/lei/Lei	elegge	eleggeva	ha eletto
noi	eleggiamo	eleggevamo	abbiamo eletto
voi	eleggete	eleggevate	avete eletto
loro/Loro	eleggono	eleggevano	hanno eletto
	Future	**Pluperfect**	**Past Historic**
io	eleggerò	avevo eletto	elessi
tu	eleggerai	avevi eletto	eleggesti
lui/lei/Lei	eleggerà	aveva eletto	elesse
noi	eleggeremo	avevamo eletto	eleggemmo
voi	eleggerete	avevate eletto	eleggeste
loro/Loro	eleggeranno	avevano eletto	elessero
	Future Perfect		**Past Anterior**
io	avrò eletto		ebbi eletto

CONDITIONAL SUBJUNCTIVE

	Present	Present	Imperfect
io	eleggerei	elegga	eleggessi
tu	eleggeresti	elegga	eleggessi
lui/lei/Lei	eleggerebbe	elegga	eleggesse
noi	eleggeremmo	eleggiamo	eleggessimo
voi	eleggereste	eleggiate	eleggeste
loro/Loro	eleggerebbero	eleggano	eleggessero
	Perfect	**Perfect**	**Pluperfect**
io	avrei eletto	abbia eletto	avessi eletto

GERUND	PAST PARTICIPLE	IMPERATIVE
eleggendo	eletto	eleggi, elegga, eleggiamo, eleggete, eleggano

Il nuovo presidente è stato eletto. *The new president has been elected.*
I membri del parlamento saranno eletti. *The members of parliament will be elected.*
Eleggono i loro rappresentanti. *They elect their representatives.*
Pensa di essere eletto? *Do you think you will be elected?*
eleggere per alzata di mano *to elect by show of hands*
Lo eleggeranno presidente. *They will elect him to the presidency.*

l'elettore/l'elettrice *voter*
l'elezione *(f) election*
eletto *elected*

il popolo eletto *the Chosen People*
la cabina elettorale *polling booth*
l'urna elettorale *ballot box*

69 emergere *to emerge* (intr.)

INDICATIVE

	Present	Imperfect	Perfect
io	emergo	emergevo	sono emerso/a
tu	emergi	emergevi	sei emerso/a
lui/lei/Lei	emerge	emergeva	è emerso/a
noi	emergiamo	emergevamo	siamo emersi/e
voi	emergete	emergevate	siete emersi/e
loro/Loro	emergono	emergevano	sono emersi/e
	Future	**Pluperfect**	**Past Historic**
io	emergerò	ero emerso/a	emersi
tu	emergerai	eri emerso/a	emergesti
lui/lei/Lei	emergerà	era emerso/a	emerse
noi	emergeremo	eravamo emersi/e	emergemmo
voi	emergerete	eravate emersi/e	emergeste
loro/Loro	emergeranno	erano emersi/e	emersero
	Future Perfect		**Past Anterior**
io	sarò emerso/a		fui emerso/a

	CONDITIONAL	SUBJUNCTIVE	
	Present	**Present**	**Imperfect**
io	emergerei	emerga	emergessi
tu	emergeresti	emerga	emergessi
lui/lei/Lei	emergerebbe	emerga	emergesse
noi	emergeremmo	emergiamo	emergessimo
voi	emergereste	emergiate	emergeste
loro/Loro	emergerebbero	emergano	emergessero
	Perfect	**Perfect**	**Pluperfect**
io	sarei emerso/a	sia emerso/a	fossi emerso/a

GERUND	PAST PARTICIPLE	IMPERATIVE
emergendo	emerso/a/i/e	emergi, emerga, emergiamo, emergete, emergano

Il sottomarino emerse lontano dalla costa. *The submarine surfaced away from the coast.*
La chiesa emerge tra le case. *The church rises up amid the houses.*
Lui emerge nel gruppo. *He stands out in the group.*
La verità emerge sempre. *Truth will always out.*
Alla fine emerse la verità. *In the end the truth emerged.*
Emerse che... *It emerged that...*

l'emergenza *(f) emergency*
stato di emergenza *state of emergency*
in caso di emergenza *in an emergency*

l'emersione *(f) emergence, coming to the surface*
in emersione *on the surface*

70 entrare *to enter* (intr.)

INDICATIVE

	Present	Imperfect	Perfect
io	entro	entravo	sono entrato/a
tu	entri	entravi	sei entrato/a
lui/lei/Lei	entra	entrava	è entrato/a
noi	entriamo	entravamo	siamo entrati/e
voi	entrate	entravate	siete entrati/e
loro/Loro	entrano	entravano	sono entrati/e

	Future	Pluperfect	Past Historic
io	entrerò	ero entrato/a	entrai
tu	entrerai	eri entrato/a	entrasti
lui/lei/Lei	entrerà	era entrato/a	entrò
noi	entreremo	eravamo entrati/e	entrammo
voi	entrerete	eravate entrati/e	entraste
loro/Loro	entreranno	erano entrati/e	entrarono

	Future Perfect		Past Anterior
io	sarò entrato/a		fui entrato/a

CONDITIONAL   SUBJUNCTIVE

	Present	Present	Imperfect
io	entrerei	entri	entrassi
tu	entreresti	entri	entrassi
lui/lei/Lei	entrerebbe	entri	entrasse
noi	entreremmo	entriamo	entrassimo
voi	entrereste	entriate	entraste
loro/Loro	entrerebbero	entrino	entrassero

	Perfect	Perfect	Pluperfect
io	sarei entrato/a	sia entrato/a	fossi entrato/a

GERUND	PAST PARTICIPLE	IMPERATIVE
entrando	entrato/a/i/e	entra, entri, entriamo, entrate, entrino

Sono entrata in un negozio. *I went into a shop.*
Il treno è entrato nella galleria. *The train entered the tunnel.*
Prego, entri! *Please, come in!*
Paolo entrò dalla finestra. *Paolo got in through the window.*
Questa sedia non entra per la porta. *This chair won't go through the door.*
Fammi entrare. Sono senza chiavi. *Let me in. I haven't got the keys.*
entrare in ballo/in gioco *to come into play*
Che cosa c'entra? *What has that got to do with it?*
La legge entrò in vigore. *The law came into effect.*
Entreranno in società con il Signor Rossi. *They will go into partnership with Mr Rossi.*

l'entrata *(f) entrance*   **entrante** *coming*
biglietto d'entrata *admission ticket*   **la settimana entrante** *next week*

71 escludere *to exclude* (tr.)

INDICATIVE

	Present	Imperfect	Perfect
io	escludo	escludevo	ho escluso
tu	escludi	escludevi	hai escluso
lui/lei/Lei	esclude	escludeva	ha escluso
noi	escludiamo	escludevamo	abbiamo escluso
voi	escludete	escludevate	avete escluso
loro/Loro	escludono	escludevano	hanno escluso
	Future	**Pluperfect**	**Past Historic**
io	escluderò	avevo escluso	esclusi
tu	escluderai	avevi escluso	escludesti
lui/lei/Lei	escluderà	aveva escluso	escluse
noi	escluderemo	avevamo escluso	escludemmo
voi	escluderete	avevate escluso	escludeste
loro/Loro	escluderanno	avevano escluso	esclusero
	Future Perfect		**Past Anterior**
io	avrò escluso		ebbi escluso

CONDITIONAL / SUBJUNCTIVE

	Present	Present	Imperfect
io	escluderei	escluda	escludessi
tu	escluderesti	escluda	escludessi
lui/lei/Lei	escluderebbe	escluda	escludesse
noi	escluderemmo	escludiamo	escludessimo
voi	escludereste	escludiate	escludeste
loro/Loro	escluderebbero	escludano	escludessero
	Perfect	**Perfect**	**Pluperfect**
io	avrei escluso	abbia escluso	avessi escluso

GERUND	PAST PARTICIPLE	IMPERATIVE
escludendo	escluso	escludi, escluda, escludiamo, escludete, escludano

Paolo sarà escluso dalla squadra. *Paolo will be excluded from the team.*
Escludo questa soluzione. *I exclude this solution.*
Escluderebbero anche te. *They would exclude even you.*
escludere qualcuno da un posto *to exclude somebody from a position*
esclusi i presenti *present company excepted*
Una cosa non esclude l'altra. *The two things are not incompatible.*
Hanno escluso l'esistenza di un complotto. *They ruled out the possibility of a conspiracy.*
Lo escludo./È escluso. *It's out of the question.*

l'esclusione *(f) exclusion*
ad esclusione di *except*

l'esclusiva *(f) exclusive/sole right*
l'escluso *(m) outcast*

72 esigere *to require, exact* (tr.)

INDICATIVE

	Present	Imperfect	Perfect
io	esigo	esigevo	ho esatto
tu	esigi	esigevi	hai esatto
lui/lei/Lei	esige	esigeva	ha esatto
noi	esigiamo	esigevamo	abbiamo esatto
voi	esigete	esigevate	avete esatto
loro/Loro	esigono	esigevano	hanno esatto
	Future	**Pluperfect**	**Past Historic**
io	esigerò	avevo esatto	esigei (esigetti)
tu	esigerai	avevi esatto	esigesti
lui/lei/Lei	esigerà	aveva esatto	esigè (esigette)
noi	esigeremo	avevamo esatto	esigemmo
voi	esigerete	avevate esatto	esigeste
loro/Loro	esigeranno	avevano esatto	esigerono (esigettero)
	Future Perfect		**Past Anterior**
io	avrò esatto		ebbi esatto

CONDITIONAL / SUBJUNCTIVE

	Present	Present	Imperfect
io	esigerei	esiga	esigessi
tu	esigeresti	esiga	esigessi
lui/lei/Lei	esigerebbe	esiga	esigesse
noi	esigeremmo	esigiamo	esigessimo
voi	esigereste	esigiate	esigeste
loro/Loro	esigerebbero	esigano	esigessero
	Perfect	**Perfect**	**Pluperfect**
io	avrei esatto	abbia esatto	avessi esatto

GERUND / PAST PARTICIPLE / IMPERATIVE

GERUND	PAST PARTICIPLE	IMPERATIVE
esigendo	esatto	esigi, esiga, esigiamo, esigete, esigano

Esigono che noi partiamo ora. *They demand that we leave now.*
Esigo una spiegazione. *I demand an explanation.*
Paolo esigette troppo da lei. *Paolo expected too much of her.*
Lavorare con te esige molta pazienza. *Working with you requires a lot of patience.*
esigere le imposte *to collect taxes*
esigere soddisfazione *to demand satisfaction*
Il legale esige un pagamento. *The solicitor exacts a payment.*

l'esigenza *(f) requirement*
avere molte esigenze *to be very demanding*
per esigenze di servizio *for reasons of work*
esigente *hard to please*
esigibile *collectable*

73 esistere *to exist* (intr.)

INDICATIVE

	Present	Imperfect	Perfect
io	esisto	esistevo	sono esistito/a
tu	esisti	esistevi	sei esistito/a
lui/lei/Lei	esiste	esisteva	è esistito/a
noi	esistiamo	esistevamo	siamo esistiti/e
voi	esistete	esistevate	siete esistiti/e
loro/Loro	esistono	esistevano	sono esistiti/e
	Future	**Pluperfect**	**Past Historic**
io	esisterò	ero esistito/a	esistei (esistetti)
tu	esisterai	eri esistito/a	esistesti
lui/lei/Lei	esisterà	era esistito/a	esistè (esistette)
noi	esisteremo	eravamo esistiti/e	esistemmo
voi	esisterete	eravate esistiti/e	esisteste
loro/Loro	esisteranno	erano esistiti/e	esisterono (esistettero)
	Future Perfect		**Past Anterior**
io	sarò esistito/a		fui esistito/a

	CONDITIONAL	SUBJUNCTIVE	
	Present	**Present**	**Imperfect**
io	esisterei	esista	esistessi
tu	esisteresti	esista	esistessi
lui/lei/Lei	esisterebbe	esista	esistesse
noi	esisteremmo	esistiamo	esistessimo
voi	esistereste	esistiate	esisteste
loro/Loro	esisterebbero	esistano	esistessero
	Perfect	**Perfect**	**Pluperfect**
io	sarei esistito/a	sia esistito/a	fossi esistito/a

GERUND	PAST PARTICIPLE	IMPERATIVE
esistendo	esistito/a/i/e	esisti, esista, esistiamo, esistete, esistano

Crediamo che Dio esista. *We believe that God exists.*
Qui esistono animali selvaggi. *Wild animals live here.*
Queste razze non esistono più. *These species are extinct.*
Esiste ancora quel vecchio ponte di legno? *Is that old wooden bridge still standing?*
cessare di esistere *to cease to exist*
Non esistono dubbi. *There is no doubt.*
Non esistono scuse. *There is no excuse.*
Non esistono prove. *There is no proof.*

l'esistenza *(f) existence*
l'esistenzialismo *(m) existentialism*
l'esistenzialista *(m/f) existentialist*
problemi esistenziali *existential problems*

74 espellere *to expel* (tr.)

INDICATIVE

	Present	Imperfect	Perfect
io	espello	espellevo	ho espulso
tu	espelli	espellevi	hai espulso
lui/lei/Lei	espelle	espelleva	ha espulso
noi	espelliamo	espellevamo	abbiamo espulso
voi	espellete	espellevate	avete espulso
loro/Loro	espellono	espellevano	hanno espulso
	Future	**Pluperfect**	**Past Historic**
io	espellerò	avevo espulso	espulsi
tu	espellerai	avevi espulso	espellesti
lui/lei/Lei	espellerà	aveva espulso	espulse
noi	espelleremo	avevamo espulso	espellemmo
voi	espellerete	avevate espulso	espelleste
loro/Loro	espelleranno	avevano espulso	espulsero
	Future Perfect		**Past Anterior**
io	avrò espulso		ebbi espulso

CONDITIONAL / SUBJUNCTIVE

	Present	Present	Imperfect
io	espellerei	espella	espellessi
tu	espelleresti	espella	espellessi
lui/lei/Lei	espellerebbe	espella	espellesse
noi	espelleremmo	espelliamo	espellissimo
voi	espellereste	espelliate	espelleste
loro/Loro	espellerebbero	espellano	espellessero
	Perfect	**Perfect**	**Pluperfect**
io	avrei espulso	abbia espulso	avessi espulso

GERUND	PAST PARTICIPLE	IMPERATIVE
espellendo	espulso	espelli, espella, espelliamo, espellete, espellano

Paolo è stato espulso dalla scuola. *Paolo has been expelled from school.*
Hanno espulso la ragazza dalla società. *They have expelled the girl from the association.*
Maria li espellerà dal gruppo. *Maria will expel them from the group.*
Credo che sia stato espulso. *I think he has been expelled.*
Espelleranno quel giocatore dal campo. *They will send that player off the field.*
tossire per espellere il catarro *to cough to get rid of catarrh*

l'espulsione *(f) expulsion, sending off*
espulso *expelled, ejected, thrown out, sent off*

75 esprimere *to express* (tr.)

INDICATIVE

	Present	Imperfect	Perfect
io	esprimo	esprimevo	ho espresso
tu	esprimi	esprimevi	hai espresso
lui/lei/Lei	esprime	esprimeva	ha espresso
noi	esprimiamo	esprimevamo	abbiamo espresso
voi	esprimete	esprimevate	avete espresso
loro/Loro	esprimono	esprimevano	hanno espresso
	Future	**Pluperfect**	**Past Historic**
io	esprimerò	avevo espresso	espressi
tu	esprimerai	avevi espresso	esprimesti
lui/lei/Lei	esprimerà	aveva espresso	espresse
noi	esprimeremo	avevamo espresso	esprimemmo
voi	esprimerete	avevate espresso	esprimeste
loro/Loro	esprimeranno	avevano espresso	espressero
	Future Perfect		**Past Anterior**
io	avrò espresso		ebbi espresso

CONDITIONAL / SUBJUNCTIVE

	Present	Present	Imperfect
io	esprimerei	esprima	esprimessi
tu	esprimeresti	esprima	esprimessi
lui/lei/Lei	esprimerebbe	esprima	esprimesse
noi	esprimeremmo	esprimiamo	esprimessimo
voi	esprimereste	esprimiate	esprimeste
loro/Loro	esprimerebbero	esprimano	esprimessero
	Perfect	**Perfect**	**Pluperfect**
io	avrei espresso	abbia espresso	avessi espresso

GERUND	PAST PARTICIPLE	IMPERATIVE
esprimendo	espresso	esprimi, esprima, esprimiamo, esprimete, esprimano

Ti esprimi bene in italiano. *You express yourself well in Italian.*
Non sappiamo esprimerti la nostra gratitudine. *We cannot fully express our gratitude to you.*
Paolo espresse la sua opinione. *Paolo stated his opinion.*
Esprimeranno il loro rincrescimento. *They will declare their regret.*
esprimere le condoglianze *to express one's condolences*
Come posso esprimermi? *How can I put it?*
Lasciala esprimere le sue idee. *Let her express her opinions.*
Quel ragazzo non esprime i suoi sentimenti. *That boy does not express his feelings.*

l'espressione *(f) expression*
espressivo *expressive*

l'espressionismo *expressionism*
l'espressionista *(m/f) expressionist*

76 essere *to be* (intr.) (aux.)

INDICATIVE

	Present	Imperfect	Perfect
io	sono	ero	sono stato/a
tu	sei	eri	sei stato/a
lui/lei/Lei	è	era	è stato/a
noi	siamo	eravamo	siamo stati/e
voi	siete	eravate	siete stati/e
loro/Loro	sono	erano	sono stati/e
	Future	**Pluperfect**	**Past Historic**
io	sarò	ero stato/a	fui
tu	sarai	eri stato/a	fosti
lui/lei/Lei	sarà	era stato/a	fu
noi	saremo	eravamo stati/e	fummo
voi	sarete	eravate stati/e	foste
loro/Loro	saranno	erano stati/e	furono
	Future Perfect		**Past Anterior**
io	sarò stato/a		fui stato/a

	CONDITIONAL	SUBJUNCTIVE	
	Present	Present	Imperfect
io	sarei	sia	fossi
tu	saresti	sia	fossi
lui/lei/Lei	sarebbe	sia	fosse
noi	saremmo	siamo	fossimo
voi	sareste	siate	foste
loro/Loro	sarebbero	siano	fossero
	Perfect	**Perfect**	**Pluperfect**
io	sarei stato/a	sia stato/a	fossi stato/a

GERUND	PAST PARTICIPLE	IMPERATIVE
essendo	stato/a/i/e	sii, sia, siamo, siate, siano

Dove sei? Sono qui. *Where are you? I am here.*
È di Milano? No, sono di Roma. *Are you from Milan? No, I am from Rome.*
Com'è il cibo? *What is the food like?*
Ci siete tutti? *Are you all here?*
Cosa c'è? *What is the matter?*
essere in sé *to be conscious*
Non sono in grado di fare questo lavoro. *I am not able to do this job.*
Loro sono stati a Londra. *They've been to London.*

l'essenza *(f)* essence
essenziale *essential, fundamental*
importanza essenziale *primary importance*
essenzialmente *fundamentally*

77 estendere *to extend* (tr.)

INDICATIVE

	Present	Imperfect	Perfect
io	estendo	estendevo	ho esteso
tu	estendi	estendevi	hai esteso
lui/lei/Lei	estende	estendeva	ha esteso
noi	estendiamo	estendevamo	abbiamo esteso
voi	estendete	estendevate	avete esteso
loro/Loro	estendono	estendevano	hanno esteso
	Future	**Pluperfect**	**Past Historic**
io	estenderò	avevo esteso	estesi
tu	estenderai	avevi esteso	estendesti
lui/lei/Lei	estenderà	aveva esteso	estese
noi	estenderemo	avevamo esteso	estendemmo
voi	estenderete	avevate esteso	estendeste
loro/Loro	estenderanno	avevano esteso	estesero
	Future Perfect		**Past Anterior**
io	avrò esteso		ebbi esteso

CONDITIONAL   SUBJUNCTIVE

	Present	Present	Imperfect
io	estenderei	estenda	estendessi
tu	estenderesti	estenda	estendessi
lui/lei/Lei	estenderebbe	estenda	estendesse
noi	estenderemmo	estendiamo	estendessimo
voi	estendereste	estendiate	estendeste
loro/Loro	estenderebbero	estendano	estendessero
	Perfect	**Perfect**	**Pluperfect**
io	avrei esteso	abbia esteso	avessi esteso

GERUND	PAST PARTICIPLE	IMPERATIVE
estendendo	esteso	estendi, estenda, estendiamo, estendete, estendano

Paolo estenderà la cerchia delle sue conoscenze. *Paolo will widen his acquaintance.*
La campagna si estende fino al mare. *The countryside stretches to the sea.*
Vorrebbe estendere la sua cultura. *He would like to widen his learning.*
estendere il proprio potere *to increase one's power*
estendere un arto *to stretch a limb*

l'estensione (f) *extension*
per estensione *in a wider sense*
l'estensione di una voce *range of voice*
estensivo *extensive*

78 evadere *to evade, escape* (intr.)

INDICATIVE

	Present	Imperfect	Perfect
io	evado	evadevo	sono evaso/a
tu	evadi	evadevi	sei evaso/a
lui/lei/Lei	evade	evadeva	è evaso/a
noi	evadiamo	evadevamo	siamo evasi/e
voi	evadete	evadevate	siete evasi/e
loro/Loro	evadono	evadevano	sono evasi/e

	Future	Pluperfect	Past Historic
io	evaderò	ero evaso/a	evasi
tu	evaderai	eri evaso/a	evadesti
lui/lei/Lei	evaderà	era evaso/a	evase
noi	evaderemo	eravamo evasi/e	evademmo
voi	evaderete	eravate evasi/e	evadeste
loro/Loro	evaderanno	erano evasi/e	evasero

	Future Perfect		Past Anterior
io	sarò evaso/a		fui evaso/a

CONDITIONAL · SUBJUNCTIVE

	Present	Present	Imperfect
io	evaderei	evada	evadessi
tu	evaderesti	evada	evadessi
lui/lei/Lei	evaderebbe	evada	evadesse
noi	evaderemmo	evadiamo	evadessimo
voi	evadereste	evadiate	evadeste
loro/Loro	evaderebbero	evadano	evadessero

	Perfect	Perfect	Pluperfect
io	sarei evaso/a	sia evaso/a	fossi evaso/a

GERUND	PAST PARTICIPLE	IMPERATIVE
evadendo	evaso/a/i/e	evadi, evada, evadiamo, evadete, evadano

Paolo vuole evadere dal suo ambiente. *Paolo wants to get away from his environment.*
Chi è evaso dal carcere? *Who has escaped from prison?*
Due detenuti sono evasi dal carcere. *Two prisoners have escaped from prison.*
evadere le tasse *to avoid paying taxes*
evadere la corrispondenza *to deal with correspondence*
evadere una pratica *to deal with the paperwork/a dossier*

l'evasione *(f) escape, evasion*   **l'evasore** *(m) tax evader*
evasione fiscale *tax evasion*   **l'evaso** *(m) fugitive, escaped prisoner*

79 evitare *to avoid* (tr.)

INDICATIVE

	Present	Imperfect	Perfect
io	evito	evitavo	ho evitato
tu	eviti	evitavi	hai evitato
lui/lei/Lei	evita	evitava	ha evitato
noi	evitiamo	evitavamo	abbiamo evitato
voi	evitate	evitavate	avete evitato
loro/Loro	evitano	evitavano	hanno evitato

	Future	Pluperfect	Past Historic
io	eviterò	avevo evitato	evitai
tu	eviterai	avevi evitato	evitasti
lui/lei/Lei	eviterà	aveva evitato	evitò
noi	eviteremo	avevamo evitato	evitammo
voi	eviterete	avevate evitato	evitaste
loro/Loro	eviteranno	avevano evitato	evitarono

	Future Perfect		Past Anterior
io	avrò evitato		ebbi evitato

CONDITIONAL SUBJUNCTIVE

	Present	Present	Imperfect
io	eviterei	eviti	evitassi
tu	eviteresti	eviti	evitassi
lui/lei/Lei	eviterebbe	eviti	evitasse
noi	eviteremmo	evitiamo	evitassimo
voi	evitereste	evitiate	evitaste
loro/Loro	eviterebbero	evitino	evitassero

	Perfect	Perfect	Pluperfect
io	avrei evitato	abbia evitato	avessi evitato

GERUND	PAST PARTICIPLE	IMPERATIVE
evitando	evitato	evita, eviti, evitiamo, evitate, evitino

Paolo evitò la domanda. *Paolo avoided the question.*
Cercano di evitarlo. *They try to keep out of his way.*
Non posso evitare di sentire il suo discorso. *I cannot avoid hearing his speech.*
Evita di bere alcoolici. *Try to abstain from alcohol.*
evitare un ostacolo *to dodge an obstacle*
evitare di fare qualcosa *to avoid doing/try not to do something*
Eviti di affaticarsi, Signor Rossi. *Do not tire yourself out, Mr Rossi.*
Il ragazzo eviterà la punizione. *The boy will escape punishment.*

inevitabile *unavoidable*
evitabile *avoidable*

80 fare *to make, do* (tr.)

INDICATIVE

	Present	Imperfect	Perfect
io	faccio	facevo	ho fatto
tu	fai	facevi	hai fatto
lui/lei/Lei	fa	faceva	ha fatto
noi	facciamo	facevamo	abbiamo fatto
voi	fate	facevate	avete fatto
loro/Loro	fanno	facevano	hanno fatto

	Future	Pluperfect	Past Historic
io	farò	avevo fatto	feci
tu	farai	avevi fatto	facesti
lui/lei/Lei	farà	aveva fatto	fece
noi	faremo	avevamo fatto	facemmo
voi	farete	avevate fatto	faceste
loro/Loro	faranno	avevano fatto	fecero

	Future Perfect		Past Anterior
io	avrò fatto		ebbi fatto

CONDITIONAL   SUBJUNCTIVE

	Present	Present	Imperfect
io	farei	faccia	facessi
tu	faresti	faccia	facessi
lui/lei/Lei	farebbe	faccia	facesse
noi	faremmo	facciamo	facessimo
voi	fareste	facciate	faceste
loro/Loro	farebbero	facciano	facessero

	Perfect	Perfect	Pluperfect
io	avrei fatto	abbia fatto	avessi fatto

GERUND	PAST PARTICIPLE	IMPERATIVE
facendo	fatto	fa'/fai, faccia, facciamo, fate, facciano

Cosa fai oggi? Faccio la spesa. *What are you doing today? I'm doing the shopping.*
Paolo fa il suo letto. *Paolo makes his bed.*
Faccio il medico/l'insegnante. *I am a doctor/a teacher.*
Maria fa una torta. *Maria bakes a cake.*
Fa freddo/fa caldo. *It is cold/it is hot.*
Ti sei fatto la barba, Paolo? *Have you shaved, Paolo?*
Fate attenzione! *Pay attention!*
Ha un brutto modo di fare. *He/she has an unpleasant manner.*
Sa il fatto suo. *He/she knows his/her business.*

il fatto *fact*
fare bene a *to be good for*
lasciare fare qualcosa a qualcuno *to let somebody do something*

81 fermare *to stop* (tr.)

INDICATIVE

	Present	Imperfect	Perfect
io	fermo	fermavo	ho fermato
tu	fermi	fermavi	hai fermato
lui/lei/Lei	ferma	fermava	ha fermato
noi	fermiamo	fermavamo	abbiamo fermato
voi	fermate	fermavate	avete fermato
loro/Loro	fermano	fermavano	hanno fermato
	Future	**Pluperfect**	**Past Historic**
io	fermerò	avevo fermato	fermai
tu	fermerai	avevi fermato	fermasti
lui/lei/Lei	fermerà	aveva fermato	fermò
noi	fermeremo	avevamo fermato	fermammo
voi	fermerete	avevate fermato	fermaste
loro/Loro	fermeranno	avevano fermato	fermarono
	Future Perfect		**Past Anterior**
io	avrò fermato		ebbi fermato

CONDITIONAL   SUBJUNCTIVE

	Present	Present	Imperfect
io	fermerei	fermi	fermassi
tu	fermeresti	fermi	fermassi
lui/lei/Lei	fermerebbe	fermi	fermasse
noi	fermeremmo	fermiamo	fermassimo
voi	fermereste	fermiate	fermaste
loro/Loro	fermerebbero	fermino	fermassero
	Perfect	**Perfect**	**Pluperfect**
io	avrei fermato	abbia fermato	avessi fermato

GERUND	PAST PARTICIPLE	IMPERATIVE
fermando	fermato	ferma, fermi, fermiamo, fermate, fermino

Il treno ferma qui. *The train stops here.*
Paolo fermò l'auto all'improvviso. *Paolo stopped his car suddenly.*
Luigi si fermò a Milano per due giorni. *Luigi stayed in Milan for two days.*
L'orologio si è fermato. *The watch has stopped.*
fermare il gioco *to stop play*
Ferma! Fermatelo! *Stop! Stop him!*
L'incidente fermò il traffico. *The accident brought the traffic to a halt.*
La polizia lo ha fermato. *The police detained him.*

la fermata *(f) stop*	**il fermaglio** *clasp, clip*
la fermata dell'autobus *bus stop*	**fermo** *still, motionless*
fermo di polizia *police custody*	**il fermacarte** *paperweight*

82 fingere *to pretend* (tr./intr.)

INDICATIVE

	Present	Imperfect	Perfect
io	fingo	fingevo	ho finto
tu	fingi	fingevi	hai finto
lui/lei/Lei	finge	fingeva	ha finto
noi	fingiamo	fingevamo	abbiamo finto
voi	fingete	fingevate	avete finto
loro/Loro	fingono	fingevano	hanno finto

	Future	Pluperfect	Past Historic
io	fingerò	avevo finto	finsi
tu	fingerai	avevi finto	fingesti
lui/lei/Lei	fingerà	aveva finto	finse
noi	fingeremo	avevamo finto	fingemmo
voi	fingerete	avevate finto	fingeste
loro/Loro	fingeranno	avevano finto	finsero

	Future Perfect		Past Anterior
io	avrò finto		ebbi finto

CONDITIONAL   SUBJUNCTIVE

	Present	Present	Imperfect
io	fingerei	finga	fingessi
tu	fingeresti	finga	fingessi
lui/lei/Lei	fingerebbe	finga	fingesse
noi	fingeremmo	fingiamo	fingessimo
voi	fingereste	fingiate	fingeste
loro/Loro	fingerebbero	fingano	fingessero

	Perfect	Perfect	Pluperfect
io	avrei finto	abbia finto	avessi finto

GERUND	PAST PARTICIPLE	IMPERATIVE
fingendo	finto	fingi, finga, fingiamo, fingete, fingano

Finsero di svenire. *They pretended to faint.*
Fingi di non conoscerlo? *Are you pretending not to know him?*
Paolo fingerà di essere ammalato. *Paolo will pretend to be ill.*
Fingi per un momento di essere un poeta. *Imagine for a moment that you are a poet.*
fingere sorpresa *to feign surprise*
fingersi pazzo *to feign madness*
Sapeva fingere bene. *He was good at hiding his feelings.*

la finzione *pretence*
la finta *pretence, feint*
fare una finta *to make a feint*

finto *false*
perle finte *imitation pearls*
fare finta di *to pretend to*

83 finire *to finish* (intr./tr.)

INDICATIVE

	Present	Imperfect	Perfect
io	finisco	finivo	ho finito
tu	finisci	finivi	hai finito
lui/lei/Lei	finisce	finiva	ha finito
noi	finiamo	finivamo	abbiamo finito
voi	finite	finivate	avete finito
loro/Loro	finiscono	finivano	hanno finito

	Future	Pluperfect	Past Historic
io	finirò	avevo finito	finii
tu	finirai	avevi finito	finisti
lui/lei/Lei	finirà	aveva finito	finì
noi	finiremo	avevamo finito	finimmo
voi	finirete	avevate finito	finiste
loro/Loro	finiranno	avevano finito	finirono

	Future Perfect		Past Anterior
io	avrò finito		ebbi finito

CONDITIONAL / SUBJUNCTIVE

	Present	Present	Imperfect
io	finirei	finisca	finissi
tu	finiresti	finisca	finissi
lui/lei/Lei	finirebbe	finisca	finisse
noi	finiremmo	finiamo	finissimo
voi	finireste	finiate	finiste
loro/Loro	finirebbero	finiscano	finissero

	Perfect	Perfect	Pluperfect
io	avrei finito	abbia finito	avessi finito

GERUND	PAST PARTICIPLE	IMPERATIVE
finendo	finito	finisci, finisca, finiamo, finite, finiscano

Hai finito quel lavoro? *Have you finished that job?*
La settimana è finita. *The week is over.*
Il film è finito ora. *The film has ended now.*
Dove finirà Paolo? *Where will Paolo end up?*
Finiscila! *Stop it!*
È ora di farla finita con le prepotenze. *It's time to put an end to bullying.*
Tutto è bene ciò che finisce bene. *All's well that ends well.*
La serata finì in bellezza. *The evening ended with a bang.*
È tutto finito. *It's all over.*

il finimondo *chaos*	**la fine** *(f) the end*
finito *completed*	**il fine** *(m) the aim*

84 friggere *to fry* (tr.)

INDICATIVE

	Present	Imperfect	Perfect
io	friggo	friggevo	ho fritto
tu	friggi	friggevi	hai fritto
lui/lei/Lei	frigge	friggeva	ha fritto
noi	friggiamo	friggevamo	abbiamo fritto
voi	friggete	friggevate	avete fritto
loro/Loro	friggono	friggevano	hanno fritto

	Future	Pluperfect	Past Historic
io	friggerò	avevo fritto	frissi
tu	friggerai	avevi fritto	friggesti
lui/lei/Lei	friggerà	aveva fritto	frisse
noi	friggeremo	avevamo fritto	friggemmo
voi	friggerete	avevate fritto	friggeste
loro/Loro	friggeranno	avevano fritto	frissero

	Future Perfect		Past Anterior
io	avrò fritto		ebbi fritto

CONDITIONAL　　SUBJUNCTIVE

	Present	Present	Imperfect
io	friggerei	frigga	friggessi
tu	figgeresti	frigga	friggessi
lui/lei/Lei	friggerebbe	frigga	friggesse
noi	friggeremmo	friggiamo	friggessimo
voi	friggereste	friggiate	friggeste
loro/Loro	friggerebbero	friggano	friggessero

	Perfect	Perfect	Pluperfect
io	avrei fritto	abbia fritto	avessi fritto

GERUND	PAST PARTICIPLE	IMPERATIVE
friggendo	fritto	friggi, frigga, friggiamo, friggete, friggano

Che cosa friggi? Friggo le uova. *What are you frying? I am frying eggs.*
Friggerete la pancetta? No, friggeremo le uova. *Will you fry bacon? No, we will fry eggs.*
Paolo, che cosa friggi in padella? *Paolo, what are you frying in the pan?*
Vai a farti friggere! *Go to hell!*
L'insegnante friggeva dalla rabbia. *The teacher was seething with rage.*

fritto *fried*
patatine fritte *chips*
pesce fritto *fried fish*
fritto misto *mixed fried fish*
la frittata *omelette*

la frittella *pancake*
la friggitrice *deep fryer*
Sono fritto. *I am done for.*
cose fritte e rifritte *stale news*

85 giacere *to lie* (intr.)

INDICATIVE

	Present	Imperfect	Perfect
io	giaccio	giacevo	sono giaciuto/a
tu	giaci	giacevi	sei giaciuto/a
lui/lei/Lei	giace	giaceva	è giaciuto/a
noi	giacciamo	giacevamo	siamo giaciuti/e
voi	giacete	giacevate	siete giaciuti/e
loro/Loro	giacciono	giacevano	sono giaciuti/e
	Future	**Pluperfect**	**Past Historic**
io	giacerò	ero giaciuto/a	giacqui
tu	giacerai	eri giaciuto/a	giacesti
lui/lei/Lei	giacerà	era giaciuto/a	giacque
noi	giaceremo	eravamo giaciuti/e	giacemmo
voi	giacerete	eravate giaciuti/e	giaceste
loro/Loro	giaceranno	erano giaciuti/e	giacquero
	Future Perfect		**Past Anterior**
io	sarò giaciuto/a		fui giaciuto/a

CONDITIONAL SUBJUNCTIVE

	Present	Present	Imperfect
io	giacerei	giaccia	giacessi
tu	giaceresti	giaccia	giacessi
lui/lei/Lei	giacerebbe	giaccia	giacesse
noi	giaceremmo	giacciamo	giacessimo
voi	giacereste	giacciate	giaceste
loro/Loro	giacerebbero	giacciano	giacessero
	Perfect	**Perfect**	**Pluperfect**
io	sarei giaciuto/a	sia giaciuto/a	fossi giaciuto/a

GERUND	PAST PARTICIPLE	IMPERATIVE
giacendo	giaciuto/a/i/e	giaci, giaccia, giacciamo, giacete, giacciano

Il ferito giaceva al suolo. *The wounded man was lying on the ground.*
Il paese giace ai piedi della montagna. *The village is located at the foot of the mountain.*
Penso che giaccia ammalato. *I think that he is ill. (Lit. lies ill)*
Quella merce giace nel negozio. *Those goods are stored in the shop.*
giacere addormentato *to lie asleep*
Qui giace... *Here lies...*
Chi muore giace, chi vive si dà pace. *Let the dead bury the dead.*
Questa città giace in rovina. *The city lies in ruins.*

il giacimento *deposit, layer*
giacimento di petrolio *oil field*
merce in giacenza *unsold stock*

86 giungere *to arrive* (intr.)

INDICATIVE

	Present	Imperfect	Perfect
io	giungo	giungevo	sono giunto/a
tu	giungi	giiungevi	sei giunto/a
lui/lei/Lei	giunge	giungeva	è giunto/a
noi	giungiamo	giungevamo	siamo giunti/e
voi	giungete	giungevate	siete giunti/e
loro/Loro	giungono	giungevano	sono giunti/e
	Future	**Pluperfect**	**Past Historic**
io	giungerò	ero giunto/a	giunsi
tu	giungerai	eri giunto/a	giungesti
lui/lei/Lei	giungerà	era giunto/a	giunse
noi	giungeremo	eravamo giunti/e	giungemmo
voi	giungerete	eravate giunti/e	giungeste
loro/Loro	giungeranno	erano giunti/e	giunsero
	Future Perfect		**Past Anterior**
io	sarò giunto/a		fui giunto/a

CONDITIONAL   SUBJUNCTIVE

	Present	Present	Imperfect
io	giungerei	giunga	giungessi
tu	giungeresti	giunga	giungessi
lui/lei/Lei	giungerebbe	giunga	giungesse
noi	giungeremmo	giungiamo	giungessimo
voi	giungereste	giungiate	giungeste
loro/Loro	giungerebbero	giungano	giungessero
	Perfect	**Perfect**	**Pluperfect**
io	sarei giunto/a	sia giunto/a	fossi giunto/a

GERUND	PAST PARTICIPLE	IMPERATIVE
giungendo	giunto/a/i/e	giungi, giunga, giungiamo, giungete, giungano

Paolo giungerà alla stazione alle dieci. *Paolo will arrive at the station at ten o'clock.*
A che capitolo è giunto, Signor Rossi? *What chapter have you got to, Mr Rossi?*
L'estate è giunta. *Summer has arrived.*
La campagna giunge fino al confine. *The countryside stretches to the border.*
Giunsero le mani per pregare. *They joined their hands in prayer.*
giungere al punto di... *to come to the point of...*
fin dove giunge lo sguardo *as far as the eye can see*
Questa mi giunge nuova. *This is new to me.*

la giunta addition
la giunta comunale town council

la giunzione joint (technical)
la giuntura joint (of the body)

87 godere *to enjoy* (intr./tr.)

INDICATIVE

	Present	Imperfect	Perfect
io	godo	godevo	ho goduto
tu	godi	godevi	hai goduto
lui/lei/Lei	gode	godeva	ha goduto
noi	godiamo	godevamo	abbiamo goduto
voi	godete	godevate	avete goduto
loro/Loro	godono	godevano	hanno goduto
	Future	**Pluperfect**	**Past Historic**
io	godrò	avevo goduto	godei (godetti)
tu	godrai	avevi goduto	godesti
lui/lei/Lei	godrà	aveva goduto	godè (godette)
noi	godremo	avevamo goduto	godemmo
voi	godrete	avevate goduto	godeste
loro/Loro	godranno	avevano goduto	goderono (godettero)
	Future Perfect		**Past Anterior**
io	avrò goduto		ebbi goduto

CONDITIONAL · SUBJUNCTIVE

	Present	Present	Imperfect
io	godrei	goda	godessi
tu	godresti	goda	godessi
lui/lei/Lei	godrebbe	goda	godesse
noi	godremmo	godiamo	godessimo
voi	godreste	godiate	godeste
loro/Loro	godrebbero	godano	godessero
	Perfect	**Perfect**	**Pluperfect**
io	avrei goduto	abbia goduto	avessi goduto

GERUND	PAST PARTICIPLE	IMPERATIVE
godendo	goduto	godi, goda, godiamo, godete, godano

Godetti la compagnia dei miei amici. *I enjoyed the company of my friends.*
Paolo gode il riposo settimanale. *Paolo enjoys his weekly rest.*
La città gode di una vista panoramica. *The town has a panoramic view.*
Hai goduto lo spettacolo? *Have you enjoyed the show?*
Paolo si gode la vita. *Paolo enjoys life.*
Godiamo di buona salute. *We are in good health.*
godersela *to have a good time*
godere di tutte le facoltà *to be in full possession of one's faculties*

il godimento *pleasure, enjoyment*	**il gaudio** *joy*
godereccio *pleasure-loving*	**gaudente** *pleasure seeker*

88 guardare *to look at* (tr.)

INDICATIVE

	Present	Imperfect	Perfect
io	guardo	guardavo	ho guardato
tu	guardi	guardavi	hai guardato
lui/lei/Lei	guarda	guardava	ha guardato
noi	guardiamo	guardavamo	abbiamo guardato
voi	guardate	guardavate	avete guardato
loro/Loro	guardano	guardavano	hanno guardato

	Future	Pluperfect	Past Historic
io	guarderò	avevo guardato	guardai
tu	guarderai	avevi guardato	guardasti
lui/lei/Lei	guarderà	aveva guardato	guardò
noi	guarderemo	avevamo guardato	guardammo
voi	guarderete	avevate guardato	guardaste
loro/Loro	guarderanno	avevano guardato	guardarono

	Future Perfect	Past Anterior
io	avrò guardato	ebbi guardato

CONDITIONAL   SUBJUNCTIVE

	Present	Present	Imperfect
io	guarderei	guardi	guardassi
tu	guarderesti	guardi	guardassi
lui/lei/Lei	guarderebbe	guardi	guardasse
noi	guarderemmo	guardiamo	guardassimo
voi	guardereste	guardiate	guardaste
loro/Loro	guarderebbero	guardino	guardassero

	Perfect	Perfect	Pluperfect
io	avrei guardato	abbia guardato	avessi guardato

GERUND	PAST PARTICIPLE	IMPERATIVE
guardando	guardato	guarda, guardi, guardiamo, guardate, guardino

Guardiamo la televisione. *We watch television.*
Paolo guardava suo figlio giocare. *Paolo was watching his son playing.*
Guarda a destra e a sinistra prima di attraversare. *Look right and left before crossing.*
Guardano dalla finestra. *They look out of the window.*
farsi guardare *to attract attention*
Me ne guardo bene! *Heaven forbid!*
Non guardarla con insistenza. *Do not stare at her.*
Guardati alle spalle! *Look behind you! Mind your back!*
guardare i bambini *to look after the children*
Guarda di non farti male. *Take care you don't hurt yourself.*

la guardia *guard*
il cambio della guardia *changing of the guard*

il guardiano *keeper*
il guardaroba *wardrobe*

89 imparare *to learn* (tr.)

INDICATIVE

	Present	Imperfect	Perfect
io	imparo	imparavo	ho imparato
tu	impari	imparavi	hai imparato
lui/lei/Lei	impara	imparava	ha imparato
noi	impariamo	imparavamo	abbiamo imparato
voi	imparate	imparavate	avete imparato
loro/Loro	imparano	imparavano	hanno imparato
	Future	**Pluperfect**	**Past Historic**
io	imparerò	avevo imparato	imparai
tu	imparerai	avevi imparato	imparasti
lui/lei/Lei	imparerà	aveva imparato	imparò
noi	impareremo	avevamo imparato	imparammo
voi	imparerete	avevate imparato	imparaste
loro/Loro	impareranno	avevano imparato	impararono
	Future Perfect		**Past Anterior**
io	avrò imparato		ebbi imparato

CONDITIONAL   SUBJUNCTIVE

	Present	Present	Imperfect
io	imparerei	impari	imparassi
tu	impareresti	impari	imparassi
lui/lei/Lei	imparerebbe	impari	imparasse
noi	impareremmo	impariamo	imparassimo
voi	imparereste	impariate	imparaste
loro/Loro	imparerebbero	imparino	imparassero
	Perfect	**Perfect**	**Pluperfect**
io	avrei imparato	abbia imparato	avessi imparato

GERUND	PAST PARTICIPLE	IMPERATIVE
imparando	imparato	impara, impari, impariamo, imparate imparino

Dove hai imparato l'italiano? *Where did you learn Italian?*
Luigi impara in fretta. *Luigi is a quick learner.*
Imparerai l'inglese? *Will you learn English?*
Impara questo brano a memoria. *Learn this piece by heart.*
imparare a fare qualcosa *to learn to do something*
imparare a vivere *to learn how to live*
Sbagliando si impara. *We learn by our mistakes.*
Per imparare non è mai troppo tardi. *It is never too late to learn.*
C'è sempre da imparare. *We never stop learning.*
Così imparerai a dire bugie. *That will teach you not to tell lies.*

imparaticcio *half-baked notions*
disimparare *to forget (what one has learnt)*

90 imporre *to impose* (tr.)

INDICATIVE

	Present	Imperfect	Perfect
io	impongo	imponevo	ho imposto
tu	imponi	inponevi	hai imposto
lui/lei/Lei	impone	imponeva	ha imposto
noi	imponiamo	imponevamo	abbiamo imposto
voi	imponete	imponevate	avete imposto
loro/Loro	impongono	imponevano	hanno imposto
	Future	**Pluperfect**	**Past Historic**
io	imporrò	avevo imposto	imposi
tu	imporrai	avevi imposto	imponesti
lui/lei/Lei	imporrà	aveva imposto	impose
noi	imporremo	avevamo imposto	imponemmo
voi	imporrete	avevate imposto	imponeste
loro/Loro	imporranno	avevano imposto	imposero
	Future Perfect		**Past Anterior**
io	avrò imposto		ebbi imposto

CONDITIONAL SUBJUNCTIVE

	Present	Present	Imperfect
io	imporrei	imponga	imponessi
tu	imporresti	imponga	imponessi
lui/lei/Lei	imporrebbe	imponga	imponesse
noi	imporremmo	imponiamo	imponessimo
voi	imporreste	imponiate	imponeste
loro/Loro	imporrebbero	impongano	imponessero
	Perfect	**Perfect**	**Pluperfect**
io	avrei imposto	abbia imposto	avessi imposto

GERUND	PAST PARTICIPLE	IMPERATIVE
imponendo	imposto	imponi, imponga, imponiamo, imponete, impongano

Luigi gli ha imposto di firmare. *Luigi has forced him to sign.*
imporre la propria autorità *to assert one's authority*
imporre una condizione *to impose a condition, to stipulate*
imporre il silenzio *to command silence*
Penso che si possa imporre come pittore. *I think he can make a name for himself as a painter.*

l'imponenza *(f) impressiveness*
imponente *imposing*

l'imposta *(f) tax, duty*
l'imposizione *(f) imposition, order*

91 incidere *to affect, record, engrave* (tr.)

INDICATIVE

	Present	Imperfect	Perfect
io	incido	incidevo	ho inciso
tu	incidi	incidevi	hai inciso
lui/lei/Lei	incide	incideva	ha inciso
noi	incidiamo	incidevamo	abbiamo inciso
voi	incidete	incidevate	avete inciso
loro/Loro	incidono	incidevano	hanno inciso

	Future	Pluperfect	Past Historic
io	inciderò	avevo inciso	incisi
tu	inciderai	avevi inciso	incidesti
lui/lei/Lei	inciderà	aveva inciso	incise
noi	incideremo	avevamo inciso	incidemmo
voi	inciderete	avevate inciso	incideste
loro/Loro	incideranno	avevano inciso	incisero

	Future Perfect		Past Anterior
io	avrò inciso		ebbi inciso

CONDITIONAL   SUBJUNCTIVE

	Present	Present	Imperfect
io	inciderei	incida	incidessi
tu	incideresti	incida	incidessi
lui/lei/Lei	inciderebbe	incida	incidesse
noi	incideremmo	incidiamo	incidessimo
voi	incidereste	incidiate	incideste
loro/Loro	inciderebbero	incidano	incidessero

	PERFECT	PERFECT	PLUPERFECT
io	avrei inciso	abbia inciso	avessi inciso

GERUND   PAST PARTICIPLE   IMPERATIVE

GERUND	PAST PARTICIPLE	IMPERATIVE
incidendo	inciso	incidi, incida, incidiamo, incidete, incidano

La tassa incide sul consumatore. *The tax affects the consumer.*
Questa spesa inciderebbe sul bilancio. *This expense would weigh upon the budget.*
Paolo inciderà il suo discorso. *Paolo will record his speech.*
Incisi un disco l'anno scorso. *I made a record last year.*
Abbiamo inciso i nostri nomi sul muro. *We have carved our names on the wall.*
essere inciso nella memoria *to be engraved on one's memory*
incidere all'acquaforte *to etch*

l'incisore *(m) engraver*   **per inciso** *incidentally*
l'inciso *(m) parenthesis*   **l'incidente** *(m) accident*

92 includere *to include* (tr.)

INDICATIVE

	Present	Imperfect	Perfect
io	includo	includevo	ho incluso
tu	includi	includevi	hai incluso
lui/lei/Lei	include	includeva	ha incluso
noi	includiamo	includevamo	abbiamo incluso
voi	includete	includevate	avete incluso
loro/Loro	includono	includevano	hanno incluso
	Future	**Pluperfect**	**Past Historic**
io	includerò	avevo incluso	inclusi
tu	includerai	avevi incluso	includesti
lui/lei/Lei	includerà	aveva incluso	incluse
noi	includeremo	avevamo incluso	includemmo
voi	includerete	avevate incluso	includeste
loro/Loro	includeranno	avevano incluso	inclusero
	Future Perfect		**Past Anterior**
io	avrò incluso		ebbi incluso

CONDITIONAL   SUBJUNCTIVE

	Present	Present	Imperfect
io	includerei	includa	includessi
tu	includeresti	includa	includessi
lui/lei/Lei	includerebbe	includa	includesse
noi	includeremmo	includiamo	includessimo
voi	includereste	includiate	includeste
loro/Loro	includerebbero	includano	includessero
	Perfect	**Perfect**	**Pluperfect**
io	avrei incluso	abbia incluso	avessi incluso

GERUND	PAST PARTICIPLE	IMPERATIVE
includendo	incluso	includi, includa, includiamo, includete, includano

Includi il tuo CV nella lettera. *Enclose your CV with the letter.*
Hai incluso quel nome nella lista? *Have you included that name in the list?*
Includeranno anche te nel gruppo? *Will they include you in the group too?*
Maria rimase là fino a martedì incluso. *Maria stayed there up to and including Tuesday.*
Il servizio è incluso nel prezzo. *Service is included in the price.*
incluse le spese *including expenses*

l'inclusione *(f) inclusion*
con inclusione *including*
incluso/accluso *included, attached, enclosed*
il documento incluso/accluso *the attached document*

93 incontrare *to meet* (tr.)

INDICATIVE

	Present	Imperfect	Perfect
io	incontro	incontravo	ho incontrato
tu	incontri	incontravi	hai incontrato
lui/lei/Lei	incontra	incontrava	ha incontrato
noi	incontriamo	incontravamo	abbiamo incontrato
voi	incontrate	incontravate	avete incontrato
loro/Loro	incontrano	incontravano	hanno incontrato
	Future	Pluperfect	Past Historic
io	incontrerò	avevo incontrato	incontrai
tu	incontrerai	avevi incontrato	incontrasti
lui/lei/Lei	incontrerà	aveva incontrato	incontrò
noi	incontreremo	avevamo incontrato	incontrammo
voi	incontrerete	avevate incontrato	incontraste
loro/Loro	incontreranno	avevano incontrato	incontrarono
	Future Perfect		Past Anterior
io	avrò incontrato		ebbi incontrato

	CONDITIONAL	SUBJUNCTIVE	
	Present	Present	Imperfect
io	incontrerei	incontri	incontrassi
tu	incontreresti	incontri	incontrassi
lui/lei/Lei	incontrerebbe	incontri	incontrasse
noi	incontreremmo	incontriamo	incontrassimo
voi	incontrereste	incontriate	incontraste
loro/Loro	incontrerebbero	incontrino	incontrassero
	Perfect	Perfect	Pluperfect
io	avrei incontrato	abbia incontrato	avessi incontrato

GERUND	PAST PARTICIPLE	IMPERATIVE
incontrando	incontrato	incontra, incontri, incontriamo, incontrate, incontrino

Chi avete incontrato? Abbiamo incontrato Luigi. *Whom have you met? We met Luigi.*
L'ho incontrato per caso. *I bumped into him.*
incontrare difficoltà *to meet with difficulties*
incontrare il favore di qualcuno *to meet with somebody's approval*
Mi incontro con lui davanti al cinema. *I've got an appointment with him in front of the cinema.*
Ci siamo incontrati due anni fa. *We met two years ago.*
Le squadre si incontrano sul campo. *The teams meet on the pitch.*
I loro sguardi si incontrarono. *Their eyes met.*

l'incontro (m) *meeting, match*
venirsi incontro *to meet half way*
andare incontro a (forti spese) *to incur (great expense)*

94 inghiottire *to swallow* (tr.)

INDICATIVE

	Present	Imperfect	Perfect
io	inghiottisco	inghiottivo	ho inghiottito
tu	inghiottisci	inghiottivi	hai inghiottito
lui/lei/Lei	inghiottisce	inghiottiva	ha inghiottito
noi	inghiottiamo	inghiottivamo	abbiamo inghiottito
voi	inghiottite	inghiottivate	avete inghiottito
loro/Loro	inghiottiscono	inghiottivano	hanno inghiottito

	Future	Pluperfect	Past Historic
io	inghiottirò	avevo inghiottito	inghiottii
tu	inghiottirai	avevi inghiottito	inghiottisti
lui/lei/Lei	inghiottirà	aveva inghiottito	inghiottì
noi	inghiottiremo	avevamo inghiottito	inghiottimmo
voi	inghiottirete	avevate inghiottito	inghiottiste
loro/Loro	inghiottiranno	avevano inghiottito	inghiottirono

	Future Perfect		Past Anterior
io	avrò inghiottito		ebbi inghiottito

CONDITIONAL SUBJUNCTIVE

	Present	Present	Imperfect
io	inghiottirei	inghiottisca	inghiottissi
tu	inghiottiresti	inghiottisca	inghiottissi
lui/lei/Lei	inghiottirebbe	inghiottisca	inghiottisse
noi	inghiottiremmo	inghiottiamo	inghiottissimo
voi	inghiottireste	inghiottiate	inghiottiste
loro/Loro	inghiottirebbero	inghiottiscano	inghiottissero

	Perfect	Perfect	Pluperfect
io	avrei inghiottito	abbia inghiottito	avessi inghiottito

GERUND	PAST PARTICIPLE	IMPERATIVE
inghiottendo	inghiottito	inghiottisci, inghiottisca, inghiottiamo, inghiottite, inghiottiscano

Inghiottisce il cibo senza masticarlo. *He swallows food without chewing it.*
Non riesco a inghiottire la compressa. *I cannot swallow this tablet.*
La nave fu inghiottita dalle onde. *The ship was swallowed up by the waves.*
Scomparvero, inghiottiti dalla nebbia/dalle tenebre. *They disappeared, swallowed up by the fog/the darkness.*
inghiottire una pillola amara *to swallow a bitter pill*
inghiottire le lacrime *to swallow one's tears*
inghiottire umiliazioni/insulti *to put up with humiliation/insults*

l'inghiottimento *(m) swallowing*
deglutire *to swallow*

95 insistere *to insist* (intr.)

INDICATIVE

	Present	Imperfect	Perfect
io	insisto	insistevo	ho insistito
tu	insisti	insistevi	hai insistito
lui/lei/Lei	insiste	insisteva	ha insistito
noi	insistiamo	insistevamo	abbiamo insistito
voi	insistete	insistevate	avete insistito
loro/Loro	insistono	insistevano	hanno insistito
	Future	**Pluperfect**	**Past Historic**
io	insisterò	avevo insistito	insistei (insistetti)
tu	insisterai	avevi insistito	insistesti
lui/lei/Lei	insisterà	aveva insistito	insistè (insistette)
noi	insisteremo	avevamo insistito	insistemmo
voi	insisterete	avevate insistito	insisteste
loro/Loro	insisteranno	avevano insistito	insisterono (insistettero)
	Future Perfect		**Past Anterior**
io	avrò insistito		ebbi insistito

CONDITIONAL — SUBJUNCTIVE

	Present	Present	Imperfect
io	insisterei	insista	insistessi
tu	insisteresti	insista	insistessi
lui/lei/Lei	insisterebbe	insista	insistesse
noi	insisteremmo	insistiamo	insistessimo
voi	insistereste	insistiate	insisteste
loro/Loro	insisterebbero	insistano	insistessero
	Perfect	**Perfect**	**Pluperfect**
io	avrei insistito	abbia insistito	avessi insistito

GERUND	PAST PARTICIPLE	IMPERATIVE
insistendo	insistito	insisti, insista, insistiamo, insistete, insistano

Per favore, non insistere. *Please, do not insist.*
Non hanno insistito. *They have not insisted.*
Insistettero su questo punto. *They insisted on this point.*
Insistiamo nei nostri propositi. *We persist in our own aim.*
Insiste a fare lo stesso errore. *He/she keeps on making the same mistake.*
Insistono nel dire che hanno già pagato. *They keep on saying they have already paid.*
insistere con qualcuno perché faccia qualcosa *to urge somebody to do something*

l'insistenza *(f) insistence, persistence*
insistente *insistent, persistent*
richiesta insistente *persistent demand*
insistentemente *insistently, continually*

96 intendere *to intend, mean, understand* (tr.)

INDICATIVE

	Present	Imperfect	Perfect
io	intendo	intendevo	ho inteso
tu	intendi	intendevi	hai inteso
lui/lei/Lei	intende	intendeva	ha inteso
noi	intendiamo	intendevamo	abbiamo inteso
voi	intendete	intendevate	avete inteso
loro/Loro	intendono	intendevano	hanno inteso

	Future	Pluperfect	Past Historic
io	intenderò	avevo inteso	intesi
tu	intenderai	avevi inteso	intendesti
lui/lei/Lei	intenderà	aveva inteso	intese
noi	intenderemo	avevamo inteso	intendemmo
voi	intenderete	avevate inteso	intendeste
loro/Loro	intenderanno	avevano inteso	intesero

	Future Perfect		Past Anterior
io	avrò inteso		ebbi inteso

CONDITIONAL | SUBJUNCTIVE

	Present	Present	Imperfect
io	intenderei	intenda	intendessi
tu	intenderesti	intenda	intendessi
lui/lei/Lei	intenderebbe	intenda	intendesse
noi	intenderemmo	intendiamo	intendessimo
voi	intendereste	intendiate	intendeste
loro/Loro	intenderebbero	intendano	intendessero

	Perfect	Perfect	Pluperfect
io	avrei inteso	abbia inteso	avessi inteso

GERUND	PAST PARTICIPLE	IMPERATIVE
intendendo	inteso	intendi, intenda, intendiamo, intendete, intendano

Con chi intendi viaggiare? *Who do you intend to travel with?*
Paolo, che cosa intendi dire? *Paolo, what do you mean?*
Ci ha dato a/lasciato intendere che veniva. *He gave us to understand that he was coming.*
Puoi ripetere per favore, non ho inteso. *Please can you repeat that, I did not hear you.*
Non intende ragione. *He/she does not listen to reason.*
Si intendono bene. *They get on well.*
Tanto per intenderci. *Let's be clear about this.*
Vi siete intesi sul prezzo? *Have you come to an agreement about the price?*
Luigi si intendeva molto di vini. *Luigi was a connoisseur of wines.*

l'intendimento *(m) intention*
l'intenditore *(m)/***l'intenditrice** *(f) connoisseur*
l'intesa *(f) understanding, agreement*
venire ad un'intesa *to reach an agreement*

97 interrompere *to interrupt* (tr.)

INDICATIVE

	Present	Imperfect	Perfect
io	interrompo	interrompevo	ho interrotto
tu	interrompi	interrompevi	hai interrotto
lui/lei/Lei	interrompe	interrompeva	ha interrotto
noi	interrompiamo	interrompevamo	abbiamo interrotto
voi	interrompete	interrompevate	avete interrotto
loro/Loro	interrompono	interrompevano	hanno interrotto

	Future	Pluperfect	Past Historic
io	interromperò	avevo interrotto	interruppi
tu	interromperai	avevi interrotto	interrompesti
lui/lei/Lei	interromperà	aveva interrotto	interruppe
noi	interromperemo	avevamo interrotto	interrompemmo
voi	interromperete	avevate interrotto	interrompeste
loro/Loro	interromperanno	avevano interrotto	interruppero

	Future Perfect		Past Anterior
io	avrò interrotto		ebbi interrotto

CONDITIONAL / SUBJUNCTIVE

	Present	Present	Imperfect
io	interromperei	interrompa	interrompessi
tu	interromperesti	interrompa	interrompessi
lui/lei/Lei	interromperebbe	interrompa	interrompesse
noi	interromperemmo	interrompiamo	interrompessimo
voi	interrompereste	interrompiate	interrompeste
loro/Loro	interromperebbero	interrompano	interrompessero

	Perfect	Perfect	Pluperfect
io	avrei interotto	abbia interrotto	avessi interrotto

GERUND	PAST PARTICIPLE	IMPERATIVE
interrompendo	interrotto	interrompi, interrompa, interrompiamo, interrompete, interrompano

Non interrompermi quando parlo. *Do not interrupt me when I speak.*
Non interrompere il nostro lavoro. *Do not stop/interrupt our work.*
interrompere l'erogazione dell'acqua *to cut off the water supply*
Si è interrotta la comunicazione mentre parlavamo. *We were cut off while we were talking (on the phone).*
Lo sciopero è stato interrotto. *The strike has been called off.*
La strada è interrotta per lavori. *The road is blocked (Road works ahead).*

l'interruzione *(f) interruption*
senza interruzione *without a break*

l'interruttore *(m) switch*
interrotto *cut off, interrupted*

98 introdurre *to introduce, insert* (tr.)

INDICATIVE

	Present	Imperfect	Perfect
io	introduco	introducevo	ho introdotto
tu	introduci	introducevi	hai introdotto
lui/lei/Lei	introduce	introduceva	ha introdotto
noi	introduciamo	introducevamo	abbiamo introdotto
voi	introducete	introducevate	avete introdotto
loro/Loro	introducono	introducevano	hanno introdotto
	Future	**Pluperfect**	**Past Historic**
io	introdurrò	avevo introdotto	introdussi
tu	introdurrai	avevi introdotto	introducesti
lui/lei/Lei	introdurrà	aveva introdotto	introdusse
noi	introdurremo	avevamo introdotto	introducemmo
voi	introdurrete	avevate introdotto	introduceste
loro/Loro	introdurranno	avevano introdotto	introdussero
	Future Perfect		**Past Anterior**
io	avrò introdotto		ebbi introdotto

CONDITIONAL   SUBJUNCTIVE

	Present	Present	Imperfect
io	introdurrei	introduca	introducessi
tu	introdurresti	introduca	fintroducessi
lui/lei/Lei	introdurrebbe	introduca	introducesse
noi	introdurremmo	introduciamo	introducessimo
voi	introdurreste	introduciate	introduceste
loro/Loro	introdurrebbero	introducano	introducessero
	Perfect	**Perfect**	**Pluperfect**
io	avrei introdotto	abbia introdotto	avessi introdotto

GERUND	PAST PARTICIPLE	IMPERATIVE
introducendo	introdotto	introduci, introduca, introduciamo, int roducete, introducano

Introduci la chiave nella serratura. *Insert the key into the lock.*
Introdurranno questo articolo sul mercato. *They will put this article on the market.*
Si stanno introducendo molte parole inglesi nell'italiano. *Many English words are being introduced into Italian.*
I candidati saranno introdotti uno per volta. *The candidates will be ushered in one at a time.*
introdurre qualcuno allo studio di... *to introduce somebody to the study of...*
introdurre di contrabbando *to smuggle*
Si introdusse con la forza. *He/she forced his/her way in.*

l'introduzione *(f) introduction*
introduttivo *introductory*
introdotto *introduced*
ben introdotto *with many contacts*

99 intuire *to realize, guess* (tr.)

INDICATIVE

	Present	Imperfect	Perfect
io	intuisco	intuivo	ho intuito
tu	intuisci	intuivi	hai intuito
lui/lei/Lei	intuisce	intuiva	ha intuito
noi	intuiamo	intuivamo	abbiamo intuito
voi	intuite	intuivate	avete intuito
loro/Loro	intuiscono	intuivano	hanno intuito

	Future	Pluperfect	Past Historic
io	intuirò	avevo intuito	intuii
tu	intuirai	avevi intuito	intuisti
lui/lei/Lei	intuirà	aveva intuito	intuì
noi	intuiremo	avevamo intuito	intuimmo
voi	intuirete	avevate intuito	intuiste
loro/Loro	intuiranno	avevano intuito	intuirono

	Future Perfect		Past Anterior
io	avrò intuito		ebbi intuito

CONDITIONAL SUBJUNCTIVE

	Present	Present	Imperfect
io	intuirei	intuisca	intuissi
tu	intuiresti	intuisca	intuissi
lui/lei/Lei	intuirebbe	intuisca	intuisse
noi	intuiremmo	intuiamo	intuissimo
voi	intuireste	intuiate	intuiste
loro/Loro	intuirebbero	intuiscano	intuissero

	Perfect	Perfect	Pluperfect
io	avrei intuito	abbia intuito	avessi intuito

GERUND	PAST PARTICIPLE	IMPERATIVE
intuendo	intuito	intuisci, intuisca, intuiamo, intuite, intuiscano

Intuivo che non sarebbe venuto. *I knew he wouldn't come.*
Non avendo notizie, ho intuito che era successo qualcosa. *As I had no news, I realized that something had happened.*
Come l'hanno intuito? *How have they guessed?*
Nessuno ce lo disse, dovemmo intuirlo. *No one told us, we had to feel our way by instinct.*
intuire la verità/il pericolo *to guess the truth/the danger*

l'intuizione *(f) intuition*
l'intuito *(m) instinct*
avere un grande intuito *to have a great power of intuition*
intuitivo *intuitive*

100 lasciare *to let, leave* (tr.)

INDICATIVE

	Present	Imperfect	Perfect
io	lascio	lasciavo	ho lasciato
tu	lasci	lasciavi	hai lasciato
lui/lei/Lei	lascia	lasciava	ha lasciato
noi	lasciamo	lasciavamo	abbiamo lasciato
voi	lasciate	lasciavate	avete lasciato
loro/Loro	lasciano	lasciavano	hanno lasciato

	Future	Pluperfect	Past Historic
io	lascerò	avevo lasciato	lasciai
tu	lascerai	avevi lasciato	lasciasti
lui/lei/Lei	lascerà	aveva lasciato	lasciò
noi	lasceremo	avevamo lasciato	lasciammo
voi	lascerete	avevate lasciato	lasciaste
loro/Loro	lasceranno	avevano lasciato	lasciarono

	Future Perfect		Past Anterior
io	avrò lasciato		ebbi lasciato

CONDITIONAL / SUBJUNCTIVE

	Present	Present	Imperfect
io	lascerei	lasci	lasciassi
tu	lasceresti	lasci	lasciassi
lui/lei/Lei	lascerebbe	lasci	lasciasse
noi	lasceremmo	lasciamo	lasciassimo
voi	lascerete	lasciate	lasciaste
loro/Loro	lascerebbero	lascino	lasciassero

	Perfect	Perfect	Pluperfect
io	avrei lasciato	abbia lasciato	avessi lasciato

GERUND	PAST PARTICIPLE	IMPERATIVE
lasciando	lasciato	lascia, lasci, lasciamo, lasciate, lascino

Paolo lasciò l'Inghilterra l'anno scorso. *Paolo left England last year.*
Lasceranno un libro per te. *They will leave a book for you.*
Non mi lasciano uscire la sera. *They don't let me go out in the evenings.*
Ho lasciato che decidesse lui. *I let him decide.*
Ci lasciammo alla stazione. *We parted at the station.*
Lasciami entrare. *Let me in.*
Lasciami in pace. *Leave me alone.*
Questo ristorante lascia a desiderare. *This restaurant is unsatisfactory.*
Prendere o lasciare. *Take it or leave it.*
Vivi e lascia vivere. *Live and let live.*

il lasciapassare *pass, permit*
il lascito *bequest*

101 lavare *to wash* (tr.)

INDICATIVE

	Present	Imperfect	Perfect
io	lavo	lavavo	ho lavato
tu	lavi	lavavi	hai lavato
lui/lei/Lei	lava	lavava	ha lavato
noi	laviamo	lavavamo	abbiamo lavato
voi	lavate	lavavate	avete lavato
loro/Loro	lavano	lavavano	hanno lavato
	Future	**Pluperfect**	**Past Historic**
io	laverò	avevo lavato	lavai
tu	laverai	avevi lavato	lavasti
lui/lei/Lei	laverà	aveva lavato	lavò
noi	laveremo	avevamo lavato	lavammo
voi	laverete	avevate lavato	lavaste
loro/Loro	laveranno	avevano lavato	lavarono
	Future Perfect		**Past Anterior**
io	avrò lavato		ebbi lavatoz

CONDITIONAL   SUBJUNCTIVE

	Present	Present	Imperfect
io	laverei	lavi	lavassi
tu	laveresti	lavi	lavassi
lui/lei/Lei	laverebbe	lavi	lavasse
noi	laveremmo	laviamo	lavassimo
voi	lavereste	laviate	lavaste
loro/Loro	laverebbero	lavino	lavassero
	Perfect	**Perfect**	**Pluperfect**
io	avrei lavato	abbia lavato	avessi lavato

GERUND	PAST PARTICIPLE	IMPERATIVE
lavando	lavato	lava, lavi, laviamo, lavate, lavino

Laviamo la macchina! *Let's wash the car!*
La mamma ha lavato i panni. *Mum has done the laundry.*
Paolo e Maria laveranno i piatti. *Paolo and Maria will do the washing up.*
Penso che Luigi lavi le finestre. *I think that Luigi cleans the windows.*
lavarsi le mani *to wash one's hands*
lavare a secco *to dry-clean*
I panni sporchi si lavano in casa. *Do not wash your dirty linen in public.*
Me ne lavo le mani. *I wash my hands of it.*

la lavatrice *washing-machine*   **il lavello** *sink*
il lavandino *washbasin*   **il lavativo** *idler, lazy bones*

102 lavorare *to work* (intr.)

INDICATIVE

	Present	Imperfect	Perfect
io	lavoro	lavoravo	ho lavorato
tu	lavori	lavoravi	hai lavorato
lui/lei/Lei	lavora	lavorava	ha lavorato
noi	lavoriamo	lavoravamo	abbiamo lavorato
voi	lavorate	lavoravate	avete lavorato
loro/Loro	lavorano	lavoravano	hanno lavorato

	Future	Pluperfect	Past Historic
io	lavorerò	avevo lavorato	lavorai
tu	lavorerai	avevi lavorato	lavorasti
lui/lei/Lei	lavorerà	aveva lavorato	lavorò
noi	lavoreremo	avevamo lavorato	lavorammo
voi	lavorerete	avevate lavorato	lavoraste
loro/Loro	lavoreranno	avevano lavorato	lavorarono

	Future Perfect		Past Anterior
io	avrò lavorato		ebbi lavorato

CONDITIONAL · SUBJUNCTIVE

	Present	Present	Imperfect
io	lavorerei	lavori	lavorassi
tu	lavoreresti	lavori	lavorassi
lui/lei/Lei	lavorerebbe	lavori	lavorasse
noi	lavoreremmo	lavoriamo	lavorassimo
voi	lavorereste	lavoriate	lavoraste
loro/Loro	lavorerebbero	lavorino	lavorassero

	Perfect	Perfect	Pluperfect
io	avrei lavorato	abbia lavorato	avessi lavorato

GERUND	PAST PARTICIPLE	IMPERATIVE
lavorando	lavorato	lavora, lavori, lavoriamo, lavorate, lavorino

Dove lavora, Lei? *Where do you work?*
Lavoro in banca qui a Milano. *I work in a bank here in Milan.*
Sono solo due mesi che Paolo lavora. *Paolo has been working for only two months.*
Lavoravano ai nostri danni. *They were working against us.*
Ho lavorato tutto il giorno come un dannato. *I have worked like a slave all day.*
Paolo lavora per la gloria. *Paolo works for love.*
lavorare di fantasia *to use one's imagination*
lavorare di gomiti *to elbow one's way*

il lavoratore/la lavoratrice *worker*
il lavoro *work, labour*
lavorato *treated, carved, wrought*
la giornata lavorativa *working day*

103 leggere *to read* (tr.)

INDICATIVE

	Present	Imperfect	Perfect
io	leggo	leggevo	ho letto
tu	leggi	leggevi	hai letto
lui/lei/Lei	legge	leggeva	ha letto
noi	leggiamo	leggevamo	abbiamo letto
voi	leggete	leggevate	avete letto
loro/Loro	leggono	leggevano	hanno letto
	Future	**Pluperfect**	**Past Historic**
io	leggerò	avevo letto	lessi
tu	leggerai	avevi letto	leggesti
lui/lei/Lei	leggerà	aveva letto	lesse
noi	leggeremo	avevamo letto	leggemmo
voi	leggerete	avevate letto	leggeste
loro/Loro	leggeranno	avevano letto	lessero
	Future Perfect		**Past Anterior**
io	avrò letto		ebbi letto

CONDITIONAL · SUBJUNCTIVE

	Present	Present	Imperfect
io	leggerei	legga	leggessi
tu	leggeresti	legga	leggessi
lui/lei/Lei	leggerebbe	legga	leggesse
noi	leggeremmo	leggiamo	leggessimo
voi	leggereste	leggiate	leggeste
loro/Loro	leggerebbero	leggano	leggessero
	Perfect	**Perfect**	**Pluperfect**
io	avrei letto	abbia letto	avessi letto

GERUND	PAST PARTICIPLE	IMPERATIVE
leggendo	letto	leggi, legga, leggiamo, leggete, leggano

Che cosa leggi, Paolo? Leggo una rivista. *What are you reading, Paolo? I am reading a magazine.*
Leggeranno la comunicazione? Sì, la leggeranno. *Will they read the notice? Yes, they will read it.*
Leggi questo brano da capo a fondo. *Read this piece right through.*
Questo uomo ha letto molto. *This man is well read.*
Mia madre mi lesse nel pensiero. *My mother read my thoughts.*
La felicità gli si leggeva in viso. *Happiness was written all over his face.*
leggere la musica *to read music*
leggere la mano a qualcuno *to read somebody's palm*

leggibile *legible*
illeggibile *illegible, unreadable*

la lettura *reading*
il lettore/la lettrice *reader*

104 mancare *to miss, lack* (intr.)

INDICATIVE

	Present	Imperfect	Perfect
io	manco	mancavo	ho mancato
tu	manchi	mancavi	hai mancato
lui/lei/Lei	manca	mancava	ha mancato
noi	manchiamo	mancavamo	abbiamo mancato
voi	mancate	mancavate	avete mancato
loro/Loro	mancano	mancavano	hanno mancato

	Future	Pluperfect	Past Historic
io	mancherò	avevo mancato	mancai
tu	mancherai	avevi mancato	mancasti
lui/lei/Lei	mancherà	aveva mancato	mancò
noi	mancheremo	avevamo mancato	mancammo
voi	mancherete	avevate mancato	mancaste
loro/Loro	mancheranno	avevano mancato	mancarono

	Future Perfect		Past Anterior
io	avrò mancato		ebbi mancato

CONDITIONAL　　SUBJUNCTIVE

	Present	Present	Imperfect
io	mancherei	manchi	mancassi
tu	mancheresti	manchi	mancassi
lui/lei/Lei	mancherebbe	manchi	mancasse
noi	mancheremmo	manchiamo	mancassimo
voi	manchereste	manchiate	mancaste
loro/Loro	mancherebbero	manchino	mancassero

	Perfect	Perfect	Pluperfect
io	avrei mancato	abbia mancato	avessi mancato

GERUND	PAST PARTICIPLE	IMPERATIVE
mancando	mancato	manca, manchi, manchiamo, manchiate, manchino

Manca tanto ancora? *Are we nearly there?*
mancato pagamento *(coll.) failure to pay*
Se mancassi all'appuntamento, chiamami. *If I were to miss the appointment, call me.*
Nonostante gli sforzi, mancarono il bersaglio completamente. *Despite their efforts, they completely missed the target.*
avere un mancamento *to faint*
mancare all'appello *to be absent from a roll-call*

un mancamento	*sudden faintness*
l'ammanco	*amount of missing from a safe, or an account; deficit, shortfall*

105 mangiare *to eat* (tr.)

INDICATIVE

	Present	Imperfect	Perfect
io	mangio	mangiavo	ho mangiato
tu	mangi	mangiavi	hai mangiato
lui/lei/Lei	mangia	mangiava	ha mangiato
noi	mangiamo	mangiavamo	abbiamo mangiato
voi	mangiate	mangiavate	avete mangiato
loro/Loro	mangiano	mangiavano	hanno mangiato

	Future	Pluperfect	Past Historic
io	mangerò	avevo mangiato	mangiai
tu	mangerai	avevi mangiato	mangiasti
lui/lei/Lei	mangerà	aveva mangiato	mangiò
noi	mangeremo	avevamo mangiato	mangiammo
voi	mangerete	avevate mangiato	mangiaste
loro/Loro	mangeranno	avevano mangiato	mangiarono

	Future Perfect		Past Anterior
io	avrò mangiato		ebbi mangiato

CONDITIONAL   SUBJUNCTIVE

	Present	Present	Imperfect
io	mangerei	mangi	mangiassi
tu	mangeresti	mangi	mangiassi
lui/lei/Lei	mangerebbe	mangi	mangiasse
noi	mangeremmo	mangiamo	mangiassimo
voi	mangereste	mangiate	mangiaste
loro/Loro	mangerebbero	mangino	mangiassero

	Perfect	Perfect	Pluperfect
io	avrei mangiato	abbia mangiato	avessi mangiato

GERUND	PAST PARTICIPLE	IMPERATIVE
mangiando	mangiato	mangia, mangi, mangiamo, mangiate, mangino

Non mangiare in fretta! *Do not gobble your food!*
In queso ristorante si mangia bene. *The food is great in this restaurant.*
mangiare con appetito *to tuck in (to food)*
roba da mangiare *food, things to eat*
La mamma ha dato da mangiare ai bambini. *Mum has fed the children.*
La ruggine mangia il ferro. *Rust corrodes iron.*
mangiare la foglia *to smell a rat*
Si mangeranno il fegato dalla rabbia. *They will be consumed by anger.*
Non mangiarti le unghie. *Do not bite your nails.*

fare una bella mangiata *to have a slap-up meal*
il mangiatore/la mangiatrice *eater*
il mangianastri *cassette-player*

106 **mentire** *to lie* (intr.)

INDICATIVE

	Present	Imperfect	Perfect
io	mento (mentisco)	mentivo	ho mentito
tu	menti (mentisci)	mentivi	hai mentito
lui/lei/Lei	mente (mentisce)	mentiva	ha mentito
noi	mentiamo	mentivamo	abbiamo mentito
voi	mentite	mentivate	avete mentito
loro/Loro	mentono (mentiscono)	mentivano	hanno mentito

	Future	Pluperfect	Past Historic
io	mentirò	avevo mentito	mentii
tu	mentirai	avevi mentito	mentisti
lui/lei/Lei	mentirà	aveva mentito	mentì
noi	mentiremo	avevamo mentito	mentimmo
voi	mentirete	avevate mentito	mentiste
loro/Loro	mentiranno	avevano mentito	mentirono

	Future Perfect		Past Anterior
io	avrò mentito		ebbi mentito

CONDITIONAL   SUBJUNCTIVE

	Present	Present	Imperfect
io	mentirei	menta (mentisca)	mentissi
tu	mentiresti	menta (mentisca)	mentissi
lui/lei/Lei	mentirebbe	menta (mentisca)	mentisse
noi	mentiremmo	mentiamo	mentissimo
voi	mentireste	mentiate	mentiste
loro/Loro	mentirebbero	mentano (mentiscano)	mentissero

	Perfect	Perfect	Pluperfect
io	avrei mentito	abbia mentito	avessi mentito

GERUND	PAST PARTICIPLE	IMPERATIVE
mentendo	mentito	menti (mentisci), menta (mentisca), mentiamo, mentite, mentano (mentiscano)

Non mentire, Paolo. *Do not lie, Paolo.*
Gli ho mentito sulla questione dei soldi. *I lied to him about the money.*
Ha l'abitudine di mentire sfacciatamente. *She's in the habit of lying through her teeth.*
non saper mentire *to be a poor liar*
mentire sapendo di mentire *to lie deliberately*

il mentitore/la mentitrice *liar*   **menzognero** *lying, untruthful*
la menzogna *lie, falsehood*

107 mettere *to put* (tr.)

INDICATIVE

	Present	Imperfect	Perfect
io	metto	mettevo	ho messo
tu	metti	mettevi	hai messo
lui/lei/Lei	mette	metteva	ha messo
noi	mettiamo	mettevamo	abbiamo messo
voi	mettete	mettevate	avete messo
loro/Loro	mettono	mettevano	hanno messo

	Future	Pluperfect	Past Historic
io	metterò	avevo messo	misi
tu	metterai	avevi messo	mettesti
lui/lei/Lei	metterà	aveva messo	mise
noi	metteremo	avevamo messo	mettemmo
voi	metterete	avevate messo	metteste
loro/Loro	metteranno	avevano messo	misero

	Future Perfect		Past Anterior
io	avrò messo		ebbi messo

CONDITIONAL   SUBJUNCTIVE

	Present	Present	Imperfect
io	metterei	metta	mettessi
tu	metteresti	metta	mettessi
lui/lei/Lei	metterebbe	metta	mettesse
noi	metteremmo	mettiamo	mettessimo
voi	mettereste	mettiate	metteste
loro/Loro	metterebbero	mettano	mettessero

	Perfect	Perfect	Pluperfect
io	avrei messo	abbia messo	avessi messo

GERUND	PAST PARTICIPLE	IMPERATIVE
mettendo	messo	metti, metta, mettiamo, mettete, mettano

Ho messo il libro sul tavolo. *I have put the book on the table.*
Che cosa ti metti oggi? Mi metto il vestito blu. *What will you wear today? I'll wear the blue dress.*
Metti su il caffè. *Put the coffee on.*
mettersi a fare qualcosa *to start doing something*
mettersi a sedere *to sit down*
mettersi il cuore in pace *to put one's mind at rest*
Lo studente ce la mette tutta. *The student does his best.*
Ci ha messo un'ora a finire. *It has taken him an hour to finish.*

ben messo *well dressed*
la messa in piega *(hair) set*
la messa a punto *(engine) tuning*
la messa in scena *(theatre) production*

108 mordere *to bite* (tr.)

INDICATIVE

	Present	Imperfect	Perfect
io	mordo	mordevo	ho morso
tu	mordi	mordevi	hai morso
lui/lei/Lei	morde	mordeva	ha morso
noi	mordiamo	mordevamo	abbiamo morso
voi	mordete	mordevate	avete morso
loro/Loro	mordono	mordevano	hanno morso
	Future	**Pluperfect**	**Past Historic**
io	morderò	avevo morso	morsi
tu	morderai	avevi morso	mordesti
lui/lei/Lei	morderà	aveva morso	morse
noi	morderemo	avevamo morso	mordemmo
voi	morderete	avevate morso	mordeste
loro/Loro	morderanno	avevano morso	morsero
	Future Perfect		**Past Anterior**
io	avrò morso		ebbi morso

CONDITIONAL | SUBJUNCTIVE

	Present	Present	Imperfect
io	morderei	morda	mordessi
tu	morderesti	morda	mordessi
lui/lei/Lei	morderebbe	morda	mordesse
noi	morderemmo	mordiamo	mordessimo
voi	mordereste	mordiate	mordeste
loro/Loro	morderebbero	mordano	mordessero
	Perfect	**Perfect**	**Pluperfect**
io	avrei morso	abbia morso	avessi morso

GERUND	PAST PARTICIPLE	IMPERATIVE
mordendo	morso	mordi, morda, mordiamo, mordete, mordano

Il cane li morse. *The dog bit them.*
Stava mordendo una mela. *He was biting into an apple.*
Qui le zanzare mordono. *The mosquitoes bite here.*
Mi sono morsa la lingua. *I have bitten my tongue.*
mordere il freno *to champ at the bit*
Mi sarei morso le dita/le mani. *I could have kicked myself.*
Can che abbaia non morde. *His bark is worse than his bite.*
Morderanno la polvere. *They will bite the dust.*

il morso *bite*
la mordacità *sharpness*
mordace *cutting, sharp*
parole mordaci *cutting words*

109 morire *to die* (intr.)

INDICATIVE

	Present	Imperfect	Perfect
io	muoio	morivo	sono morto/a
tu	muori	morivi	sei morto/a
lui/lei/Lei	muore	moriva	è morto/a
noi	moriamo	morivamo	siamo morti/e
voi	morite	morivate	siete morti/e
loro/Loro	muoiono	morivano	sono morti/e

	Future	Pluperfect	Past Historic
io	morirò	ero morto/a	morii
tu	morirai	eri morto/a	moristi
lui/lei/Lei	morirà	era morto/a	morì
noi	moriremo	eravamo morti/e	morimmo
voi	morirete	eravate morti/e	moriste
loro/Loro	moriranno	erano morti/e	morirono

	Future Perfect		Past Anterior
io	sarò morto/a		fui morto/a

CONDITIONAL   SUBJUNCTIVE

	Present	Present	Imperfect
io	morirei	muoia	morissi
tu	moriresti	muoia	morissi
lui/lei/Lei	morirebbe	muoia	morisse
noi	moriremmo	moriamo	morissimo
voi	morireste	moriate	moriste
loro/Loro	morirebbero	muoiano	morissero

	Perfect	Perfect	Pluperfect
io	sarei morto/a	sia morto/a	fossi morto/a

GERUND	PAST PARTICIPLE	IMPERATIVE
morendo	morto/a/i/e	muori, muoia, moriamo, morite, muoiano

Mia madre morì l'anno scorso. *My mother died last year.*
Paolo moriva dalla paura. *Paolo was dead scared.*
Questa storia mi ha fatto morire dal ridere. *This story made me die with laughter.*
Morivo dalla voglia di vederla. *I was dying to see her.*
Muoio di sete. *I'm dying of thirst.*
La popolazione moriva di fame. *The population was starving to death.*
Fa un caldo/freddo da morire. *It's terribly hot/cold.*
Meglio di così si muore. *It couldn't be better.*
Chi non muore si rivede! *Fancy meeting you here!*

il/la morente *dying person*
la morte *death*
moribondo *moribund, dying*
essere moribondo *to be dying*

110 muovere *to move* (tr.)

INDICATIVE

	Present	Imperfect	Perfect
io	muovo	m(u)ovevo	ho mosso
tu	muovi	m(u)ovevi	hai mosso
lui/lei/Lei	muove	m(u)oveva	ha mosso
noi	m(u)oviamo	m(u)ovevamo	abbiamo mosso
voi	m(u)ovete	m(u)ovevate	avete mosso
loro/Loro	muovono	m(u)ovevano	hanno mosso

	Future	Pluperfect	Past Historic
io	m(u)overò	avevo mosso	mossi
tu	m(u)overai	avevi mosso	m(u)ovesti
lui/lei/Lei	m(u)overà	aveva mosso	mosse
noi	m(u)overemo	avevamo mosso	m(u)ovemmo
voi	m(u)overete	avevate mosso	m(u)oveste
loro/Loro	m(u)overanno	avevano mosso	mossero

	Future Perfect		Past Anterior
io	avrò mosso		ebbi mosso

CONDITIONAL / SUBJUNCTIVE

	Present	Present	Imperfect
io	m(u)overei	muova	m(u)ovessi
tu	m(u)overesti	muova	m(u)ovessi
lui/lei/Lei	m(u)overebbe	muova	m(u)ovesse
noi	m(u)overemmo	m(u)oviamo	m(u)ovessimo
voi	m(u)overeste	m(u)oviate	m(u)oveste
loro/Loro	m(u)overebbero	muovano	m(u)ovessero

	Perfect	Perfect	Pluperfect
io	avrei mosso	abbia mosso	avessi mosso

GERUND	PAST PARTICIPLE	IMPERATIVE
m(u)ovendo	mosso	muovi, muova, m(u) oviam o, m(u) ovete, muovano

Il vento muove le foglie. *The wind moves the leaves.*
Mi fa male muovere il braccio. *It hurts when I move my arm.*
Usa il mouse per muovere il cursore. *Use the mouse to move the cursor.*
Paolo mosse un'obiezione. *Paolo made an objection.*
muoversi verso *to move towards*
muovere un passo *to take a step*
Muoviti, pigrone! *Get moving, lazy bones!*
Mi serve aiuto e lui non muove un dito! *I need help and he does not lift a finger.*

il movente *motive, reason*
il movimento *movement*

mare mosso *rough sea*
la mossa *movement, move*

111 nascere *to be born* (intr.)

INDICATIVE

	Present	Imperfect	Perfect
io	nasco	nascevo	sono nato/a
tu	nasci	nascevi	sei nato/a
lui/lei/Lei	nasce	nasceva	è nato/a
noi	nasciamo	nascevamo	siamo nati/e
voi	nascete	nascevate	siete nati/e
loro/Loro	nascono	nascevano	sono nati/e

	Future	Pluperfect	Past Historic
io	nascerò	ero nato/a	nacqui
tu	nascerai	eri nato/a	nascesti
lui/lei/Lei	nascerà	era nato/a	nacque
noi	nasceremo	eravamo nati/e	nascemmo
voi	nascerete	eravate nati/e	nasceste
loro/Loro	nasceranno	erano nati/e	nacquero

	Future Perfect		Past Anterior
io	sarò nato/a		fui nato/a

CONDITIONAL / SUBJUNCTIVE

	Present	Present	Imperfect
io	nascerei	nasca	nascessi
tu	nasceresti	nasca	nascessi
lui/lei/Lei	nascerebbe	nasca	nascesse
noi	nasceremmo	nasciamo	nascessimo
voi	nascereste	nasciate	nasceste
loro/Loro	nascerebbero	nascano	nascessero

	Perfect	Perfect	Pluperfect
io	sarei nato/a	sia nato/a	fossi nato/a

GERUND	PAST PARTICIPLE	IMPERATIVE
nascendo	nato/a/i/e	nasci, nasca, nasciamo, nascete, nascano

Dove sei nato, Paolo? *Where were you born, Paolo?*
Questo bambino è nato sotto una buona stella. *This child was born under a lucky star.*
Non sono nato ieri. *I wasn't born yesterday.*
Presto nasceranno le primule. *Soon the primroses will come up.*
Il Po nasce dal Monviso. *The river Po rises in the Monviso.*
Non so come sia nato l'equivoco. *I don't know how the misunderstanding came about.*
fare nascere un sospetto *to give rise to suspicion*
Da cosa nasce cosa. *One thing leads to another.*

la nascita *birth*
È italiano di nascita. *He is Italian by birth.*

un bambino appena nato *a newborn baby*
sole nascente *rising sun*

112 nascondere *to hide* (tr.)

INDICATIVE

	Present	Imperfect	Perfect
io	nascondo	nascondevo	ho nascosto
tu	nascondi	nascondevi	hai nascosto
lui/lei/Lei	nasconde	nascondeva	ha nascosto
noi	nascondiamo	nascondevamo	abbiamo nascosto
voi	nascondete	nascondevate	avete nascosto
loro/Loro	nascondono	nascondevano	hanno nascosto

	Future	Pluperfect	Past Historic
io	nasconderò	avevo nascosto	nascosi
tu	nasconderai	avevi nascosto	nascondesti
lui/lei/Lei	nasconderà	aveva nascosto	nascose
noi	nasconderemo	avevamo nascosto	nascondemmo
voi	nasconderete	avevate nascosto	nascondeste
loro/Loro	nasconderanno	avevano nascosto	nascosero

	Future Perfect		Past Anterior
io	avrò nascosto		ebbi nascosto

CONDITIONAL   SUBJUNCTIVE

	Present	Present	Imperfect
io	nasconderei	nasconda	nascondessi
tu	nasconderesti	nasconda	nascondessi
lui/lei/Lei	nasconderebbe	nasconda	nascondesse
noi	nasconderemmo	nascondiamo	nascondessimo
voi	nascondereste	nascondiate	nascondeste
loro/Loro	nasconderebbero	nascondano	nascondessero

	Perfect	Perfect	Pluperfect
io	avrei nascosto	abbia nascosto	avessi nascosto

GERUND	PAST PARTICIPLE	IMPERATIVE
nascondendo	nascosto	nascondi, nasconda, nascondiamo, nascondete, nascondano

Dove hai nascosto il mio libro? *Where have you hidden my book?*
Questo muro nasconde la vista della città. *This wall hides the view of the city.*
Nascosero la loro identità. *They kept their identity secret.*
Non nascose la sua delusione. *He couldn't disguise his disappointment.*
Dove vi siete nascosti? *Where are you hiding? (Lit. have you hidden yourselves?)*
Hai qualcosa da nascondere? *Are you hiding something?*
Qui si nasconde qualcosa. *I can smell a rat.*

il nascondiglio *hiding place*
nascostamente *secretly*
giocare a nascondino *to play hide and seek*

nascosto *hidden*
rimanere nascosto *to remain in hiding*

113 nuocere *to harm* (intr.)

INDICATIVE

	Present	Imperfect	Perfect
io	n(u)occio	n(u)ocevo	ho n(u)ociuto
tu	nuoci	n(u)ocevi	hai n(u)ociuto
lui/lei/Lei	nuoce	n(u)oceva	ha n(u)ociuto
noi	n(u)ociamo	n(u)ocevamo	abbiamo n(u)ociuto
voi	n(u)ocete	n(u)ocevate	avete n(u)ociuto
loro/Loro	n(u)occiono	n(u)ocevano	hanno n(u)ociuto

	Future	Pluperfect	Past Historic
io	n(u)ocerò	avevo n(u)ociuto	nocqui
tu	n(u)ocerai	avevi n(u)ociuto	n(u)ocesti
lui/lei/Lei	n(u)ocerà	aveva n(u)ociuto	nocque
noi	n(u)oceremo	avevamo n(u)ociuto	n(u)ocemmo
voi	n(u)ocerete	avevate n(u)ociuto	n(u)oceste
loro/Loro	n(u)oceranno	avevano n(u)ociuto	nocquero

	Future Perfect		Past Anterior
io	avrò n(u)ociuto		ebbi n(u)ociuto

	CONDITIONAL	SUBJUNCTIVE	
	Present	Present	Imperfect
io	n(u)ocerei	n(u)occia	n(u)ocessi
tu	n(u)oceresti	n(u)occia	n(u)ocessi
lui/lei/Lei	n(u)ocerebbe	n(u)occia	n(u)ocesse
noi	n(u)oceremmo	n(u)ociamo	n(u)ocessimo
voi	n(u)ocereste	n(u)ociate	n(u)oceste
loro/Loro	n(u)ocerebbero	n(u)occiano	n(u)ocessero

	Perfect	Perfect	Pluperfect
io	avrei n(u)ociuto	abbia n(u)ociuto	avessi n(u)ociuto

GERUND	PAST PARTICIPLE	IMPERATIVE
n(u)ocendo	n(u)ociuto	nuoci, n(u)occia, n(u)ociamo, n(u)ocete, n(u)occiano

L'umidità nuoce alle salute. *Humidity is bad for the heatlh.*
La pioggia ha nuociuto al raccolto. *The rain has damaged the harvest.*
Non ti nuocerà ripeterglielo. *It won't hurt to tell him again.*
Questa notizia nuocerebbe alla sua reputazione. *This news would damage his reputation.*
Tentare non nuoce. *There is no harm in trying.*
Non tutto il male viene per nuocere. *Good can come from evil.*

nocivo *harmful, noxious*
cibi nocivi *harmful food*

nocivo alla salute *damaging to your health*

114 nuotare *to swim* (intr.)

INDICATIVE

	Present	Imperfect	Perfect
io	nuoto	nuotavo	ho nuotato
tu	nuoti	nuotavi	hai nuotato
lui/lei/Lei	nuota	nuotava	ha nuotato
noi	nuotiamo	nuotavamo	abbiamo nuotato
voi	nuotate	nuotavate	avete nuotato
loro/Loro	nuotano	nuotavano	hanno nuotato
	Future	**Pluperfect**	**Past Historic**
io	nuoterò	avevo nuotato	nuotai
tu	nuoterai	avevi nuotato	nuotasti
lui/lei/Lei	nuoterà	aveva nuotato	nuotò
noi	nuoteremo	avevamo nuotato	nuotammo
voi	nuoterete	avevate nuotato	nuotaste
loro/Loro	nuoteranno	avevano nuotato	nuotarono
	Future Perfect		**Past Anterior**
io	avrò nuotato		ebbi nuotato

CONDITIONAL   SUBJUNCTIVE

	Present	Present	Imperfect
io	nuoterei	nuoti	nuotassi
tu	nuoteresti	nuoti	nuotassi
lui/lei/Lei	nuoterebbe	nuoti	nuotasse
noi	nuoteremmo	nuotiamo	nuotassimo
voi	nuotereste	nuotiate	nuotaste
loro/Loro	nuoterebbero	nuotino	nuotassero
	Perfect	**Perfect**	**Pluperfect**
io	avrei nuotato	abbia nuotato	avessi nuotato

GERUND	PAST PARTICIPLE	IMPERATIVE
nuotando	nuotato	nuota, nuoti, nuotiamo, nuotate, nuotino

Andate a nuotare? *Are you going swimming?*
Chi ti ha insegnato a nuotare? *Who taught you to swim?*
Questa pasta nuota nel sugo. *This pasta is swimming in sauce.*
nuotare sul dorso *to do the backstroke*
nuotare a crawl/a stile libero *to do the crawl*
nuotare a farfalla *to do butterfly*
nuotare a rana *to do breast-stroke*
Questa ragazza nuota come un pesce. *This girl swims like a fish.*
Quell'uomo nuota nell'abbondanza. *That man is rolling in money.*

il nuotatore/la nuotatrice *swimmer*
il nuoto *swimming*

la nuotata *swim*
salvarsi a nuoto *to swim to safety*

115 offendere *to offend* (tr.)

INDICATIVE

	Present	Imperfect	Perfect
io	offendo	offendevo	ho offeso
tu	offendi	offendevi	hai offeso
lui/lei/Lei	offende	offendeva	ha offeso
noi	offendiamo	offendevamo	abbiamo offeso
voi	offendete	offendevate	avete offeso
loro/Loro	offendono	offendevano	hanno offeso

	Future	Pluperfect	Past Historic
io	offenderò	avevo offeso	offesi
tu	offenderai	avevi offeso	offendesti
lui/lei/Lei	offenderà	aveva offeso	offese
noi	offenderemo	avevamo offeso	offendemmo
voi	offenderete	avevate offeso	offendeste
loro/Loro	offenderanno	avevano offeso	offesero

	Future Perfect		Past Anterior
io	avrò offeso		ebbi offeso

CONDITIONAL / SUBJUNCTIVE

	Present	Present	Imperfect
io	offenderei	offenda	offendessi
tu	offenderesti	offenda	offendessi
lui/lei/Lei	offenderebbe	offenda	offendesse
noi	offenderemmo	offendiamo	offendessimo
voi	offendereste	offendiate	offendeste
loro/Loro	offenderebbero	offendano	offendessero

	Perfect	Perfect	Pluperfect
io	avrei offeso	abbia offeso	avessi offeso

GERUND	PAST PARTICIPLE	IMPERATIVE
offendendo	offeso	offendi, offenda, offendiamo, offendete, offendano

Non volevo offenderlo. *I didn't mean to hurt his feelings.*
Si offendeva sempre. *He was always taking offence.*
Non offenderti per niente. *Don't be quick to take offence.*
Se non mi lasci pagare, mi offendo. *If you don't let me pay, I'll be offended.*
offendere i diritti di qualcuno *to infringe on somebody's rights*
Queste immagini offendono la vista. *These pictures offend the eye.*

l'offensore *aggressor*   **offensivo** *offensive*
l'offesa *offence*   **passare all'offensiva** *to take the offensive*

116 offrire *to offer* (tr.)

INDICATIVE

	Present	Imperfect	Perfect
io	offro	offrivo	ho offerto
tu	offri	offrivi	hai offerto
lui/lei/Lei	offre	offriva	ha offerto
noi	offriamo	offrivamo	abbiamo offerto
voi	offrite	offrivate	avete offerto
loro/Loro	offrono	offrivano	hanno offerto

	Future	Pluperfect	Past Historic
io	offrirò	avevo offerto	offrii (offersi)
tu	offrirai	avevi offerto	offristi
lui/lei/Lei	offrirà	aveva offerto	offrì (offerse)
noi	offriremo	avevamo offerto	offrimmo
voi	offrirete	avevate offerto	offriste
loro/Loro	offriranno	avevano offerto	offrirono (offersero)

	Future Perfect		Past Anterior
io	avrò offerto		ebbi offerto

CONDITIONAL   SUBJUNCTIVE

	Present	Present	Imperfect
io	offrirei	offra	offrissi
tu	offriresti	offra	offrissi
lui/lei/Lei	offrirebbe	offra	offrisse
noi	offriremmo	offriamo	offrissimo
voi	offrireste	offriate	offriste
loro/Loro	offrirebbero	offrano	offrissero

	Perfect	Perfect	Pluperfect
io	avrei offerto	abbia offerto	avessi offerto

GERUND	PAST PARTICIPLE	IMPERATIVE
offrendo	offerto	offri, offra, offriamo, offrite, offrano

Mi offri un caffè? *Can you make me a coffee?*
Ti offro da bere. *I'll buy you a drink.*
Quanto ti ha offerto Paolo per la tua auto? *What did Paolo offer you for your car?*
Le hanno offerto un lavoro all'estero. *She was offered a job abroad.*
Gli ho offerto un passaggio. *I offered him a lift.*
Mi offrirono aiuto. *They offered me help.*
Si è offerto di farlo lui. *He offered to do it himself.*

l'offerente *(m/f) bidder*   **offerte d'impiego** *situations vacant*
l'offerta *(f) offer*   **in offerta speciale** *on special offer*

117 opporre *to oppose* (tr.)

INDICATIVE

	Present	Imperfect	Perfect
io	oppongo	opponevo	ho opposto
tu	opponi	opponevi	hai opposto
lui/lei/Lei	oppone	opponeva	ha opposto
noi	opponiamo	opponevamo	abbiamo opposto
voi	opponete	opponevate	avete opposto
loro/Loro	oppongono	opponevano	hanno opposto

	Future	Pluperfect	Past Historic
io	opporrò	avevo opposto	opposi
tu	opporrai	avevi opposto	opponesti
lui/lei/Lei	opporrà	aveva opposto	oppose
noi	opporremo	avevamo opposto	opponemmo
voi	opporrete	avevate opposto	opponeste
loro/Loro	opporranno	avevano opposto	opposero

	Future Perfect		Past Anterior
io	avrò opposto		ebbi opposto

CONDITIONAL · SUBJUNCTIVE

	Present	Present	Imperfect
io	opporrei	opponga	opponessi
tu	opporresti	opponga	opponessi
lui/lei/Lei	opporrebbe	opponga	opponesse
noi	opporremmo	opponiamo	opponessimo
voi	opporreste	opponiate	opponeste
loro/Loro	opporrebbero	oppongano	opponessero

	Perfect	Perfect	Pluperfect
io	avrei opposto	abbia opposto	avessi opposto

GERUND	PAST PARTICIPLE	IMPERATIVE
opponendo	opposto	opponi, opponga, opponiamo, opponete, oppongano

opporre resistenza *to offer/put up resistance*
opporre un netto rifiuto *to give a flat refusal*
A questo non ho niente da opporre. *I have no objection to this.*
Nulla da opporre. *No objection.*
Mi oppongo. *I object.*
Si opponevano al suo matrimonio. *They were standing in the way of his/her marriage.*
Paolo si opporrà alla nostra decisione. *Paolo will oppose our decision.*
Il giudice si oppose alla decisione. *The judge was against the decision.*

l'oppositore/l'oppositrice *opponent, objector*
l'opposizione *(f) opposition*

fare opposizione *to oppose*
opposto *opposite*

118 opprimere *to oppress* (tr.)

INDICATIVE

	Present	Imperfect	Perfect
io	opprimo	opprimevo	ho oppresso
tu	opprimi	opprimevi	hai oppresso
lui/lei/Lei	opprime	opprimeva	ha oppresso
noi	opprimiamo	opprimevamo	abbiamo oppresso
voi	opprimete	opprimevate	avete oppresso
loro/Loro	opprimono	opprimevano	hanno oppresso
	Future	**Pluperfect**	**Past Historic**
io	opprimerò	avevo oppresso	oppressi
tu	opprimerai	avevi oppresso	opprimesti
lui/lei/Lei	opprimerà	aveva oppresso	oppresse
noi	opprimeremo	avevamo oppresso	opprimemmo
voi	opprimerete	avevate oppresso	opprimeste
loro/Loro	opprimeranno	avevano oppresso	oppressero
	Future Perfect		**Past Anterior**
io	avrò oppresso		ebbi oppresso

CONDITIONAL   SUBJUNCTIVE

	Present	Present	Imperfect
io	opprimerei	opprima	opprimessi
tu	opprimeresti	opprima	opprimessi
lui/lei/Lei	opprimerebbe	opprima	opprimesse
noi	opprimeremmo	opprimiamo	opprimessimo
voi	opprimereste	opprimiate	opprimeste
loro/Loro	opprimerebbero	opprimano	opprimessero
	Perfect	**Perfect**	**Pluperfect**
io	avrei oppresso	abbia oppresso	avessi oppresso

GERUND	PAST PARTICIPLE	IMPERATIVE
opprimendo	oppresso	opprimi, opprima, opprimiamo, opprimete, opprimano

Questo caldo mi opprime. *The heat suffocates/oppresses me.*
L'atmosfera del carcere lo opprimeva. *The atmosphere of the prison oppressed him.*
Mi opprime con le sue richieste assurde. *She's oppressing me with her absurd demands.*
La popolazione era oppressa da tasse eccessive. *The population was oppressed by excessive taxation.*
opprimere il popolo *to oppress the people*

l'oppressore *(m) oppressor*   **regime oppressivo** *oppressive regime*
l'oppressione *(f) oppression*   **caldo opprimente** *oppressive heat*

119 ordinare *to order* (tr.)

INDICATIVE

	Present	Imperfect	Perfect
io	ordino	ordinavo	ho ordinato
tu	ordini	ordinavi	hai ordinato
lui/lei/Lei	ordina	ordinava	ha ordinato
noi	ordiniamo	ordinavamo	abbiamo ordinato
voi	ordinate	ordinavate	avete ordinato
loro/Loro	ordinano	ordinavano	hanno ordinato

	Future	Pluperfect	Past Historic
io	ordinerò	avevo ordinato	ordinai
tu	ordinerai	avevi ordinato	ordinasti
lui/lei/Lei	ordinerà	aveva ordinato	ordinò
noi	ordineremo	avevamo ordinato	ordinammo
voi	ordinerete	avevate ordinato	ordinaste
loro/Loro	ordineranno	avevano ordinato	ordinarono

	Future Perfect		Past Anterior
io	avrò ordinato		ebbi ordinato

CONDITIONAL | SUBJUNCTIVE

	Present	Present	Imperfect
io	ordinerei	ordini	ordinassi
tu	ordineresti	ordini	ordinassi
lui/lei/Lei	ordinerebbe	ordini	ordinasse
noi	ordineremmo	ordiniamo	ordinassimo
voi	ordinereste	ordiniate	ordinaste
loro/Loro	ordinerebbero	ordinino	ordinassero

	Perfect	Perfect	Pluperfect
io	avrei ordinato	abbia ordinato	avessi ordinato

GERUND	PAST PARTICIPLE	IMPERATIVE
ordinando	ordinato	ordina, ordini, ordiniamo, ordinate, ordinino

Devo ordinare la mia camera. *I must tidy up my room.*
Paolo gli ordinò di uscire. *Paolo ordered him to go out.*
Avete ordinato il nuovo libro? Sì, lo abbiamo ordinato. *Have you ordered the new book? Yes, we have ordered it.*
Il medico mi ordinò questa medicina. *The doctor prescribed me this medicine.*
Fammi ordinare le idee. *Let me put my ideas in order.*
ordinare alfabeticamente *to put into alphabetical order*
essere ordinato prete *to be ordained*

l'ordine (m) *order*
ordine di cattura *warrant for arrest*

fare un'ordinazione di *to put in an order for*
l'ordinanza (f) *decree*

120 ottenere *to obtain, get* (tr.)

INDICATIVE

	Present	Imperfect	Perfect
io	ottengo	ottenevo	ho ottenuto
tu	ottieni	ottenevi	hai ottenuto
lui/lei/Lei	ottiene	otteneva	ha ottenuto
noi	otteniamo	ottenevamo	abbiamo ottenuto
voi	ottenete	ottenevate	avete ottenuto
loro/Loro	ottengono	ottenevano	hanno ottenuto

	Future	Pluperfect	Past Historic
io	otterrò	avevo ottenuto	ottenni
tu	otterrai	avevi ottenuto	ottenesti
lui/lei/Lei	otterrà	aveva ottenuto	ottenne
noi	otterremo	avevamo ottenuto	ottenemmo
voi	otterrete	avevate ottenuto	otteneste
loro/Loro	otterranno	avevano ottenuto	ottennero

	Future Perfect		Past Anterior
io	avrò ottenuto		ebbi ottenuto

CONDITIONAL   SUBJUNCTIVE

	Present	Present	Imperfect
io	otterrei	ottenga	ottenessi
tu	otterresti	ottenga	ottenessi
lui/lei/Lei	otterrebbe	ottenga	ottenesse
noi	otterremmo	otteniamo	ottenessimo
voi	otterreste	otteniate	otteneste
loro/Loro	otterrebbero	ottengano	ottenessero

	Perfect	Perfect	Pluperfect
io	avrei ottenuto	abbia ottenuto	avessi ottenuto

GERUND	PAST PARTICIPLE	IMPERATIVE
ottenendo	ottenuto	ottieni, ottenga, otteniamo, ottenete, ottengano

Hai ottenuto quello che volevi. *You have had what you wanted.*
Luigi ottenne il permesso di lavoro nel 1992. *Luigi got his work permit in 1992.*
Ottenne la laurea in Italia. *He/she got a degree in Italy.*
Non può ottenere una risposta. *He/she cannot get a reply.*
Non insistere, non otterrai nulla. *Do not insist, (or) you won't get anything.*
ottenere in prestito qualcosa *to get something as a loan*
Ha ottenuto di essere trasferito. *He has managed to be transferred.*
Non riesco a ottenere che venga a casa prima di mezzanotte. *I can't get him to come home before midnight.*

ottenibile *obtainable*

121 **pagare** to pay (tr.)

INDICATIVE

	Present	Imperfect	Perfect
io	pago	pagavo	ho pagato
tu	paghi	pagavi	hai pagato
lui/lei/Lei	paga	pagava	ha pagato
noi	paghiamo	pagavamo	abbiamo pagato
voi	pagate	pagavate	avete pagato
loro/Loro	pagano	pagavano	hanno pagato
	Future	**Pluperfect**	**Past Historic**
io	pagherò	avevo pagato	pagai
tu	pagherai	avevi pagato	pagasti
lui/lei/Lei	pagherà	aveva pagato	pagò
noi	pagheremo	avevamo pagato	pagammo
voi	pagherete	avevate pagato	pagaste
loro/Loro	pagheranno	avevano pagato	pagarono
	Future Perfect		**Past Anterior**
io	avrò pagato		ebbi pagato

CONDITIONAL SUBJUNCTIVE

	Present	Present	Imperfect
io	pagherei	paghi	pagassi
tu	pagheresti	paghi	pagassi
lui/lei/Lei	pagherebbe	paghi	pagasse
noi	pagheremmo	paghiamo	pagassimo
voi	paghereste	paghiate	pagaste
loro/Loro	pagherebbero	paghino	pagassero
	Perfect	**Perfect**	**Pluperfect**
io	avrei pagato	abbia pagato	avessi pagato

GERUND	PAST PARTICIPLE	IMPERATIVE
pagando	pagato	paga, paghi, paghiamo, pagate, paghino

Quanto avete pagato questo libro? *How much did you pay for this book?*
L'abbiamo pagato venti sterline. *We paid £20 for it.*
Devi pagare l'affitto in anticipo. *You must pay the rent in advance.*
Ho pagato un occhio della testa per questa macchina. *I paid through the nose for this car.*
Pago io da bere. *Drinks are on me.*
far pagare *to charge*
Deve pagare di persona. *He/she must face the consequences.*
Me le pagherai! *You will pay for it!*

il pagamento *payment*
condizioni di pagamento *terms of payment*
la paga *wage*
pagabile *payable, due*

122 parere *to seem, appear* (intr.)

INDICATIVE

	Present	Imperfect	Perfect
io	paio	parevo	sono parso/a
tu	pari	parevi	sei parso/a
lui/lei/Lei	pare	pareva	è parso/a
noi	paiamo	parevamo	siamo parsi/e
voi	parete	parevate	siete parsi/e
loro/Loro	paiono	parevano	sono parsi/e
	Future	**Pluperfect**	**Past Historic**
io	parrò	ero parso/a	parvi
tu	parrai	eri parso/a	paresti
lui/lei/Lei	parrà	era parso/a	parve
noi	parremo	eravamo parsi/e	paremmo
voi	parrete	eravate parsi/e	pareste
loro/Loro	parranno	erano parsi/e	parvero
	Future Perfect		**Past Anterior**
io	sarò parso/a		fui parso/a

CONDITIONAL   SUBJUNCTIVE

	Present	Present	Imperfect
io	parrei	paia	paressi
tu	parresti	paia	paressi
lui/lei/Lei	parrebbe	paia	paresse
noi	parremmo	paiamo	paressimo
voi	parreste	paiate	pareste
loro/Loro	parrebbero	paiano	paressero
	Perfect	**Perfect**	**Pluperfect**
io	sarei parso/a	sia parso/a	fossi parso/a

GERUND	PAST PARTICIPLE	IMPERATIVE
parendo	parso	---

L'esercizio era facile, non ti pare? *The exercise was simple, don't you think?*
La cattedrale pareva vicino all'albergo. *The cathedral seemed to be close to the hotel.*
Il viaggio in treno mi pareva interminabile. *The train journey seemed interminable to me.*
Mi pareva di averti già visto! *I thought I had seen you before!*
ti pare! (Le pare! *formal)* *Don't mention it!*

123 parlare *to speak, talk* (intr.)

INDICATIVE

	Present	Imperfect	Perfect
io	parlo	parlavo	ho parlato
tu	parli	parlavi	hai parlato
lui/lei/Lei	parla	parlava	ha parlato
noi	parliamo	parlavamo	abbiamo parlato
voi	parlate	parlavate	avete parlate
loro/Loro	parlano	parlavano	hanno parlato

	Future	Pluperfect	Past Historic
io	parlerò	avevo parlato	parlai
tu	parlerai	avevi parlato	parlasti
lui/lei/Lei	parlerà	aveva parlato	parlò
noi	parleremo	avevamo parlato	parlammo
voi	parlerete	avevate parlato	parlaste
loro/Loro	parleranno	avevano parlato	parlarono

	Future Perfect		Past Anterior
io	avrò parlato		ebbi parlato

CONDITIONAL   SUBJUNCTIVE

	Present	Present	Imperfect
io	parlerei	parli	parlassi
tu	parleresti	parli	parlassi
lui/lei/Lei	parlerebbe	parli	parlasse
noi	parleremmo	parliamo	parlassimo
voi	parlereste	parliate	parlaste
loro/Loro	parlerebbero	parlino	parlassero

	Perfect	Perfect	Pluperfect
io	avrei parlato	abbia parlato	avessi parlato

GERUND	PAST PARTICIPLE	IMPERATIVE
parlando	parlato	parla, parli, parliamo, parlate, parlino

Pronto, chi parla? *Hello, who is it/is speaking?*
Posso parlare con Paolo? *Can I speak to Paolo?*
Vorrei parlarti di Luigi. *I would like to talk to you about Luigi.*
Di che cosa stavano parlando? *What were they talking about?*
Parla chiaro. *Speak clearly.*
Sai parlare italiano? *Can you speak Italian?*
Ne abbiamo sentito parlare. *We've heard of it.*
Il libro parla del degrado urbano. *The book is about urban decline.*
parlare del più e del meno *to chat* (Lit. to talk about the most and least)
parlare al muro *to waste one's breath*

la parlata *speech*	**il parlatore/la parlatrice** *speaker*
la lingua parlata *the spoken language*	**la parlantina** *talkativeness, gift of the gab*

124 partire *to leave, depart* (intr.)

INDICATIVE

	Present	Imperfect	Perfect
io	parto	partivo	sono partito/a
tu	parti	partivi	sei partito/a
lui/lei/Lei	parte	partiva	è partito/a
noi	partiamo	partivamo	siamo partiti/e
voi	partite	partivate	siete partiti/e
loro/Loro	partono	partivano	sono partiti/e

	Future	Pluperfect	Past Historic
io	partirò	ero partito/a	partii
tu	partirai	eri partito/a	partisti
lui/lei/Lei	partirà	era partito/a	partì
noi	partiremo	eravamo partiti/e	partimmo
voi	partirete	eravate partiti/e	partiste
loro/Loro	partiranno	erano partiti/e	partirono

	Future Perfect		Past Anterior
io	sarò partito/a		fui partito/a

CONDITIONAL SUBJUNCTIVE

	Present	Present	Imperfect
io	partirei	parta	partissi
tu	partiresti	parta	partissi
lui/lei/Lei	partirebbe	parta	partisse
noi	partiremmo	partiamo	partissimo
voi	partireste	partiate	partiste
loro/Loro	partirebbero	partano	partissero

	Perfect	Perfect	Pluperfect
io	sarei partito/a	sia partito/a	fossi partito/a

GERUND	PAST PARTICIPLE	IMPERATIVE
partendo	partito/a/i/e	parti, parta, partiamo, partite, partano

Parto per Milano domani. *I am leaving for Milan tomorrow.*
Partiremo a piedi. *We will leave on foot.*
I soldati partirono per il fronte. *The soldiers left for the front.*
Partiamo da questo concetto. *Let's start from this principle.*
partire in quarta *to start in fourth gear*
partire bene *to make a good start*
partire da casa *to leave home*
Partire è un po' morire. *Saying goodbye is like dying a little.*

la partenza *departure*
falsa partenza *false start*
'in partenza dal binario 3' *'leaving from platform 3'*
'i passeggeri in partenza per Londra…' *'passengers travelling to London…'*
sala partenze *departures lounge*
arrivi e partenze *arrivals and departures*

125 pensare *to think* (intr.)

INDICATIVE

	Present	Imperfect	Perfect
io	penso	pensavo	ho pensato
tu	pensi	pensavi	hai pensato
lui/lei/Lei	pensa	pensava	ha pensato
noi	pensiamo	pensavamo	abbiamo pensato
voi	pensate	pensavate	avete pensato
loro/Loro	pensano	pensavano	hanno pensato
	Future	**Pluperfect**	**Past Historic**
io	penserò	avevo pensato	pensai
tu	penserai	avevi pensato	pensasti
lui/lei/Lei	penserà	aveva pensato	pensò
noi	penseremo	avevamo pensato	pensammo
voi	penserete	avevate pensato	pensaste
loro/Loro	penseranno	avevano pensato	pensarono
	Future Perfect		**Past Anterior**
io	avrò pensato		ebbi pensato

CONDITIONAL SUBJUNCTIVE

	Present	Present	Imperfect
io	penserei	pensi	pensassi
tu	penseresti	pensi	pensassi
lui/lei/Lei	penserebbe	pensi	pensasse
noi	penseremmo	pensiamo	pensassimo
voi	pensereste	pensiate	pensaste
loro/Loro	penserebbero	pensino	pensassero
	Perfect	**Perfect**	**Pluperfect**
io	avrei pensato	abbia pensato	avessi pensato

GERUND	PAST PARTICIPLE	IMPERATIVE
pensando	pensato	pensa, pensi, pensiamo, pensate, pensino

A che cosa stai pensando? *What are you thinking about?*
Penso che lui abbia ragione. *I think he is right.*
Pensava di andare a Milano. *He was thinking about going to Milan.*
Ci penso io. *I'll see to it.*
Chi pensa a tua madre? *Who is looking after your mother?*
Paola aveva altro a cui pensare. *Paolo had other things on his mind.*
dare da pensare *to worry*
Non pensarci! *Forget about it!*
Pensiamo ai fatti nostri. *Let's mind our own business.*

il pensatore/la pensatrice *thinker* **la pensata** *idea*
il pensiero *thought* **che bella pensata!** *What a good idea!*

126 perdere *to lose* (tr.)

INDICATIVE

	Present	Imperfect	Perfect
io	perdo	perdevo	ho perso
tu	perdi	perdevi	hai perso
lui/lei/Lei	perde	perdeva	ha perso
noi	perdiamo	perdevamo	abbiamo perso
voi	perdete	perdevate	avete perso
loro/Loro	perdono	perdevano	hanno perso
	Future	**Pluperfect**	**Past Historic**
io	perderò	avevo perso	persi
tu	perderai	avevi perso	perdesti
lui/lei/Lei	perderà	aveva perso	perse
noi	perderemo	avevamo perso	perdemmo
voi	perderete	avevate perso	perdeste
loro/Loro	perderanno	avevano perso	persero
	Future Perfect		**Past Anterior**
io	avrò perso		ebbi perso

CONDITIONAL SUBJUNCTIVE

	Present	Present	Imperfect
io	perderei	perda	perdessi
tu	perderesti	perda	perdessi
lui/lei/Lei	perderebbe	perda	perdesse
noi	perderemmo	perdiamo	perdessimo
voi	perdereste	perdiate	perdeste
loro/Loro	perderebbero	perdano	perdessero
	Perfect	**Perfect**	**Pluperfect**
io	avrei perso	abbia perso	avessi perso

GERUND	PAST PARTICIPLE	IMPERATIVE
perdendo	perso, perduto	perdi, perda, perdiamo, perdete, perdano

Abbiamo perso la nostra valigia. *We have lost our suitcase.*
Paolo perderà il treno. *Paolo will miss the train.*
Non perdete tempo. *Do not waste your time.*
Non avevano nulla da perdere. *They had nothing to lose.*
perdere un'abitudine *to get out of a habit*
perdere la testa *to lose one's head*
Non perderti d'animo. *Do not lose heart.*
Ci siamo persi di vista. *We have lost sight of each other.*
Il rubinetto perde. *The tap is leaking.*

il/la perdente *loser*	**il perditempo** *waste of time*
la perdita *loss*	**la perdizione** *ruin*

127 piacere *to please* (intr.)

INDICATIVE

	Present	Imperfect	Perfect
io	piaccio	piacevo	sono piaciuto/a
tu	piaci	piacevi	sei piaciuto/a
lui/lei/Lei	piace	piaceva	è piaciuto/a
noi	piacciamo	piacevamo	siamo piaciuti/e
voi	piacete	piacevate	siete piaciuti/e
loro/Loro	piacciono	piacevano	sono piaciuti/e

	Future	Pluperfect	Past Historic
io	piacerò	ero piaciuto/a	piacqui
tu	piacerai	eri piaciuto/a	piacesti
lui/lei/Lei	piacerà	era piaciuto/a	piacque
noi	piaceremo	eravamo piaciuti/e	piacemmo
voi	piacerete	eravate piaciuti/e	piaceste
loro/Loro	piaceranno	erano piaciuti/e	piacquero

	Future Perfect		Past Anterior
io	sarò piaciuto/a		fui piaciuto/a

CONDITIONAL   SUBJUNCTIVE

	Present	Present	Imperfect
io	piacerei	piaccia	piacessi
tu	piaceresti	piaccia	piacessi
lui/lei/Lei	piacerebbe	piaccia	piacesse
noi	piaceremmo	piacciamo	piacessimo
voi	piacereste	piacciate	piaceste
loro/Loro	piacerebbero	piacciano	piacessero

	Perfect	Perfect	Pluperfect
io	sarei piaciuto/a	sia piaciuto/a	fossi piaciuto/a

GERUND	PAST PARTICIPLE	IMPERATIVE
piacendo	piaciuto/a/i/e	piaci, piaccia, piacciamo, piacete, piacciano

Mi piace la musica. *I like music.*
Non mi piacciono queste scarpe. *I don't like these shoes.*
Le piaceva di più l'altro colore. *She liked the other colour better.*
Gli piaceva mangiare bene. *He liked eating well.*
A loro piacerebbe andare in Inghilterra. *They would like to go to England.*
Non le siamo piaciuti. *She didn't like us.*

il piacere *pleasure, favour*
per piacere *please*
con piacere *with pleasure*
piacevole *pleasant*

Piacere. *How do you do?*
Tanto piacere. *Very pleased to meet you.*
Vi hanno rivisti con piacere. *They were so pleased to see you again.*
Fammi il piacere di smetterla. *Would you mind stopping that?*

128 **piangere** *to cry* (intr.)

INDICATIVE

	Present	Imperfect	Perfect
io	piango	piangevo	ho pianto
tu	piangi	piangevi	hai pianto
lui/lei/Lei	piange	piangeva	ha pianto
noi	piangiamo	piangevamo	abbiamo pianto
voi	piangete	piangevate	avete pianto
loro/Loro	piangono	piangevano	hanno pianto
	Future	**Pluperfect**	**Past Historic**
io	piangerò	avevo pianto	piansi
tu	piangerai	avevi pianto	piangesti
lui/lei/Lei	piangerà	aveva pianto	pianse
noi	piangeremo	avevamo pianto	piangemmo
voi	piangerete	avevate pianto	piangeste
loro/Loro	piangeranno	avevano pianto	piansero
	Future Perfect		**Past Anterior**
io	avrò pianto		ebbi pianto

CONDITIONAL   SUBJUNCTIVE

	Present	Present	Imperfect
io	piangerei	pianga	piangessi
tu	piangeresti	pianga	piangessi
lui/lei/Lei	piangerebbe	pianga	piangesse
noi	piangeremmo	piangiamo	piangessimo
voi	piangereste	piangiate	piangeste
loro/Loro	piangerebbero	piangano	piangessero
	Perfect	**Perfect**	**Pluperfect**
io	avrei pianto	abbia pianto	avessi pianto

GERUND	PAST PARTICIPLE	IMPERATIVE
piangendo	pianto	piangi, pianga, piangiamo, piangete, piangano

Paolo piange di gioia. *Paolo is weeping with joy.*
Luigi mi ha fatto piangere. *Luigi made me cry.*
Piansero molto. *They cried their eyes out.*
Piangevate lacrime di coccodrillo. *You were crying crocodile tears.*
piangere sul latte versato *to cry over spilt milk*
Mi piange il cuore a... *It breaks my heart to...*
Piange dentro di sé. *He/she suffers in silence.*
Piangono sempre miseria. *They are always crying poverty.*

il pianto *crying*
un pianto di gioia *tears of joy*

con voce piangente *in a tearful voice*
salice piangente *weeping willow*

129 porgere *to hand, present* (tr.)

INDICATIVE

	Present	Imperfect	Perfect
io	porgo	porgevo	ho porto
tu	porgi	porgevi	hai porto
lui/lei/Lei	porge	porgeva	ha porto
noi	porgiamo	porgevamo	abbiamo porto
voi	porgete	porgevate	avete porto
loro/Loro	porgono	porgevano	hanno porto

	Future	Pluperfect	Past Historic
io	porgerò	avevo porto	porsi
tu	porgerai	avevi porto	porgesti
lui/lei/Lei	porgerà	aveva porto	porse
noi	porgeremo	avevamo porto	porgemmo
voi	porgerete	avevate porto	porgeste
loro/Loro	porgeranno	avevano porto	porsero

	Future Perfect		Past Anterior
io	avrò porto		ebbi porto

CONDITIONAL SUBJUNCTIVE

	Present	Present	Imperfect
io	porgerei	porga	porgessi
tu	porgeresti	porga	porgessi
lui/lei/Lei	porgerebbe	porga	porgesse
noi	porgeremmo	porgiamo	progessimo
voi	porgereste	porgiate	porgeste
loro/Loro	porgerebbero	porgano	porgessero

	Perfect	Perfect	Pluperfect
io	avrei porto	abbia porto	avessi porto

GERUND	PAST PARTICIPLE	IMPERATIVE
porgendo	porto	porgi, porga, porgiamo, porgete, porgano

Porgimi la borsa, per favore. *Hand me the bag, please.*
Luigi porse il braccio a suo fratello. *Luigi offered his arm to his brother.*
Parlerò quando si porgerà l'occasione. *I will speak when the opportunity arises.*
porgere la guancia a qualcuno *to present one's cheek to somebody (for a kiss)*
porgere l'altra guancia *to turn the other cheek*
porgere orecchio/ascolto a *to listen to*
Porgi attenzione! *Pay attention!*

130 porre *to put, place* (tr.)

INDICATIVE

	Present	Imperfect	Perfect
io	pongo	ponevo	ho posto
tu	poni	ponevi	hai posto
lui/lei/Lei	pone	poneva	ha posto
noi	poniamo	ponevamo	abbiamo posto
voi	ponete	ponevate	avete posto
loro/Loro	pongono	ponevano	hanno posto
	Future	**Pluperfect**	**Past Historic**
io	porrò	avevo posto	posi
tu	porrai	avevi posto	ponesti
lui/lei/Lei	porrà	aveva posto	pose
noi	porremo	avevamo posto	ponemmo
voi	porrete	avevate posto	poneste
loro/Loro	porranno	avevano posto	posero
	Future Perfect		**Past Anterior**
io	avrò posto		ebbi posto

CONDITIONAL / SUBJUNCTIVE

	Present	Present	Imperfect
io	porrei	ponga	ponessi
tu	porresti	ponga	ponessi
lui/lei/Lei	porrebbe	ponga	ponesse
noi	porremmo	poniamo	ponessimo
voi	porreste	poniate	poneste
loro/Loro	porrebbero	pongano	ponessero
	Perfect	**Perfect**	**Pluperfect**
io	avrei posto	abbia posto	avessi posto

GERUND	PAST PARTICIPLE	IMPERATIVE
ponendo	posto	poni, ponga, poniamo, ponete, pongano

Mi poni davanti a un dilemma. *You place me in a dilemma.*
Bisogna porre le basi per un accordo. *It's necessary to lay the foundations for an agreement.*
Lo scandalo porrà fine alla sua carriera. *The scandal will put an end to his career.*
Hanno posto queste condizioni. *They laid down these conditions.*
porre in atto una minaccia *to carry out a threat*
porre una domanda a qualcuno *to ask somebody a question*
Poniamo che lui non venga. *Let's suppose he cannot come.*
Posi in salvo in bambino. *I brought the child to safety.*
Il giudice pose in libertà il prigioniero. *The judge set the prisoner free.*
senza porre tempo *without delay*

il posto *place, seat*   **far posto** *to make room for*
sul posto *on the spot*

131 **portare** *to bring, carry, take* (tr.)

INDICATIVE

	Present	**Imperfect**	**Perfect**
io	porto	portavo	ho portato
tu	porti	portavi	hai portato
lui/lei/Lei	porta	portava	ha portato
noi	portiamo	portavamo	abbiamo portato
voi	portate	portavate	avete portato
loro/Loro	portano	portavano	hanno portato
	Future	**Pluperfect**	**Past Historic**
io	porterò	avevo portato	portai
tu	porterai	avevi portato	portasti
lui/lei/Lei	porterà	aveva portato	portò
noi	porteremo	avevamo portato	portammo
voi	porterete	avevate portato	portaste
loro/Loro	porteranno	avevano portato	portarono
	Future Perfect		**Past Anterior**
io	avrò portato		ebbi portato

CONDITIONAL · SUBJUNCTIVE

	Present	**Present**	**Imperfect**
io	porterei	porti	portassi
tu	porteresti	porti	portassi
lui/lei/Lei	porterebbe	porti	portasse
noi	porteremmo	portiamo	portassimo
voi	portereste	portiate	portaste
loro/Loro	porterebbero	portino	portassero
	Perfect	**Perfect**	**Pluperfect**
io	avrei portato	abbia portato	avessi portato

GERUND	PAST PARTICIPLE	IMPERATIVE
portando	portato	porta, porti, portiamo, portate, portino

Mi porti un bicchiere di vino, per favore? *Can you bring me a glass of wine, please?*
Portava una borsa pesante. *He was carrying a heavy bag.*
Devo portare i bambini a scuola. *I must take the children to school.*
Maria portava un abito blu. *Maria was wearing a blue dress.*
Luigi porta bene i suoi anni. *Luigi doesn't look his age.*
portare l'acqua al proprio mulino *to bring grist to the mill*
Tutte le strade portano a Roma. *All roads lead to Rome.*
Questo colore mi porta fortuna. *The colour brings me luck.*

il portamento *bearing*
la portata *course (of a meal)*
  flow (of a river),

portatile *portable*
a portata di mano *within (arm's) reach*
di grande portata *of great significance*

132 possedere *to possess* (tr.)

INDICATIVE

	Present	Imperfect	Perfect
io	possiedo (posseggo)	possedevo	ho posseduto
tu	possiedi	possedevi	hai posseduto
lui/lei/Lei	possiede	possedeva	ha posseduto
noi	possediamo	possedevamo	abbiamo posseduto
voi	possedete	possedevate	avete posseduto
loro/Loro	possiedono (posseggono)	possedevano	hanno posseduto
	Future	**Pluperfect**	**Past Historic**
io	poss(i)ederò	avevo posseduto	possedei (possedetti)
tu	poss(i)ederai	avevi posseduto	possedesti
lui/lei/Lei	poss(i)ederà	aveva posseduto	possedè (possedette)
noi	poss(i)ederemo	avevamo posseduto	possedemmo
voi	poss(i)ederete	avevate posseduto	possedeste
loro/Loro	poss(i)ederanno	avevano posseduto	possederono (possedettero)
	Future Perfect		**Past Anterior**
io	avrò posseduto		ebbi posseduto

CONDITIONAL   SUBJUNCTIVE

	Present	Present	Imperfect
io	poss(i)ederei	possieda (possegga)	possedessi
tu	poss(i)ederesti	possieda (possegga)	possedessi
lui/lei/Lei	poss(i)ederebbe	possieda (possegga)	possedesse
noi	poss(i)ederemmo	possediamo	possedessimo
voi	poss(i)edereste	possediate	possedeste
loro/Loro	poss(i)ederebbero	possiedano (posseggano)	possedessero
	Perfect	**Perfect**	**Pluperfect**
io	avrei posseduto	abbia posseduto	avessi posseduto

GERUND	PAST PARTICIPLE	IMPERATIVE
possedendo	posseduto	possiedi, possieda, possediamo, possedete, possiedano

Possedete molti negozi? *Do you own many shops?*
Luigi possiede molte buone qualità. *Luigi has many good qualities.*
È tutto ciò che possiedo. *It is all I have got.*
Possedevano molte auto. *They used to have many cars.*
Il Signor Rossi possiede una casa in campagna. *Mr Rossi owns a house in the country.*
Quelll'uomo è posseduto dall'odio. *That man is possessed by hatred.*

il possedimento *ownership, possession*
avere molti possedimenti *to own many possessions*
il possesso *possession*
entrare in possesso di qualcosa *to come into possession of something*

133 potere *can, be able to, may* (intr.)

INDICATIVE

	Present	Imperfect	Perfect
io	posso	potevo	ho potuto
tu	puoi	potevi	hai potuto
lui/lei/Lei	può	poteva	ha potuto
noi	possiamo	potevamo	abbiamo potuto
voi	potete	potevate	avete potuto
loro/Loro	possono	potevano	hanno potuto
	Future	**Pluperfect**	**Past Historic**
io	potrò	avevo potuto	potei (potetti)
tu	potrai	avevi potuto	potesti
lui/lei/Lei	potrà	aveva potuto	potè (potette)
noi	potremo	avevamo potuto	potemmo
voi	potrete	avevate potuto	poteste
loro/Loro	potranno	avevano potuto	poterono (potettero)
	Future Perfect		**Past Anterior**
io	avrò potuto		ebbi potuto

CONDITIONAL　　SUBJUNCTIVE

	Present	Present	Imperfect
io	potrei	possa	potessi
tu	potresti	possa	potessi
lui/lei/Lei	potrebbe	possa	potesse
noi	potremmo	possiamo	potessimo
voi	potreste	possiate	poteste
loro/Loro	potrebbero	possano	potessero
	Perfect	**Perfect**	**Pluperfect**
io	avrei potuto	abbia potuto	avessi potuto

GERUND	PAST PARTICIPLE	IMPERATIVE
potendo	potuto	

Potete aprire la finestra, per favore? *Can you open the window, please?*
Paolo non ha potuto uscire. *Paolo couldn't go out.*
Potrai venire domani? *Will you be able to come tomorrow?*
Se potessi, verrei volentieri. *If I could, I would be happy to come.*
Posso entrare? *May I come in?*
non poterne più *to have had enough*
può darsi *maybe*

il potere *power*
essere al potere *to be in power*
la potenza *power*
la potenza dell'amore *the power of love*

134 preferire *to prefer* (tr.)

INDICATIVE

	Present	Imperfect	Perfect
io	preferisco	preferivo	ho preferito
tu	prefersci	preferivi	hai preferito
lui/lei/Lei	preferisce	preferiva	ha preferito
noi	preferiamo	preferivamo	abbiamo preferito
voi	preferite	preferivate	avete preferito
loro/Loro	preferiscono	preferivano	hanno preferito
	Future	**Pluperfect**	**Past Historic**
io	preferirò	avevo preferito	preferii
tu	preferirai	avevi preferito	preferisti
lui/lei/Lei	preferirà	aveva preferito	preferì
noi	preferiremo	avevamo preferito	preferimmo
voi	preferirete	avevate preferito	preferiste
loro/Loro	preferiranno	avevano preferito	preferirono
	Future Perfect		**Past Anterior**
io	avrò preferito		ebbi preferito

CONDITIONAL | SUBJUNCTIVE

	Present	Present	Imperfect
io	preferirei	preferisca	preferissi
tu	preferiresti	preferisca	preferissi
lui/lei/Lei	preferirebbe	preferisca	preferisse
noi	preferiremmo	preferiamo	preferissimo
voi	preferireste	preferiate	preferiste
loro/Loro	preferirebbero	preferiscano	preferissero
	Perfect	**Perfect**	**Pluperfect**
io	avrei preferito	abbia preferito	avessi preferito

GERUND	PAST PARTICIPLE	IMPERATIVE
preferendo	preferito	preferisci, preferisca, preferiamo, preferite, preferiscano

Preferisci tè o caffè, Maria? Preferisco il caffè. *Do you prefer tea or coffee, Maria? I prefer coffee.*
Preferirei non andare. *I would rather not go.*
Preferirebbero che noi studiassimo. *They would rather we studied.*
Hanno preferito abitare a Londra. *They preferred to live in London.*
Preferirei la morte al disonore. *I prefer death to dishonour.*

il preferito *favourite, pet*
essere il preferito di qualcuno *to be somebody's pet*
la preferenza *preference*
a preferenza di *rather than*
avere preferenza per qualcuno *to have a preference for somebody*

135 prendere *to take, catch* (tr.)

INDICATIVE

	Present	Imperfect	Perfect
io	prendo	prendevo	ho preso
tu	prendi	prendevi	hai preso
lui/lei/Lei	prende	prendeva	ha preso
noi	prendiamo	prendevamo	abbiamo preso
voi	prendete	prendevate	avete preso
loro/Loro	prendono	prendevano	hanno preso

	Future	Pluperfect	Past Historic
io	prenderò	avevo preso	presi
tu	prenderai	avevi preso	prendesti
lui/lei/Lei	prenderà	aveva preso	prese
noi	prenderemo	avevamo preso	prendemmo
voi	prenderete	avevate preso	prendeste
loro/Loro	prenderanno	avevano preso	presero

	Future Perfect		Past Anterior
io	avrò preso		ebbi preso

CONDITIONAL   SUBJUNCTIVE

	Present	Present	Imperfect
io	prenderei	prenda	prendessi
tu	prenderesti	prenda	prendessi
lui/lei/Lei	prenderebbe	prenda	prendesse
noi	prenderemmo	prendiamo	prendessimo
voi	prendereste	prendiate	prendeste
loro/Loro	prenderebbero	prendano	prendessero

	Perfect	Perfect	Pluperfect
io	avrei preso	abbia preso	avessi preso

GERUND	PAST PARTICIPLE	IMPERATIVE
prendendo	preso	prendi, prenda, prendiamo, prendete, prendano

Prendiamo il cappotto perché fa freddo. *Let's take our coats because it is cold.*
Ho preso l'autobus per il centro. *I have caught the bus for the centre.*
Vado a prendere i bambini a scuola. *I'm going to fetch the children from school.*
Vai a prendere il latte. *Go and get the milk.*
Che cosa prendi? Prendo un caffè. *What will you have? I'll have a coffee.*
Quanto prende all'ora? *How much does he charge/earn per hour?*
Non prenderlo in giro. *Do not tease him.*
Non prendertela. *Don't get upset.*
Paolo sa come prenderla. *Paolo knows how to deal with her.*
prendere due piccioni con una fava *to kill two birds with one stone*

essere preso *to be busy*
una presa di sale *a pinch of salt*

136 presumere *to presume* (intr.)

INDICATIVE

	Present	Imperfect	Perfect
io	presumo	presumevo	ho presunto
tu	presumi	presumevi	hai presunto
lui/lei/Lei	presume	presumeva	ha presunto
noi	presumiamo	presumevamo	abbiamo presunto
voi	presumete	presumevate	avete presunto
loro/Loro	presumono	presumevano	hanno presunto
	Future	**Pluperfect**	**Past Historic**
io	presumerò	avevo presunto	presunsi
tu	presumerai	avevi presunto	presumesti
lui/lei/Lei	presumerà	aveva presunto	presunse
noi	presumeremo	avevamo presunto	presumemmo
voi	presumerete	avevate presunto	presumeste
loro/Loro	presumeranno	avevano presunto	presunsero
	Future Perfect		**Past Anterior**
io	avrò presunto		ebbi presunto

CONDITIONAL   SUBJUNCTIVE

	Present	Present	Imperfect
io	presumerei	presuma	presumessi
tu	presumeresti	presuma	presumessi
lui/lei/Lei	presumerebbe	presuma	presumesse
noi	presumeremmo	presumiamo	presumessimo
voi	presumereste	presumiate	presumeste
loro/Loro	presumerebbero	presumano	presumessero
	Perfect	**Perfect**	**Pluperfect**
io	avrei presunto	abbia presunto	avessi presunto

GERUND	PAST PARTICIPLE	IMPERATIVE
presumendo	presunto	presumi, presuma, presumiamo, presumete, presumano

Luigi presume di poter fare ciò che vuole. *Luigi thinks that he can do what he wants.*
Presumevi che venissero. *You expected them to come.*
Presumevamo che Paolo avrebbe fatto tardi. *We thought Paolo would be late.*
Presume di sapere tutto. *He thinks he's got all the answers.*
Loro presumono di poterci giudicare. *They assume they can judge us.*

la presunzione *presumption*
il presuntuoso *presumptuous person*
È presumibile che... *It is probable that...*
come è presumibile *as may be expected*

137 prevenire *to anticipate, prevent* (tr.)

INDICATIVE

	Present	Imperfect	Perfect
io	prevengo	prevenivo	ho prevenuto
tu	previeni	prevenivi	hai prevenuto
lui/lei/Lei	previene	preveniva	ha prevenuto
noi	preveniamo	prevenivamo	abbiamo prevenuto
voi	prevenite	prevenivate	avete prevenuto
loro/Loro	prevengono	prevenivano	hanno prevenuto

	Future	Pluperfect	Past Historic
io	preverrò	avevo prevenuto	prevenni
tu	preverrai	avevi prevenuto	prevenisti
lui/lei/Lei	preverrà	aveva prevenuto	prevenne
noi	preverremo	avevamo prevenuto	prevenimmo
voi	preverrete	avevate prevenuto	preveniste
loro/Loro	preverranno	avevano prevenuto	prevennero

	Future Perfect		Past Anterior
io	avrò prevenuto		ebbi prevenuto

CONDITIONAL   SUBJUNCTIVE

	Present	Present	Imperfect
io	preverrei	prevenga	prevenissi
tu	preverresti	prevenga	prevenissi
lui/lei/Lei	preverrebbe	prevenga	prevenisse
noi	preverremmo	preveniamo	prevenissimo
voi	preverreste	preveniate	preveniste
loro/Loro	preverrebbero	prevengano	prevenissero

	Perfect	Perfect	Pluperfect
io	avrei prevenuto	abbia prevenuto	avessi prevenuto

GERUND	PAST PARTICIPLE	IMPERATIVE
prevenendo	prevenuto	previeni, prevenga, preveniamo, prevenite, prevengano

prevenire una domanda *to anticipate a question*
prevenire il desiderio di qualcuno *to anticipate somebody's wish*
Una vita sana potrà prevenire quella malattia. *A healthy life will be able to prevent that illness.*
Mi ha prevenuto con un telegramma. *He has warned me by telegram.*
Sii puntuale per prevenire ogni discussione. *Be punctual to avoid all dispute.*
Quel paese prevenne una guerra. *That country averted a war.*

un preventivo *an estimate*
preventivo *preventive*
carcere preventivo *custody*
bilancio preventivo *budget*
la prevenzione *prevention, prejudice*
essere prevenuto contro qualcuno *to be prejudiced against somebody*

138 produrre *to produce* (tr.)

INDICATIVE

	Present	Imperfect	Perfect
io	produco	producevo	ho prodotto
tu	produci	producevi	hai prodotto
lui/lei/Lei	produce	produceva	hai prodotto
noi	produciamo	producevamo	abbiamo prodotto
voi	producete	producevate	avete prodotto
loro/Loro	producono	producevano	hanno prodotto

	Future	Pluperfect	Past Historic
io	produrrò	avevo prodotto	produssi
tu	produrrai	avevi prodotto	producesti
lui/lei/Lei	produrrà	aveva prodotto	produsse
noi	produrremo	avevamo prodotto	producemmo
voi	produrrete	avevate prodotto	produceste
loro/Loro	produrranno	avevano prodotto	produssero

	Future Perfect		Past Anterior
io	avrò prodotto		ebbi prodotto

CONDITIONAL / SUBJUNCTIVE

	Present	Present	Imperfect
io	produrrei	produca	producessi
tu	produrresti	produca	producessi
lui/lei/Lei	produrrebbe	produca	producesse
noi	produrremmo	produciamo	producessimo
voi	produrreste	produciate	produceste
loro/Loro	produrrebbero	producano	producessero

	Perfect	Perfect	Pluperfect
io	avrei prodotto	abbia prodotto	avessi prodotto

GERUND	PAST PARTICIPLE	IMPERATIVE
producendo	prodotto	produci, produca, produciamo, producete, producano

Questa ditta produce materie plastiche. *This company manufactures plastics.*
Questo scrittore produce tanti libri. *This writer produces many books.*
L'Italia produsse molti artisti. *Italy has produced many artists.*
Il cattivo tempo produsse molti danni. *The bad weather caused a lot of damage.*
Avete prodotto delle prove? *Have you produced any evidence?*
produrre in serie *to mass-produce*
produrre frutti *to bear fruit*
produrre un'emozione *to give rise to an emotion*

il produttore/la produttrice *producer*　　　**il prodotto** *product*
la produzione *production*　　　**prodotto di marca** *brand product*

139 proibire *to forbid* (tr.)

INDICATIVE

	Present	Imperfect	Perfect
io	proibisco	proibivo	ho proibito
tu	probisci	proibivi	hai proibito
lui/lei/Lei	proibisce	proibiva	ha proibito
noi	proibiamo	proibivamo	abbiamo proibito
voi	proibite	proibivate	avete proibito
loro/Loro	proibiscono	proibivano	hanno proibito
	Future	**Pluperfect**	**Past Historic**
io	proibirò	avevo proibito	proibii
tu	proibirai	avevi proibito	proibisti
lui/lei/Lei	proibirà	aveva proibito	proibì
noi	proibiremo	avevamo proibito	proibimmo
voi	proibirete	avevate proibito	proibiste
loro/Loro	proibiranno	avevano proibito	proibirono
	Future Perfect		**Past Anterior**
io	avrò proibito		ebbi proibito

CONDITIONAL / SUBJUNCTIVE

	CONDITIONAL	**SUBJUNCTIVE**	
	Present	Present	Imperfect
io	proibirei	proibisca	proibissi
tu	proibiresti	proibisca	proibissi
lui/lei/Lei	proibirebbe	proibisca	proibisse
noi	proibiremmo	proibiamo	proibissimo
voi	proibireste	proibiate	proibiste
loro/Loro	proibirebbero	proibiscano	proibissero
	Perfect	**Perfect**	**Pluperfect**
io	avrei proibito	abbia proibito	avessi proibito

GERUND	PAST PARTICIPLE	IMPERATIVE
proibendo	proibito	proibisci, proibisca, proibiamo, proibite, proibiscano

La mamma mi proibisce di uscire. *Mother forbids me to go out.*
Ti proibiamo di farlo. *We forbid you to do it.*
Il medico gli ha proibito di bere. *The doctor has forbidden him to drink.*
Le hanno proibito di parlare in pubblico. *She was forbidden from speaking in public.*
La legge proibisce la vendita di questa carne. *The law prohibits the selling of this meat.*

il proibizionismo *prohibition*
la proibizione *prohibition*
prezzi proibitivi *prohibitive prices*

il frutto proibito *the forbidden fruit*
proibito dalla legge *against the law*

140 prometterle *to promise* (tr.)

INDICATIVE

	Present	Imperfect	Perfect
io	prometto	promettevo	ho promesso
tu	prometti	promettevi	hai promesso
lui/lei/Lei	promette	prometteva	ha promesso
noi	promettiamo	promettevamo	abbiamo promesso
voi	promettete	promettevate	avete promesso
loro/Loro	promettono	promettevano	hanno promesso

	Future	Pluperfect	Past Historic
io	prometterò	avevo promesso	promisi
tu	prometterai	avevi promesso	promettesti
lui/lei/Lei	prometterà	aveva promesso	promise
noi	prometteremo	avevamo promesso	promettemmo
voi	prometterete	avevate promesso	prometteste
loro/Loro	prometteranno	avevano promesso	promisero

	Future Perfect		Past Anterior
io	avrò promesso		ebbi promesso

CONDITIONAL · SUBJUNCTIVE

	Present	Present	Imperfect
io	prometterei	prometta	promettessi
tu	prometteresti	prometta	promettessi
lui/lei/Lei	prometterebbe	prometta	promettesse
noi	prometteremmo	promettiamo	promettessimo
voi	promettereste	promettiate	prometteste
loro/Loro	prometterebbero	promettano	promettessero

	Perfect	Perfect	Pluperfect
io	avrei promesso	abbia promesso	avessi promesso

GERUND	PAST PARTICIPLE	IMPERATIVE
promettendo	promesso	prometti, prometta, promettiamo, promettete, promettano

Mi promisero che sarebbero tornati. *They promised me they would return.*
Ti prometto di venire. *I promise you I'll come.*
Paolo non ha promesso nulla. *Paolo has not promised anything.*
Gli hanno promesso un premio. *He has been promised a prize.*
Te lo prometto. *I promise you.*
Il tempo promette bene. *The weather is promising.*
Avete promesso mari e monti. *You have promised heaven and earth.*

la promessa *promise*
promettente *promising*

fare una promessa *to make a promise*
mancare a una promessa *to break a promise*
mantenere una promessa *to keep a promise*

141 proteggere *to protect* (tr.)

INDICATIVE

	Present	Imperfect	Perfect
io	proteggo	proteggevo	ho protetto
tu	proteggi	proteggevi	hai protetto
lui/lei/Lei	protegge	proteggeva	ha protetto
noi	proteggiamo	proteggevamo	abbiamo protetto
voi	proteggete	proteggevate	avete protetto
loro/Loro	proteggono	proteggevano	hanno protetto
	Future	**Pluperfect**	**Past Historic**
io	proteggerò	avevo protetto	protessi
tu	proteggerai	avevi protetto	proteggesti
lui/lei/Lei	proteggerà	aveva protetto	protesse
noi	proteggeremo	avevamo protetto	proteggemmo
voi	proteggerete	avevate protetto	proteggeste
loro/Loro	proteggeranno	avevano protetto	protessero
	Future Perfect		**Past Anterior**
io	avrò protetto		ebbi protetto

	CONDITIONAL	SUBJUNCTIVE	
	Present	**Present**	**Imperfect**
io	proteggerei	protegga	proteggessi
tu	proteggeresti	protegga	proteggessi
lui/lei/Lei	proteggerebbe	protegga	proteggesse
noi	proteggeremmo	proteggiamo	proteggessimo
voi	proteggereste	proteggiate	proteggeste
loro/Loro	proteggerebbero	proteggano	proteggessero
	Perfect	**Perfect**	**Pluperfect**
io	avrei protetto	abbia protetto	avessi protetto

GERUND	PAST PARTICIPLE	IMPERATIVE
proteggendo	protetto	proteggi, protegga, proteggiamo, proteggete, proteggano

La sciarpa ti proteggerà dal freddo. *The scarf will protect you from the cold.*
Questa città è protetta dai venti. *This city is sheltered from the winds.*
Lui accusa il figlio e la madre lo protegge. *He blames his son and the mother takes his side.*
Siamo protetti dalla polizia. *We are guarded by the police.*
Dio ti protegga! *God protect you!*
La fortuna protegge gli audaci. *Fortune favours the brave.*

il protettore/la protettrice *protector*
un protettore delle arti *a patron of the arts*
la protezione *protection*
protezione dell'ambiente *environmental protection*
protezione civile *civil defence*

142 **provvedere** *to provide* (intr./tr.)

INDICATIVE

	Present	Imperfect	Perfect
io	provvedo	provvedevo	ho provvisto
tu	provvedi	provvedevi	hai provvisto
lui/lei/Lei	provvede	provvedeva	ha provvisto
noi	provvediamo	provvedevamo	abbiamo provvisto
voi	provvedete	provvedevate	avete provvisto
loro/Loro	provvedono	provvedevano	hanno provvisto

	Future	Pluperfect	Past Historic
io	provvederò	avevo provvisto	provvidi
tu	provvederai	avevi provvisto	provvedesti
lui/lei/Lei	provvederà	aveva provvisto	provvide
noi	provvederemo	avevamo provvisto	provvedemmo
voi	provvederete	avevate provvisto	provvedeste
loro/Loro	provvederanno	avevano provvisto	provvidero

	Future Perfect		Past Anterior
io	avrò provvisto		ebbi provvisto

CONDITIONAL   SUBJUNCTIVE

	Present	Present	Imperfect
io	provvederei	provveda	provvedessi
tu	provvederesti	provveda	provvedessi
lui/lei/Lei	provvederebbe	provveda	provvedesse
noi	provvederemmo	provvediamo	provvedessimo
voi	provvedereste	provvediate	provvedeste
loro/Loro	provvederebbero	provvedano	provvedessero

	Perfect	Perfect	Pluperfect
io	avrei provvisto	abbia provvisto	avessi provvisto

GERUND	PAST PARTICIPLE	IMPERATIVE
provvedendo	provvisto (provveduto)	provvedi, provveda, provvediamo, provvedete, provvedano

Provvedono ai bisogni dei loro figli. *They provide for their children.*
Chi provvederà a tua madre? *Who will look after your mother?*
Il comune provvederà a pulire le strade. *The town council will arrange for the streets to be cleaned.*
Noi provvediamo alla pulizia della casa. *We take care of the cleaning of the house.*
Devi provvedere immediatamente. *You must act immediately.*
provvedere a *to see to*
provvedersi di… *to get in supplies of…*

la provvidenza *providence*
la provvigione *commission*
la provvista *supply, stock*

fare provvista di qualcosa *to stock up on something*

143 radere *to shave, raze* (tr.)

INDICATIVE

	Present	Imperfect	Perfect
io	rado	radevo	ho raso
tu	radi	radevi	hai raso
lui/lei/Lei	rade	radeva	ha raso
noi	radiamo	radevamo	abbiamo raso
voi	radete	radevate	avete raso
loro/Loro	radono	radevano	hanno raso

	Future	Pluperfect	Past Historic
io	raderò	avevo raso	rasi
tu	raderai	avevi raso	radesti
lui/lei/Lei	raderà	aveva raso	rase
noi	raderemo	avevamo raso	rademmo
voi	raderete	avevate raso	radeste
loro/Loro	raderanno	avevano raso	rasero

	Future Perfect		Past Anterior
io	avrò raso		ebbi raso

CONDITIONAL   SUBJUNCTIVE

	Present	Present	Imperfect
io	raderei	rada	radessi
tu	raderesti	rada	radessi
lui/lei/Lei	raderebbe	rada	radesse
noi	raderemmo	radiamo	radessimo
voi	radereste	radiate	radeste
loro/Loro	raderebbero	radano	radessero

	Perfect	Perfect	Pluperfect
io	avrei raso	abbia raso	avessi raso

GERUND	PAST PARTICIPLE	IMPERATIVE
radendo	raso	radi, rada, radiamo, radete, radano

radere la barba *to shave*
Mi rado ogni mattina. *I shave every morning.*
Non vi siete rasi bene. *You have not shaved well.*
Mi sono raso i capelli a zero. *I had my hair shaved off.*
La città fu rasa al suolo. *The city was razed to the ground.*
Gli elicotteri volavano così bassi da radere le cime degli alberi. *The helicopters were flying so low as to skim the treetops.*

rado *thin*	**raso** *shorn, shaved*
di rado *seldom*	**un cucchiaio raso di farina** *a level*
il rasoio *razor*	*teaspoon of flour*
	volare raso terra *to fly close to the ground*

144 raggiungere *to reach* (tr.)

INDICATIVE

	Present	Imperfect	Perfect
io	raggiungo	raggiungevo	ho raggiunto
tu	raggiungi	raggiungevi	hai raggiunto
lui/lei/Lei	raggiunge	raggiungeva	ha raggiunto
noi	raggiungiamo	raggiungevamo	abbiamo raggiunto
voi	raggiungete	raggiungevate	avete raggiunto
loro/Loro	raggiungono	raggiungevano	hanno raggiunto
	Future	**Pluperfect**	**Past Historic**
io	raggiungerò	avevo raggiunto	raggiunsi
tu	raggiungerai	avevi raggiunto	raggiungesti
lui/lei/Lei	raggiungerà	aveva raggiunto	raggiunse
noi	raggiungeremo	avevamo raggiunto	raggiungemmo
voi	raggiungerete	avevate raggiunto	raggiungeste
loro/Loro	raggiungeranno	avevano raggiunto	raggiunsero
	Future Perfect		**Past Anterior**
io	avrò raggiunto		ebbi raggiunto

CONDITIONAL   SUBJUNCTIVE

	Present	Present	Imperfect
io	raggiungerei	raggiunga	raggiungessi
tu	raggiungeresti	raggiunga	raggiungessi
lui/lei/Lei	raggiungerebbe	raggiunga	raggiungesse
noi	raggiungeremmo	raggiungiamo	raggiungessimo
voi	raggiungereste	raggiungiate	raggiungeste
loro/Loro	raggiungerebbero	raggiungano	raggiungessero
	Perfect	**Perfect**	**Pluperfect**
io	avrei raggiunto	abbia raggiunto	avessi raggiunto

GERUND	PAST PARTICIPLE	IMPERATIVE
raggiungendo	raggiunto	raggiungi, raggiunga, raggiungiamo, raggiungete, raggiungano

Abbiamo raggiunto la cima della montagna. *We have reached the top of the mountain.*
Paolo ci raggiungerà appena possibile. *Paolo will catch up as soon as possible.*
Se corri lo raggiungerai. *If you run you will catch up with him.*
Lo studente ha raggiunto buoni risultati. *The student achieved good results.*
raggiungere lo scopo *to reach one's aim*
raggiungere un accordo *to come to an agreement*
Paolo raggiungerà la maggiore età l'anno prossimo. *Paolo will come of age next year.*
La soluzione è raggiungibile. *The solution is within reach.*

il raggiungimento *achievement*
raggiungibile *reachable, attainable*

145 reggere *to support* (tr.)

INDICATIVE

	Present	Imperfect	Perfect
io	reggo	reggevo	ho retto
tu	reggi	reggevi	hai retto
lui/lei/Lei	regge	reggeva	ha retto
noi	reggiamo	reggevamo	abbiamo retto
voi	reggete	reggevate	avete retto
loro/Loro	reggono	reggevano	hanno retto

	Future	Pluperfect	Past Historic
io	reggerò	avevo retto	ressi
tu	reggerai	avevi retto	reggesti
lui/lei/Lei	reggerà	aveva retto	resse
noi	reggeremo	avevamo retto	reggemmo
voi	reggerete	avevate retto	reggeste
loro/Loro	reggeranno	avevano retto	ressero

	Future Perfect		Past Anterior
io	avrò retto		ebbi retto

CONDITIONAL   SUBJUNCTIVE

	Present	Present	Imperfect
io	reggerei	regga	reggessi
tu	reggeresti	regga	reggessi
lui/lei/Lei	reggerebbe	regga	reggesse
noi	reggeremmo	reggiamo	reggessimo
voi	reggereste	reggiate	reggeste
loro/Loro	reggerebbero	reggano	reggessero

	Perfect	Perfect	Pluperfect
io	avrei retto	abbia retto	avessi retto

GERUND	PAST PARTICIPLE	IMPERATIVE
reggendo	retto	reggi, regga, reggiamo, reggete, reggano

Reggimi questo libro, per favore. *Hold this book for me, please.*
Reggeva il bambino per aiutarlo a camminare. *He was supporting the child to help him walk.*
Non reggeva alla fame. *He/she couldn't bear hunger.*
Non reggo il vino. *I cannot hold my drink.*
Non ressero alla prova. *They did not stand up to the test.*
reggere al confronto con *to bear comparison with*
La sua teoria non regge. *His theory does not stand up.*
reggersi in piedi *to stand up*
La regione è retta da una giunta regionale. *The region is governed by a regional council.*

il/la reggente *regent*   **il reggipetto/reggiseno** *brassière*
principe reggente *prince regent*

146 respingere *to reject* (tr.)

INDICATIVE

	Present	Imperfect	Perfect
io	respingo	respingevo	ho respinto
tu	respingi	respingevi	hai respinto
lui/lei/Lei	respinge	respingeva	ha respinto
noi	respingiamo	respingevamo	abbiamo respinto
voi	respingete	respingevate	avete respinto
loro/Loro	respingono	respingevano	hanno respinto
	Future	**Pluperfect**	**Past Historic**
io	respingerò	avevo respinto	respinsi
tu	respingerai	avevi respinto	respingesti
lui/lei/Lei	respingerà	aveva respinto	respinse
noi	respingeremo	avevamo respinto	respingemmo
voi	respingerete	avevate respinto	respingeste
loro/Loro	respingeranno	avevano respinto	respinsero
	Future Perfect		**Past Anterior**
io	avrò respinto		ebbi respinto

CONDITIONAL · SUBJUNCTIVE

	Present	Present	Imperfect
io	respingerei	respinga	respingessi
tu	respingeresti	respinga	respingessi
lui/lei/Lei	respingerebbe	respinga	respingesse
noi	respingeremmo	respingiamo	respingessimo
voi	respingereste	respingiate	respingeste
loro/Loro	respingerebbero	respingano	respingessero
	Perfect	**Perfect**	**Pluperfect**
io	avrei respinto	abbia respinto	avessi respinto

GERUND	PAST PARTICIPLE	IMPERATIVE
respingendo	respinto	respingi, respinga, respingiamo, respingete, respingano

Respingerai l'offerta? *Will you reject the offer?*
respingere un'accusa *to reject an accusation*
respingere una proposta di legge *to reject a bill*
Le guardie respinsero la folla. *The guards drove back the crowd.*
Il nemico sarà respinto. *The enemy will be repelled.*
Luigi è stato respinto agli esami. *Luigi failed the examinations.*
respingere un pacco al mittente *to return a package to the sender*

respinto al mittente *returned to sender*
il respinto *flunker, failed candidate*

147 restare *to stay* (intr.)

INDICATIVE

	Present	Imperfect	Perfect
io	resto	restavo	sono restato/a
tu	resti	restavi	sei restato/a
lui/lei/Lei	resta	restava	è restato/a
noi	restiamo	restavamo	siamo restati/e
voi	restate	restavate	siete restati/e
loro/Loro	restano	restavano	sono restati/e
	Future	**Pluperfect**	**Past Historic**
io	resterò	ero restato/a	restai
tu	resterai	eri restato/a	restasti
lui/lei/Lei	resterà	era restato/a	restò
noi	resteremo	eravamo restati/e	restammo
voi	resterete	eravate restati/e	restaste
loro/Loro	resteranno	erano restati/e	restarono
	Future Perfect		**Past Anterior**
io	sarò restato/a		fui restato/a

CONDITIONAL   SUBJUNCTIVE

	Present	Present	Imperfect
io	resterei	resti	restassi
tu	resteresti	resti	restassi
lui/lei/Lei	resterebbe	resti	restasse
noi	resteremmo	restiamo	restassimo
voi	restereste	restiate	restaste
loro/Loro	resterebbero	restino	restassero
	Perfect	**Perfect**	**Pluperfect**
io	sarei restato/a	sia restato/a	fossi restato/a

GERUND	PAST PARTICIPLE	IMPERATIVE
restando	restato/a/i/e	resta, resti, restiamo, restate, restino

Vieni con me? No, resto qui. *Are you coming with me? No, I am staying here.*
Resta a mangiare con noi. *Stay and eat with us.*
Non restare in piedi. *Don't remain standing.*
È restato qualcosa per noi? *Isn't there anything left for us?*
Resta ancora molto da fare. *There's still a lot to do.*
Paolo restò a bocca aperta. *Paolo was astonished.*
Restai di stucco/senza parole. *I was dumbstruck.*
restare a galla *to float*
che resti fra noi *just between us*

il resto *change, rest*   **restante** *left-over, remaining*
del resto *besides, after all*

148 ricevere *to receive* (tr.)

INDICATIVE

	Present	Imperfect	Perfect
io	ricevo	ricevevo	ho ricevuto
tu	ricevi	ricevevi	hai ricevuto
lui/lei/Lei	riceve	riceveva	ha ricevuto
noi	riceviamo	ricevevamo	abbiamo ricevuto
voi	ricevete	ricevevate	avete ricevuto
loro/Loro	ricevono	ricevevano	hanno ricevuto

	Future	Pluperfect	Past Historic
io	riceverò	avevo ricevuto	ricevei (ricevetti)
tu	riceverai	avevi ricevuto	ricevesti
lui/lei/Lei	riceverà	aveva ricevuto	ricevè (ricevette)
noi	riceveremo	avevamo ricevuto	ricevemmo
voi	riceverete	avevate ricevuto	riceveste
loro/Loro	riceveranno	avevano ricevuto	riceverono (ricevettero)

	Future Perfect		Past Anterior
io	avrò ricevuto		ebbi ricevuto

CONDITIONAL   SUBJUNCTIVE

	Present	Present	Imperfect
io	riceverei	riceva	ricevessi
tu	riceveresti	riceva	ricevessi
lui/lei/Lei	riceverebbe	riceva	ricevesse
noi	riceveremmo	riceviamo	ricevessimo
voi	ricevereste	riceviate	riceveste
loro/Loro	riceverebbero	ricevano	ricevessero

	Perfect	Perfect	Pluperfect
io	avrei ricevuto	abbia ricevuto	avessi ricevuto

GERUND	PAST PARTICIPLE	IMPERATIVE
ricevendo	ricevuto	ricevi, riceva, riceviamo, ricevete, ricevano

Non so perché non riceve le mie email. *I don't know why he doesn't receive my emails.*

Mi hanno ricevuto a braccia aperte. *They received me with open arms.*

Sono stati ricevuti nel circolo. *They have been admitted into the club.*

Il dottore non riceve ora. *The doctor cannot see anyone now.*

Riceva i miei migliori auguri. *Please accept my best wishes.*

ricevere qualcosa in premio *to be awarded something*

ricevere un rifiuto *to meet with a refusal*

il ricevimento *reception*
offrire un ricevimento *to hold a reception*

il ricevitore *receiver*
la ricevuta *receipt*

149 riconoscere *to recognize* (tr.)

INDICATIVE

	Present	Imperfect	Perfect
io	riconosco	riconoscevo	ho riconosciuto
tu	riconosci	riconoscevi	hai riconosciuto
lui/lei/Lei	riconosce	riconosceva	ha riconosciuto
noi	riconosciamo	riconoscevamo	abbiamo riconosciuto
voi	riconoscete	riconoscevate	avete riconosciuto
loro/Loro	riconoscono	riconoscevano	hanno riconsciuto

	Future	Pluperfect	Past Historic
io	riconoscerò	avevo riconosciuto	riconobbi
tu	riconoscerai	avevi riconosciuto	riconoscesti
lui/lei/Lei	riconoscerà	aveva riconosciuto	riconobbe
noi	riconosceremo	avevamo riconosciuto	riconoscemmo
voi	riconoscerete	avevate riconosciuto	riconosceste
loro/Loro	riconosceranno	avevano riconosciuto	riconobbero

	Future Perfect		Past Anterior
io	avrò riconosciuto		ebbi riconosciuto

CONDITIONAL · SUBJUNCTIVE

	Present	Present	Imperfect
io	riconoscerei	riconosca	riconoscessi
tu	riconosceresti	riconosca	riconoscessi
lui/lei/Lei	riconoscerebbe	riconosca	riconoscesse
noi	riconosceremmo	riconosciamo	riconoscessimo
voi	riconoscereste	riconosciate	riconosceste
loro/Loro	riconoscerebbero	riconoscano	riconoscessero

	Perfect	Perfect	Pluperfect
io	avrei riconosciuto	abbia riconosciuto	avessi riconosciutow

GERUND	PAST PARTICIPLE	IMPERATIVE
riconoscendo	riconosciuto	riconosci, riconosca, riconosciamo, riconoscete, riconoscano

Sono Luigi, non mi riconoscete? *I am Luigi, don't you recognize me?*
Paolo riconobbe subito il suo errore. *Paolo admitted his mistake immediately.*
Lo riconosceranno dal passo. *They will recognize him by his walk.*
Ho dovuto riconoscere il cadavere. *I had to identify the body.*
L'indipendenza di questo paese è stata riconosciuta. *The independence of this country has been recognized.*
farsi riconoscere *to make oneself known*
riconoscere un figlio *to acknowledge a child*
Devo riconoscere che non è vero. *I must admit it isn't true.*

il riconoscimento *recognition*
merita un riconoscimento *he/she deserves a reward*

la riconoscenza *gratitude*
riconoscente *grateful*

150 ridere *to laugh* (intr.)

INDICATIVE

	Present	Imperfect	Perfect
io	rido	ridevo	ho riso
tu	ridi	ridevi	hai riso
lui/lei/Lei	ride	rideva	ha riso
noi	ridiamo	ridevamo	abbiamo riso
voi	ridete	ridevate	avete riso
loro/Loro	ridono	ridevano	hanno riso

	Future	Pluperfect	Past Historic
io	riderò	avevo riso	risi
tu	riderai	avevi riso	ridesti
lui/lei/Lei	riderà	aveva riso	rise
noi	rideremo	avevamo riso	ridemmo
voi	riderete	avevate riso	rideste
loro/Loro	rideranno	avevano riso	risero

	Future Perfect		Past Anterior
io	avrò riso		ebbi riso

CONDITIONAL   SUBJUNCTIVE

	Present	Present	Imperfect
io	riderei	rida	ridessi
tu	rideresti	rida	ridessi
lui/lei/Lei	riderebbe	rida	ridesse
noi	rideremmo	ridiamo	ridessimo
voi	ridereste	ridiate	rideste
loro/Loro	riderebbero	ridano	ridessero

	Perfect	Perfect	Pluperfect
io	avrei riso	abbia riso	avessi riso

GERUND	PAST PARTICIPLE	IMPERATIVE
ridendo	riso	ridi, rida, ridiamo, ridete, ridano

Non farmi ridere! *Don't make me laugh!*
Paolo gli rise in faccia. *Paolo laughed in his face.*
Gli amici ridevano di lui. *His friends were making fun of him.*
Ti rideranno dietro tutti. *You will become a laughing stock.*
Non ridere alle sue spalle. *Do not laugh behind his/her back.*
Scoppiarono a ridere. *They burst out laughing.*
Perché ridi sotto i baffi? *Why are you laughing up your sleeve?*
far ridere *to be funny*

il riso *laughter*   **il sorriso** *smile*
ridicolo *ridiculous*   **sorridere** *to smile*

151 riempire *to fill* (tr.)

INDICATIVE

	Present	Imperfect	Perfect
io	riempio	riempivo	ho riempito
tu	riempi	riempivi	hai riempito
lui/lei/Lei	riempie	riempiva	ha riempito
noi	riempiamo	riempivamo	abbiamo riempito
voi	riempite	riempivate	avete riempito
loro/Loro	riempiono	riempivano	hanno riempito

	Future	Pluperfect	Past Historic
io	riempirò	avevo riempito	riempii
tu	riempirai	avevi riempito	riempisti
lui/lei/Lei	riempirà	aveva riempito	riempì
noi	riempiremo	avevamo riempito	riempimmo
voi	riempirete	avevate riempito	riempiste
loro/Loro	riempiranno	avevano riempito	riempirono

	Future Perfect		Past Anterior
io	avrò riempito		ebbi riempito

CONDITIONAL   SUBJUNCTIVE

	Present	Present	Imperfect
io	riempirei	riempia	riempissi
tu	riempiresti	riempia	riempissi
lui/lei/Lei	riempirebbe	riempia	riempisse
noi	riempiremmo	riempiamo	riempissimo
voi	riempireste	riempiate	riempiste
loro/Loro	riempirebbero	riempiano	riempissero

	Perfect	Perfect	Pluperfect
io	avrei riempito	abbia riempito	avessi riempito

GERUND	PAST PARTICIPLE	IMPERATIVE
riempiendo	riempito	riempi, riempia, riempiamo, riempite, riempiano

Riempimi il bicchiere di vino, per favore. *Fill up my glass with wine, please.*
Hanno riempito la stanza di quadri. *They have filled the room with pictures.*
La presenza di Luigi mi riempì di gioia. *Luigi's presence filled me with joy.*
Riempi questo modulo. *Fill in this form.*
riempire i vuoti *to refill the empties*
riempire una lacuna *to fill a gap*
La piazza si riempì di dimostranti. *The square filled up with protesters.*

il riempimento *filling*
materiale di riempimento *fill material*

152 riflettere *to reflect* (intr./tr.)

INDICATIVE

	Present	Imperfect	Perfect
io	rifletto	riflettevo	ho riflesso
tu	rifletti	riflettevi	hai riflesso
lui/lei/Lei	riflette	rifletteva	ha riflesso
noi	riflettiamo	riflettevamo	abbiamo riflesso
voi	riflettete	riflettevate	avete riflesso
loro/Loro	riflettono	riflettevano	hanno riflesso

	Future	Pluperfect	Past Historic
io	rifletterò	avevo riflesso	riflessi (riflettei)
tu	rifletterai	avevi riflesso	riflettesti
lui/lei/Lei	rifletterà	aveva riflesso	riflesse (riflettè)
noi	rifletteremo	avevamo riflesso	riflettemmo
voi	rifletterete	avevate riflesso	rifletteste
loro/Loro	rifletteranno	avevano riflesso	riflessero (rifletterono)

	Future Perfect		Past Anterior
io	avrò riflesso		ebbi riflesso

CONDITIONAL · SUBJUNCTIVE

	Present	Present	Imperfect
io	rifletterei	rifletta	riflettessi
tu	rifletteresti	rifletta	riflettessi
lui/lei/Lei	rifletterebbe	rifletta	riflettesse
noi	rifletteremmo	riflettiamo	riflettessimo
voi	riflettereste	riflettiate	rifletteste
loro/Loro	rifletterebbero	riflettano	riflettessero

	Perfect	Perfect	Pluperfect
io	avrei riflesso	abbia riflesso	avessi riflesso

GERUND	PAST PARTICIPLE	IMPERATIVE
riflettendo	riflesso, riflettuto	rifletti, rifletta, riflettiamo, riflettete, riflettano

Lo specchio riflette l'immagine. *The mirror reflects the image.*
Luigi rifletterà prima di andare. *Luigi will think it over before going.*
Rifletterono sulle conseguenze. *They thought about the consequences.*
senza riflettere *without thinking*
dopo avere molto riflettuto *after much thought*
Rifletti bene. *Think it over.*
Falla riflettere. *Give her food for thought.*

il riflettore *reflector, spotlight*
il riflesso *reflex, reflection*
riflessivo *reflective, thoughtful*
la riflessione *thought, meditation*

153 rimanere *to stay* (intr.)

INDICATIVE

	Present	Imperfect	Perfect
io	rimango	rimanevo	sono rimasto/a
tu	rimani	rimanevi	sei rimasto/a
lui/lei/Lei	rimane	rimaneva	è rimasto/a
noi	rimaniamo	rimanevamo	siamo rimasti/e
voi	rimanete	rimanevate	siete rimasti/e
loro/Loro	rimangono	rimanevano	sono rimasti/e

	Future	Pluperfect	Past Historic
io	rimarrò	ero rimasto/a	rimasi
tu	rimarrai	eri rimasto/a	rimanesti
lui/lei/Lei	rimarrà	era rimasto/a	rimase
noi	rimarremo	eravamo rimasti/e	rimanemmo
voi	rimarrete	eravate rimasti/e	rimaneste
loro/Loro	rimarranno	erano rimasti/e	rimasero

	Future Perfect		Past Anterior
io	sarò rimasto/a		fui rimasto/a

CONDITIONAL / SUBJUNCTIVE

	Present	Present	Imperfect
io	rimarrei	rimanga	rimanessi
tu	rimarresti	rimanga	rimanessi
lui/lei/Lei	rimarrebbe	rimanga	rimanesse
noi	rimarremmo	rimaniamo	rimanessimo
voi	rimarreste	rimaniate	rimaneste
loro/Loro	rimarrebbero	rimangano	rimanessero

	Perfect	Perfect	Pluperfect
io	sarei rimasto/a	sia rimasto/a	fossi rimasto/a

GERUND	PAST PARTICIPLE	IMPERATIVE
rimanendo	rimasto/a/i/e	rimani, rimanga, rimaniamo, rimanete, rimangano

Luigi è rimasto a letto tutto il giorno. *Luigi has stayed in bed all day.*
Potete rimanere ancora un po'? *Can you stay a little longer?*
Perché è rimasto indietro? *Why was he left behind?*
Mi rimangono pochi soldi. *I have little money left.*
rimanere soddisfatto *to be satisfied*
Ci sono rimasto male. *I was hurt /offended.*
Siamo rimasti d'accordo così. *That's what we have agreed.*
Rimasero uccisi sul colpo. *They were killed on the spot.*

la rimanenza *left-over*
rimanenza di cassa *cash in hand*
rimanente *remaining*
tutti i rimanenti *all the rest, all the others*

154 rimpiangere *to regret* (tr.)

INDICATIVE

	Present	Imperfect	Perfect
io	rimpiango	rimpiangevo	ho rimpianto
tu	rimpiangi	rimpiangevi	hai rimpianto
lui/lei/Lei	rimpiange	rimpiangeva	ha rimpianto
noi	rimpiangiamo	rimpiangevamo	abbiamo rimpianto
voi	rimpiangete	rimpiangevate	avete rimpianto
loro/Loro	rimpiangono	rimpiangevano	hanno rimpianto

	Future	Pluperfect	Past Historic
io	rimpiangerò	avevo rimpianto	rimpiansi
tu	rimpiangerai	avevi rimpianto	rimpiangesti
lui/lei/Lei	rimpiangerà	aveva rimpianto	rimpianse
noi	rimpiangeremo	avevamo rimpianto	rimpiangemmo
voi	rimpiangerete	avevate rimpianto	rimpiangeste
loro/Loro	rimpiangeranno	avevano rimpianto	rimpiansero

	Future Perfect		Past Anterior
io	avrò rimpianto		ebbi rimpianto

CONDITIONAL · SUBJUNCTIVE

	Present	Present	Imperfect
io	rimpiangerei	rimpianga	rimpiangessi
tu	rimpiangeresti	rimpianga	rimpiangessi
lui/lei/Lei	rimpiangerebbe	rimpianga	rimpiangesse
noi	rimpiangeremmo	rimpiangiamo	rimpiangessimo
voi	rimpiangereste	rimpiangiate	rimpiangeste
loro/Loro	rimpiangerebbero	rimpiangano	rimpiangessero

	Perfect	Perfect	Pluperfect
io	avrei rimpianto	abbia rimpianto	avessi rimpianto

GERUND	PAST PARTICIPLE	IMPERATIVE
rimpiangendo	rimpianto	rimpiangi, rimpianga, rimpiangiamo, rimpiangete, rimpiangano

Se non ci andrò, lo rimpiangerò. *If I don't go, I will regret it.*
Rimpiangerai di non averlo fatto. *You'll regret you didn't do it.*
Tutti la rimpiangono. *She's sadly missed.*
Abbiamo rimpianto la sua perdita. *We have lamented his/her loss.*
rimpiangere un amore perduto *to regret one's lost love*
Rimpiangi la tua giovinezza? *Do you look back on your youth with regret?*

il rimpianto *regret*
rimpianto dei giorni passati *regret for the good old days*
non avere rimpianti *to have no regrets*
avere inutili rimpianti *to cry over spilt milk*

155 ringraziare *to thank* (tr.)

INDICATIVE

	Present	Imperfect	Perfect
io	ringrazio	ringraziavo	ho ringraziato
tu	ringrazi	ringraziavi	hai ringraziato
lui/lei/Lei	ringrazia	ringraziava	ha ringraziato
noi	ringraziamo	ringraziavamo	abbiamo ringraziato
voi	ringraziate	ringraziavate	avete ringraziato
loro/Loro	ringraziano	ringraziavano	hanno ringraziato

	Future	Pluperfect	Past Historic
io	ringrazierò	avevo ringraziato	ringraziai
tu	ringrazierai	avevi ringraziato	ringraziasti
lui/lei/Lei	ringrazierà	aveva ringraziato	ringraziò
noi	ringrazieremo	avevamo ringraziato	ringraziammo
voi	ringrazierete	avevate ringraziato	ringraziaste
loro/Loro	ringrazieranno	avevano ringraziato	ringraziarono

	Future Perfect		Past Anterior
io	avrò ringraziato		ebbi ringraziato

CONDITIONAL / SUBJUNCTIVE

	Present	Present	Imperfect
io	ringrazierei	ringrazi	ringraziassi
tu	ringrazieresti	ringrazi	ringraziassi
lui/lei/Lei	ringrazierebbe	ringrazi	ringraziasse
noi	ringrazieremmo	ringraziamo	ringraziassimo
voi	ringraziereste	ringraziate	ringraziaste
loro/Loro	ringrazierebbero	ringrazino	ringraziassero

	Perfect	Perfect	Pluperfect
io	avrei ringraziato	abbia ringraziato	avessi ringraziato

GERUND	PAST PARTICIPLE	IMPERATIVE
ringraziando	ringraziato	ringrazia, ringrazi, ringraziamo, ringraziate, ringrazino

La ringrazio della visita, Signora Rossi. *Thank you for coming, Mrs Rossi.*
Li ringraziarono del regalo. *They thank them for the present.*
Devi ringraziare solo te stesso. *You have only yourself to thank.*
Ti ringrazio di essere venuto. *Thank you for coming.*
Mi ringraziò di cuore. *He/she thanked me sincerely.*
Devi ringraziare per iscritto. *You must write to say thank you.*
Sia ringraziato il cielo! *Thank heavens!*

il ringraziamento *thanks*
lettera di ringraziamento *thank-you letter*
esprimere il proprio ringraziamento *to express one's thanks*
parole di ringraziamento *words of thanks*
grazie *thank you*

156 risolvere *to solve, resolve* (tr.)

INDICATIVE

	Present	Imperfect	Perfect
io	risolvo	risolvevo	ho risolto
tu	risolvi	risolvevi	hai risolto
lui/lei/Lei	risolve	risolveva	ha risolto
noi	risolviamo	risolvevamo	abbiamo risolto
voi	risolvete	risolvevate	avete risolto
loro/Loro	risolvono	risolvevano	hanno risolto

	Future	Pluperfect	Past Historic
io	risolverò	avevo risolto	risolsi (risolvetti)
tu	risolverai	avevi risolto	risolvesti
lui/lei/Lei	risolverà	aveva risolto	risolse (risolvette)
noi	risolveremo	avevamo risolto	risolvemmo
voi	risolverete	avevate risolto	risolveste
loro/Loro	risolveranno	avevano risolto	risolsero (risolvettero)

	Future Perfect		Past Anterior
io	avrò risolto		ebbi resilto

CONDITIONAL / SUBJUNCTIVE

	Present	Present	Imperfect
io	risolverei	risolva	risolvessi
tu	risolveresti	risolva	risolvesssi
lui/lei/Lei	risolverebbe	risolva	risolvesse
noi	risolveremmo	risolviamo	risolvessimo
voi	risolvereste	risolviate	risolveste
loro/Loro	risolverebbero	risolvano	risolvessero

	Perfect	Perfect	Pluperfect
io	avrei risolto	abbia risolto	avessi risolto

GERUND	PAST PARTICIPLE	IMPERATIVE
risolvendo	risolto	risolvi, risolva, risolviamo, risolvete, risolvano

Avete risolto i vostri dubbi? Sì, li abbiamo risolti. *Have you resolved your doubts? Yes, we have resolved them.*
Hai risolto il problema? *Have you solved the problem?*
risolvere una questione *to settle a matter*
Risolsero di farlo da soli. *They decided to do it on their own.*
Luigi non sa risolversi. *Luigi cannot make his mind up.*
La febbre si risolverà presto. *The fever will soon clear up.*
Tutto si risolse in nulla. *It all came to nothing.*
Tutto si è risolto bene. *Everything turned out well.*

la risoluzione *resolution*
la risoluzione di un contratto *the cancellation of a contract*
prendere una risoluzione *to take a decision*
risoluto *resolute*

157 rispondere *to answer* (intr.)

INDICATIVE

	Present	Imperfect	Perfect
io	rispondo	rispondevo	ho risposto
tu	rispondi	rispondevi	hai risposto
lui/lei/Lei	risponde	rispondeva	ha risposto
noi	rispondiamo	rispondevamo	abbiamo risposto
voi	rispondete	rispondevate	avete risposto
loro/Loro	rispondono	rispondevano	hanno risposto
	Future	**Pluperfect**	**Past Historic**
io	risponderò	avevo risposto	risposi
tu	risponderai	avevi risposto	rispondesti
lui/lei/Lei	risponderà	aveva risposto	rispose
noi	risponderemo	avevamo risposto	rispondemmo
voi	risponderete	avevate risposto	rispondeste
loro/Loro	risponderanno	avevano risposto	risposero
	Future Perfect		**Past Anterior**
io	avrò risposto		ebbi risposto

CONDITIONAL / SUBJUNCTIVE

	Present	Present	Imperfect
io	risponderei	risponda	rispondessi
tu	risponderesti	risponda	rispondessi
lui/lei/Lei	risponderebbe	risponda	rispondesse
noi	risponderemmo	rispondiamo	rispondessimo
voi	rispondereste	rispondiate	rispondeste
loro/Loro	risponderebbero	rispondano	rispondessero
	Perfect	**Perfect**	**Pluperfect**
io	avrei risposto	abbia risposto	avessi risposto

GERUND	PAST PARTICIPLE	IMPERATIVE
rispondendo	risposto	rispondi, risponda, rispondiamo, rispondete, rispondano

Ho risposto alla vosta lettera. *I have replied to your letter.*
Paolo rispose con un cenno del capo. *Paolo answered with a nod.*
Rispondi tu al telefono? *Can you answer the phone?*
Rispondete di sì. *Say yes.*
Solo lui può rispondere delle sue azioni. *Only he can answer for his actions.*
Rispondono al nome di... *They are called...*
rispondere picche *to refuse flatly*
rispondere di un danno *to be liable for damage*

la risposta *answer, reply*
botta e risposta *thrust and counter thrust*
senza risposta *unanswered*
rispondente a *in accordance with*

158 riuscire *to succeed* (intr.)

INDICATIVE

	Present	Imperfect	Perfect
io	riesco	riuscivo	sono riuscito/a
tu	riesci	riuscivi	sei riuscito/a
lui/lei/Lei	riesce	riusciva	è riuscito/a
noi	riusciamo	riuscivamo	siamo riusciti/e
voi	riuscite	riuscivate	siete riusciti/e
loro/Loro	riescono	riuscivano	sono riusciti/e
	Future	**Pluperfect**	**Past Historic**
io	riuscirò	ero riuscito/a	riuscii
tu	riuscirai	eri riuscito/a	riuscisti
lui/lei/Lei	riuscirà	era riuscito/a	riuscì
noi	riusciremo	eravamo riusciti/e	riuscimmo
voi	riuscirete	eravate riusciti/e	riusciste
loro/Loro	riusciranno	erano riusciti/e	riuscirono
	Future Perfect		**Past Anterior**
io	sarò riuscito/a		fui riuscito/a

CONDITIONAL / SUBJUNCTIVE

	Present	Present	Imperfect
io	riuscirei	riesca	riuscissi
tu	riusciresti	riesca	riuscissi
lui/lei/Lei	riuscirebbe	riesca	riuscisse
noi	riusciremmo	riusciamo	riuscissimo
voi	riuscireste	riusciate	riusciste
loro/Loro	riuscirebbero	riescano	riuscissero
	Perfect	**Perfect**	**Pluperfect**
io	sarei riuscito/a	sia riuscito/a	fossi riuscito/a

GERUND	PAST PARTICIPLE	IMPERATIVE
riuscendo	riuscito/a/i/e	riesci, riesca, riusciamo, riuscite, riescano

Riuscii a farla venire qui. *I was able to make her come here.*
Non riesco a capire. *I cannot understand.*
Ci riesci? *Can you manage?*
Sono riusciti senza di me. *They have succeeded without me.*
È riuscito nella vita. *He was successful in life.*
Il segreto per riuscire. *The secret of success.*
riuscire nell'intento *to achieve one's aim*
Questo progetto è riuscito male. *The project turned out badly.*
Questo lavoro riesce bene. *This job is turning out well.*

la riuscita *outcome, result, success*
riuscito *successful*
un lavoro riuscito *a job well done*

159 rompere *to break* (tr.)

INDICATIVE

	Present	Imperfect	Perfect
io	rompo	rompevo	ho rotto
tu	rompi	rompevi	hai rotto
lui/lei/Lei	rompe	rompeva	ha rotto
noi	rompiamo	rompevamo	abbiamo rotto
voi	rompete	rompevate	avete rotto
loro/Loro	rompono	rompevano	hanno rotto
	Future	**Pluperfect**	**Past Historic**
io	romperò	avevo rotto	ruppi
tu	romperai	avevi rotto	rompesti
lui/lei/Lei	romperà	aveva rotto	ruppe
noi	romperemo	avevamo rotto	rompemmo
voi	romperete	avevate rotto	rompeste
loro/Loro	romperanno	avevano rotto	ruppero
	Future Perfect		**Past Anterior**
io	avrò rotto		ebbi rotto

CONDITIONAL / SUBJUNCTIVE

	Present	Present	Imperfect
io	romperei	rompa	rompessi
tu	romperesti	rompa	rompessi
lui/lei/Lei	romperebbe	rompa	rompesse
noi	romperemmo	rompiamo	rompessimo
voi	rompereste	rompiate	rompeste
loro/Loro	romperebbero	rompano	rompessero
	Perfect	**Perfect**	**Pluperfect**
io	avrei rotto	abbia rotto	avessi rotto

GERUND	PAST PARTICIPLE	IMPERATIVE
rompendo	rotto	rompi, rompa, rompiamo, rompete, rompano

Chi ha rotto il bicchiere? *Who has broken the glass?*
Avevano rotto i rapporti con lui. *They had broken off with him.*
La macchina si è rotta. *The car broke down.*
Mi sono rotto un braccio. *I broke my arm.*
Rischia di rompersi l'osso del collo. *He risks breaking his neck.*
Una forte esplosione ruppe il silenzio. *A loud explosion broke the silence.*
rompere l'anima/le scatole a qualcuno *to pester somebody*
Chi rompe paga. *He who is guilty must pay for it.*

un rompiscatole *a pain in the neck*
il rompicapo *brain teaser, puzzle*
il rompimento *nuisance*
la rottura *breaking, split*

160 salire *to go up* (intr./tr.)

INDICATIVE

	Present	Imperfect	Perfect
io	salgo	salivo	sono salito/a
tu	sali	salivi	sei salito/a
lui/lei/Lei	sale	saliva	è salito/a
noi	saliamo	salivamo	siamo saliti/e
voi	salite	salivate	siete saliti/e
loro/Loro	salgono	salivano	sono saliti/e
	Future	**Pluperfect**	**Past Historic**
io	salirò	ero salito/a	salii
tu	salirai	eri salito/a	salisti
lui/lei/Lei	salirà	era salito/a	salì
noi	saliremo	eravamo saliti/e	salimmo
voi	salirete	eravate saliti/e	saliste
loro/Loro	saliranno	erano saliti/e	salirono
	Future Perfect		**Past Anterior**
io	sarò salito/a		fui salito/a

CONDITIONAL SUBJUNCTIVE

	Present	Present	Imperfect
io	salirei	salga	salissi
tu	saliresti	salga	salissi
lui/lei/Lei	salirebbe	salga	salisse
noi	saliremmo	saliamo	salissimo
voi	salireste	saliate	saliste
loro/Loro	salirebbero	salgano	salissero
	Perfect	**Perfect**	**Pluperfect**
io	sarei salito/a	sia salito/a	fossi salito/a

GERUND	PAST PARTICIPLE	IMPERATIVE
salendo	salito/a/i/e	sali, salga, saliamo, salite, salgano

Il bambino sale sulla sedia. *The child gets up on the chair.*
È salito sull'albero. *He climbed the tree.*
Ha salito le scale di corsa. *He went up the stairs quickly.*
Sali in macchina! *Get into the car!*
salire sul treno/sull'autobus *to get on the train/bus*
Salite a bordo. *Go on board.*
La temperatura salirà costantemente. *The temperature will rise constantly.*
Il prezzo della benzina sta salendo. *Petrol price is going up.*
I prezzi saliranno alle stelle. *Prices will rocket.*
Il re salì al trono nel 1930. *The king ascended the throne in 1930.*

la salita *ascent, climb*
in salita *uphill*

161 saltare *to jump* (intr./tr.)

INDICATIVE

	Present	Imperfect	Perfect
io	salto	saltavo	ho saltato
tu	salti	saltavi	hai saltato
lui/lei/Lei	salta	saltava	ha saltato
noi	saltiamo	saltavamo	abbiamo saltato
voi	saltate	saltavate	avete saltato
loro/Loro	saltano	saltavano	hanno saltato
	Future	**Pluperfect**	**Past Historic**
io	salterò	avevo saltato	saltai
tu	salterai	avevi saltato	saltasti
lui/lei/Lei	salterà	aveva saltato	saltò
noi	salteremo	avevamo saltato	saltammo
voi	salterete	avevate saltato	saltaste
loro/Loro	salteranno	avevano saltato	saltarono
	Future Perfect		**Past Anterior**
io	avrò saltato		ebbi saltato

CONDITIONAL   SUBJUNCTIVE

	Present	Present	Imperfect
io	salterei	salti	saltassi
tu	salteresti	salti	saltassi
lui/lei/Lei	salterebbe	salti	saltasse
noi	salteremmo	saltiamo	saltassimo
voi	saltereste	saltiate	saltaste
loro/Loro	salterebbero	saltino	saltassero
	Perfect	**Perfect**	**Pluperfect**
io	avrei saltato	abbia saltato	avessi saltato

GERUND	PAST PARTICIPLE	IMPERATIVE
saltando	saltato	salta, salti, saltiamo, saltate, saltino

Il gatto è saltato sul tavolo. *The cat jumped on the table.*
Salta giù da quel muretto! *Jump down from that wall!*
I bambini saltavano dalla gioia. *The children were jumping for joy.*
Sai saltare su un piede solo? *Can you hop?*
Gli sono saltati addosso. *They have jumped on him.*
Che cosa ti è saltato in mente? *What on earth are you thinking of?*
saltare da un argomento all'altro *to jump from one subject to another*
Questo edificio salterà in aria. *This building will blow up.*
saltare la corda *to skip*
saltare un ostacolo *to jump over a hurdle*
saltare un pasto *to skip a meal*

il saltatore/la saltatrice *jumper*   **salto nel buio** *leap in the dark*
il salto *jump, leap*

162 sapere *to know* (tr.)

INDICATIVE

	Present	Imperfect	Perfect
io	so	sapevo	ho saputo
tu	sai	sapevi	hai saputo
lui/lei/Lei	sa	sapeva	ha saputo
noi	sappiamo	sapevamo	abbiamo saputo
voi	sapete	sapevate	avete saputo
loro/Loro	sanno	sapevano	hanno saputo
	Future	**Pluperfect**	**Past Historic**
io	saprò	avevo saputo	seppi
tu	saprai	avevi saputo	sapesti
lui/lei/Lei	saprà	aveva saputo	seppe
noi	sapremo	avevamo saputo	sapemmo
voi	saprete	avevate saputo	sapeste
loro/Loro	sapranno	avevano saputo	seppero
	Future Perfect		**Past Anterior**
io	avrò saputo		ebbi saputo

CONDITIONAL SUBJUNCTIVE

	Present	Present	Imperfect
io	saprei	sappia	sapessi
tu	sapresti	sappia	sapessi
lui/lei/Lei	saprebbe	sappia	sapesse
noi	sapremmo	sappiamo	sapessimo
voi	sapreste	sappiate	sapeste
loro/Loro	saprebbero	sappiano	sapessero
	Perfect	**Perfect**	**Pluperfect**
io	avrei saputo	abbia saputo	avessi saputo

GERUND	PAST PARTICIPLE	IMPERATIVE
sapendo	saputo	sappi, sappia, sappiamo, sappiate, sappiano

Sa a che ora parte il treno per Milano? Mi dispiace, non lo so. *Do you know what time the train for Milan leaves? I am sorry, I don't know.*
Non sapevo che erano arrivati. *I didn't know they had arrived.*
Ne sai qualcosa? *Do you know anything about it?*
Paolo sapeva tre lingue. *Paolo knew three languages.*
Devi sapere questo brano a memoria. *You must know this piece by heart.*
Paolo la sa lunga. *Paolo knows a thing or two.*
sapere qualcosa per filo e per segno *to know something like the back of one's hand*
Non sa nuotare. *She can't swim.*
Credo che sappia andare in bicicletta. *I think that he knows how to ride a bike.*
Questa zuppa non sa di niente. *This soup has no taste.*

il sapere *knowledge* | **sapiente** *learned*
la sapienza *wisdom* | **il sapientone** *know-all*

163 scegliere *to choose* (tr.)

INDICATIVE

	Present	Imperfect	Perfect
io	scelgo	sceglievo	ho scelto
tu	scegli	sceglievi	hai scelto
lui/lei/Lei	sceglie	sceglieva	ha scelto
noi	scegliamo	sceglievamo	abbiamo scelto
voi	scegliete	sceglievate	avete scelto
loro/Loro	scelgono	sceglievano	hanno scelto

	Future	Pluperfect	Past Historic
io	sceglierò	avevo scelto	scelsi
tu	sceglierai	avevi scelto	scegliesti
lui/lei/Lei	sceglierà	aveva scelto	scelse
noi	sceglieremo	avevamo scelto	scegliemmo
voi	sceglierete	avevate scelto	sceglieste
loro/Loro	sceglieranno	avevano scelto	scelsero

	Future Perfect		Past Anterior
io	avrò scelto		ebbi scelto

CONDITIONAL   SUBJUNCTIVE

	Present	Present	Imperfect
io	sceglierei	scelga	scegliessi
tu	sceglieresti	scelga	scegliessi
lui/lei/Lei	sceglierebbe	scelga	scegliesse
noi	sceglieremmo	scegliamo	scegliessimo
voi	scegliereste	scegliate	scegliaste
loro/Loro	sceglierebbero	scelgano	scegliessero

	Perfect	Perfect	Pluperfect
io	avrei scelto	abbia scelto	avessi scelto

GERUND	PAST PARTICIPLE	IMPERATIVE
scegliendo	scelto	scegli, scelga, scegliamo, scegliete, scelgano

Hai scelto il vestito nuovo? *Have you chosen the new dress?*
Si è scelto dei bravi collaboratori. *He has chosen a good team.*
Scegli quello che vuoi. *Take your pick.*
Quanta frutta! Scegli solo la migliore. *How much fruit! Pick only the best.*
Sceglieremo il male minore. *We will choose the lesser of the two evils.*
Non c'è scegliere. *There is not much choice.*
C'è da scegliere. *There is a lot to choose from.*

la scelta *choice*
merce di prima scelta *top grade goods*
scelto *chosen*
un pubblico scelto *a chosen public*

164 scendere *to descend, get off* (intr./tr.)

INDICATIVE

	Present	Imperfect	Perfect
io	scendo	scendevo	sono sceso/a
tu	scendi	scendevi	sei sceso/a
lui/lei/Lei	scende	scendeva	è sceso/a
noi	scendiamo	scendevamo	siamo scesi/e
voi	scendete	scendevate	siete scesi/e
loro/Loro	scendono	scendevano	sono scesi/e

	Future	Pluperfect	Past Historic
io	scenderò	ero sceso/a	scesi
tu	scenderai	eri sceso/a	scendesti
lui/lei/Lei	scenderà	era sceso/a	scese
noi	scenderemo	eravamo scesi/e	scendemmo
voi	scenderete	eravate scesi/e	scendeste
loro/Loro	scenderanno	erano scesi/e	scesero

	Future Perfect		Past Anterior
io	sarò sceso/a		fui sceso/a

CONDITIONAL   SUBJUNCTIVE

	Present	Present	Imperfect
io	scenderei	scenda	scendessi
tu	scenderesti	scenda	scendessi
lui/lei/Lei	scenderebbe	scenda	scendesse
noi	scenderemmo	scendiamo	scendessimo
voi	scendereste	scendiate	scendeste
loro/Loro	scenderebbero	scendano	scendessero

	Perfect	Perfect	Pluperfect
io	sarei sceso/a	sia sceso/a	fossi scenso/a

GERUND	PAST PARTICIPLE	IMPERATIVE
scendendo	sceso/a/i/e	scendi, scenda, scendiamo, scendete, scendano

Scendo in questo momento! *I'm coming down right now!*
Devi scendere alla prossima fermata. *You must get off at the next stop.*
scendere dall'autobus/dal treno *to get off the bus/train*
Sono scesi a terra? *Have they gone ashore?*
La strada scendeva fino a valle. *The road ran down to the valley.*
Paolo ha sceso le scale velocemente. *Paolo came down the stairs quickly.*
La temperatura è scesa. *The temperature has dropped.*
I prezzi scendono. *The prices are falling.*
scendere a patti con qualcuno *to come to terms with somebody*

la discesa *descent, slope*
in discesa *downhill*
lo scendiletto *bedside rug*

165 scommettere *to bet* (tr.)

INDICATIVE

	Present	Imperfect	Perfect
io	scommetto	scommettevo	ho scommesso
tu	scommetti	scommettevi	hai scommesso
lui/lei/Lei	scommette	scommetteva	ha scommesso
noi	scommettiamo	scommettevamo	abbiamo scommesso
voi	scommettete	scommettevate	avete scommesso
loro/Loro	scommettono	scommettevano	hanno scommesso

	Future	Pluperfect	Past Historic
io	scommetterò	avevo scommesso	scommisi
tu	scommetterai	avevi scommesso	scommettesti
lui/lei/Lei	scommetterà	aveva scommesso	scommise
noi	scommetteremo	avevamo scommesso	scommettemmo
voi	scommetterete	avevate scommesso	scommetteste
loro/Loro	scommetteranno	avevano scommesso	scommisero

	Future Perfect		Past Anterior
io	avrò scommesso		ebbi scommesso

CONDITIONAL SUBJUNCTIVE

	Present	Present	Imperfect
io	scommetterei	scommetta	scommettessi
tu	scommetteresti	scommetta	scommettessi
lui/lei/Lei	scommetterebbe	scommetta	scommettesse
noi	scommetteremmo	scommettiamo	scommettessimo
voi	scommettereste	scommettiate	scommetteste
loro/Loro	scommetterebbero	scommettano	scommettessero

	Perfect	Perfect	Pluperfect
io	avrei scommesso	abbia scommesso	avessi scommesso

GERUND	PAST PARTICIPLE	IMPERATIVE
scommettendo	scommesso	scommetti, scommetta, scommettiamo, scommettete, scommettano

Abbiamo scommesso che indovinerai. *We have bet that you will guess.*
Scommetto dieci sterline che non ce la fai. *I bet ten pounds that you won't make it.*
Scommetto che hai ragione. *I bet you are right.*
Scommetto che non lo sai. *I bet you don't know it.*
Scommetto che oggi ci sarà il sole. *I dare say it is going to be sunny today.*
Scommetterete su questo cavallo? *Will you bet on this horse?*
Ci puoi scommettere! *You bet!*

la scommessa *bet*
fare una scommessa *to make a bet*
la somma scommessa *the sum staked*

166 scomparire *to disappear* (intr.)

INDICATIVE

	Present	Imperfect	Perfect
io	scompaio (scomparisco)	scomparivo	sono scomparso/a
tu	scompari (scomparisci)	scomparivi	sei scomparso/a
lui/lei/Lei	scompare (scomparisce)	scompariva	è scomparso/a
noi	scompariamo	scomparivamo	siamo scomparsi/e
voi	scomparite	scomparivate	siete scomparsi/e
loro/Loro	scompaiono (scompariscono)	scomparivano	sono scomparsi/e

	Future	Pluperfect	Past Historic
io	scomparirò	ero scomparso/a	scomparvi (scomparii)
tu	scomparirai	eri scomparso/a	scomparisti
lui/lei/Lei	scomparirà	era scomparso/a	scomparve (scomparì)
noi	scompariremo	eravamo scomparsi/e	scomparimmo
voi	scomparirete	eravate scomparsi/e	scompariste
loro/Loro	scompariranno	erano scomparsi/e (scomparirono)	scomparvero

	Future Perfect		Past Anterior
io	sarò scomparso/a		fui scomparso/a

CONDITIONAL / SUBJUNCTIVE

	Present	Present	Imperfect
io	scomparirei	scompaia (scomparisca) scomparissi	
tu	scompariresti	scompaia (scomparisca)	scomparissi
lui/lei/Lei	scomparirebbe	scompaia (scomparisca)	scomparisse
noi	scompariremmo	scompariamo	scomparissimo
voi	scomparireste	scompariate	scompariste
loro/Loro	scomparirebbero (scompariscano)	scompaiano	scomparissero

	Perfect	Perfect	Pluperfect
io	sarei scomparso/a	sia scomparso/a	fossi scomparso/a

GERUND	PAST PARTICIPLE	IMPERATIVE
scomparendo	scomparso/a/i/e	scompari (scomparisci), scompaia (scomparisca), scompariamo, scomparite, scompaiano (scompariscano)

Luigi è scomparso da un anno. *Luigi disappeared a year ago.*
Dove sei scomparso? *Where have you gone to?*
Rimase a guardarlo finché scomparve alla vista. *She stayed and watched him until he was out of sight.*
È scomparso un grande poeta. *A great poet has died.*
Il mio anello scompare di fronte al tuo. *My ring is nothing compared with yours.*

la scomparsa *disappearance, death*
a vent'anni dalla sua scomparsa *twenty years after his death*

167 scoprire *to discover, reveal* (tr.)

INDICATIVE

	Present	Imperfect	Perfect
io	scopro	scoprivo	ho scoperto
tu	scopri	scoprivi	hai scoperto
lui/lei/Lei	scopre	scopriva	ha scoperto
noi	scopriamo	scoprivamo	abbiamo scoperto
voi	scoprite	scoprivate	avete scoperto
loro/Loro	scoprono	scoprivano	hanno scoperto
	Future	**Pluperfect**	**Past Historic**
io	scoprirò	avevo scoperto	scoprii (scopersi)
tu	scoprirai	avevi scoperto	scopristi
lui/lei/Lei	scoprirà	aveva scoperto	scoprì (scoperse)
noi	scopriremo	avevamo scoperto	scoprimmo
voi	scoprirete	avevate scoperto	scopriste
loro/Loro	scopriranno	avevano scoperto	scoprirono (scopersero)
	Future Perfect		**Past Anterior**
io	avrò scoperto		ebbi scoperto

CONDITIONAL | SUBJUNCTIVE

	Present	Present	Imperfect
io	scoprirei	scopra	scoprissi
tu	scopriresti	scopra	scoprissi
lui/lei/Lei	scoprirebbe	scopra	scoprisse
noi	scopriremmo	scopriamo	scoprissimo
voi	scoprireste	scopriate	scopriste
loro/Loro	scoprirebbero	scoprano	scoprissero
	Perfect	**Perfect**	**Pluperfect**
io	avrei scoperto	abbia scoperto	avessi scoperto

GERUND	PAST PARTICIPLE	IMPERATIVE
scoprendo	scoperto	scopri, scopra, scopriamo, scoprite, scoprano

La polizia scoprirà il colpevole. *The police will detect the guilty man.*
Scoprirono la verità. *They found out the truth.*
Ho scoperto di non avere il tuo indirizzo. *I've realized I haven't got your address.*
Scoprirà che non parlo inglese. *He'll find out that I don't speak English.*
scoprire le proprie intenzione *to reveal one's intentions*
Scopri le carte. *Lay your cards on the table.*
Fa freddo. Non scoprirti. *It's cold. Keep wrapped up.*

la scoperta *discovery*
avere un conto scoperto *to be overdrawn*
uscire allo scoperto *to come out in the open*

168 scrivere *to write* (tr.)

INDICATIVE

	Present	Imperfect	Perfect
io	scrivo	scrivevo	ho scritto
tu	scrivi	scrivevi	hai scritto
lui/lei/Lei	scrive	scriveva	ha scritto
noi	scriviamo	scrivevamo	abbiamo scritto
voi	scrivete	scrivevate	avete scritto
loro/Loro	scrivono	scrivevano	hanno scritto
	Future	Pluperfect	Past Historic
io	scriverò	avevo scritto	scrissi
tu	scriverai	avevi scritto	scrivesti
lui/lei/Lei	scriverà	aveva scritto	scrisse
noi	scriveremo	avevamo scritto	scrivemmo
voi	scriverete	avevate scritto	scriveste
loro/Loro	scriveranno	avevano scritto	scrissero
	Future Perfect		Past Anterior
io	avrò scritto		ebbi scritto

CONDITIONAL / SUBJUNCTIVE

	Present	Present	Imperfect
io	scriverei	scriva	scrivessi
tu	scriveresti	scriva	scrivessi
lui/lei/Lei	scriverebbe	scriva	scrivesse
noi	scriveremmo	scriviamo	scrivessimo
voi	scrivereste	scriviate	scriveste
loro/Loro	scriverebbero	scrivano	scrivessero
	Perfect	Perfect	Pluperfect
io	avrei scritto	abbia scritto	avessi scritto

GERUND	PAST PARTICIPLE	IMPERATIVE
scrivendo	scritto	scrivi, scriva, scriviamo, scrivete, scrivano

Hai scritto a tua madre? Sì, le ho scritto. *Have you written to your mother? Yes, I have written to her.*
Mi scrissero una lettera. *They wrote a letter to me.*
È molto tempo che Paolo non ci scrive. *Paolo has not written to us for a long time.*
Come si scrive? *How do you spell/write it?*
Le ho scritto che arrivo lunedì. *I wrote to her that I'm arriving on Monday.*
Scrivigli di non preoccuparsi. *Write to him that he shouldn't worry.*
Si prega di scrivere in stampatello. *Please write in block capitals.*
scrivere a mano/a penna/a matita *to write by hand/in pen/in pencil*

lo scrittore/la scrittrice *writer*
la scrivania *desk*

la scrittura writing, *hand-writing*
per iscritto *in writing*

169 scuotere *to shake* (tr.)

INDICATIVE

	Present	Imperfect	Perfect
io	scuoto	scuotevo	ho scosso
tu	scuoti	scuotevi	hai scosso
lui/lei/Lei	scuote	scuoteva	ha scosso
noi	scuotiamo	scuotevamo	abbiamo scosso
voi	scuotete	scuotevate	avete scosso
loro/Loro	scuotono	scuotevano	hanno scosso

	Future	Pluperfect	Past Historic
io	scuoterò	avevo scosso	scossi
tu	scuoterai	avevi scosso	scotesti
lui/lei/Lei	scuoterà	aveva scosso	scosse
noi	scuoteremo	avevamo scosso	scuotemmo
voi	scuoterete	avevate scosso	scoteste
loro/Loro	scuoteranno	avevano scosso	scossero

	Future Perfect		Past Anterior
io	avrò scosso		ebbi scosso

CONDITIONAL   SUBJUNCTIVE

	Present	Present	Imperfect
io	scuoterei	scuota	scuotessi
tu	scuoteresti	scuota	scuotessi
lui/lei/Lei	scuoterebbe	scuota	scuotesse
noi	scuoteremmo	scuotiamo	scuotessimo
voi	scuotereste	scuotiate	scuoteste
loro/Loro	scuoterebbero	scuotano	scuotessero

	Perfect	Perfect	Pluperfect
io	avrei scosso	abbia scosso	avessi scosso

GERUND	PAST PARTICIPLE	IMPERATIVE
scuotendo	scosso	scuoti, scuota, scuotiamo, scuotete, scuotano

Ho scosso via le briciole dalla tovaglia. *I shook the crumbs from the table cloth.*
scuotere la testa *to shake one's head as a sign of disapproval or doubt*
scuotere le spalle *to shrug*
scuotere i nervi *to annoy somebody*

lo scuotimento *shaking; emotion*
scosso/a *shaken*

170 sedersi *to sit down* (r.)

INDICATIVE

	Present	Imperfect	Perfect
io	mi siedo	mi sedevo	mi sono seduto/a
tu	ti siedi	ti sedevi	ti sei seduto/a
lui/lei/Lei	si siede	si sedeva	si è seduto/a
noi	ci sediamo	ci sedevamo	ci siamo seduti/e
voi	vi sedete	vi sedevate	vi siete seduti/e
loro/Loro	si siedono	si sedevano	si sono seduti/e

	Future	Pluperfect	Past Historic
io	mi siederò	mi ero seduto/a	mi sedei (mi sedetti)
tu	ti siederai	ti eri seduto/a	ti sedesti
lui/lei/Lei	si siederà	si era seduto/a	si sedè (si sedette)
noi	ci siederemo	ci eravamo seduti/e	ci sedemmo
voi	vi siederete	vi eravate seduti/e	vi sedeste
loro/Loro	si siederanno	si erano seduti/e	si sederono (si sedettero)

	Future Perfect		Past Anterior
io	mi sarò seduto/a		mi fui seduto/a

CONDITIONAL   SUBJUNCTIVE

	Present	Present	Imperfect
io	mi siederei	mi sieda	mi sedessi
tu	ti siederesti	ti sieda	ti sedessi
lui/lei/Lei	si siederebbe	si sieda	si sedesse
noi	ci siederemmo	ci sediamo	ci sedessimo
voi	vi siedereste	vi sediate	vi sedeste
loro/Loro	si siederebbero	si siedano	si sedessero

	Perfect	Perfect	Pluperfect
io	mi sarei seduto/a	mi sia seduto	mi fossi seduto

GERUND	PAST PARTICIPLE	IMPERATIVE
sedendomi	seduto	siediti, si sieda, sediamoci, sedetevi, si siedano

Si sieda, per favore. *Please, sit down.*
Bambini, sedetevi a tavola. *Children, sit at/come to the table.*
Sono stanca. Ho bisogno di sedermi. *I'm tired. I need to sit down.*
sedersi su una sedia/in poltrona *to sit on a chair/an armchair*
mettersi a sedere *to take a seat, to sit down*
mettersi seduto *to sit up*
Fai sedere gli ospiti in giardino. *Ask the guests to sit in the garden.*

sedia *chair*
seduto *sitting*
seduta *session, sitting*
sede *residence, headquarters*
sedentario *sedentary*

171 sentire *to hear, feel, smell, taste* (tr.)

INDICATIVE

	Present	Imperfect	Perfect
io	sento	sentivo	ho sentito
tu	senti	sentivi	hai sentito
lui/lei/Lei	sente	sentiva	ha sentito
noi	sentiamo	sentivamo	abbiamo sentito
voi	sentite	sentivate	avete sentito
loro/Loro	sentono	sentivano	hanno sentito

	Future	Pluperfect	Past Historic
io	sentirò	avevo sentito	sentii
tu	sentirai	avevi sentito	sentisti
lui/lei/Lei	sentirà	aveva sentito	sentì
noi	sentiremo	avevamo sentito	sentimmo
voi	sentirete	avevate sentito	sentiste
loro/Loro	sentiranno	avevano sentito	sentirono

	Future Perfect		Past Anterior
io	avrò sentito		ebbi sentito

CONDITIONAL · SUBJUNCTIVE

	Present	Present	Imperfect
io	sentirei	senta	sentissi
tu	sentiresti	senta	sentissi
lui/lei/Lei	sentirebbe	senta	sentisse
noi	sentiremmo	sentiamo	sentissimo
voi	sentireste	sentiate	sentiste
loro/Loro	sentirebbero	sentano	sentissero

	Perfect	Perfect	Pluperfect
io	avrei sentito	abbia sentito	avessi sentito

GERUND	PAST PARTICIPLE	IMPERATIVE
sentendo	sentito	senti, senta, sentiamo, sentite, sentano

Hanno sentito un rumore. *They have heard a noise.*
In questa stanza sento il freddo. *In this room I feel the cold.*
Senti questo profumo. *Smell this perfume.*
Senti com'è buona questa pizza. *Taste how good this pizza is.*
Ci sentivamo a nostro agio lì. *We used to feel at ease there.*
Fatti sentire. *Keep in touch.*
Mi sento bene/male. *I feel well/ill.*
Sento la tua mancanza. *I miss you.*

il sentimento *feeling*
sentimentale *sentimental*
il sentore *inkling, feeling*

172 servire *to serve* (intr./tr.)

INDICATIVE

	Present	Imperfect	Perfect
io	servo	servivo	ho servito
tu	servi	servivi	hai servito
lui/lei/Lei	serve	serviva	ha servito
noi	serviamo	servivamo	abbiamo servito
voi	servite	servivate	avete servito
loro/Loro	servono	servivano	hanno servito

	Future	Pluperfect	Past Historic
io	servirò	avevo servito	servii
tu	servirai	avevi servito	servisti
lui/lei/Lei	servirà	aveva servito	servì
noi	serviremo	avevamo servito	servimmo
voi	servirete	avevate servito	serviste
loro/Loro	serviranno	avevano servito	servirono

	Future Perfect		Past Anterior
io	avrò servito		ebbi servito

CONDITIONAL   SUBJUNCTIVE

	Present	Present	Imperfect
io	servirei	serva	servissi
tu	serviresti	serva	servissi
lui/lei/Lei	servirebbe	serva	servisse
noi	serviremmo	serviamo	servissimo
voi	servireste	serviate	serviste
loro/Loro	servirebbero	servano	servissero

	Perfect	Perfect	Pluperfect
io	avrei servito	abbia servito	avessi servito

GERUND	PAST PARTICIPLE	IMPERATIVE
servendo	servito	servi, serva, serviamo, servite, servano

Il cameriere la serviva. *The waiter served her.*
Serviti! Si serva! *Help yourself!*
Ti dispiace servire il caffè? *Do you mind serving the coffee?*
Posso servirla? *Can I help you?*
Questo libro non mi è servito. *This book has not been of use to me.*
A che cosa serve? *What is it used for?*
Hanno sempre servito il loro paese. *They have always served their country.*
Lo hanno servito a dovere. *They have given him what he deserved.*

il servitore/la servitrice *servant*
il servizio *service*
area di servizio *service area*

stazione di servizio *petrol station*
fuori servizio *out of order*
di servizio *on duty*

173 soffrire *to suffer* (intr./tr.)

INDICATIVE

	Present	Imperfect	Perfect
io	soffro	soffrivo	ho sofferto
tu	soffri	soffrivi	hai sofferto
lui/lei/Lei	soffre	soffriva	ha sofferto
noi	soffriamo	soffrivamo	abbiamo sofferto
voi	soffrite	soffrivate	avete sofferto
loro/Loro	soffrono	soffrivano	hanno sofferto

	Future	Pluperfect	Past Historic
io	soffrirò	avevo sofferto	soffrii (soffersi)
tu	soffrirai	avevi sofferto	soffristi
lui/lei/Lei	soffrirà	aveva sofferto	soffrì (sofferse)
noi	soffriremo	avevamo sofferto	soffrimmo
voi	soffrirete	avevate sofferto	soffriste
loro/Loro	soffriranno	avevano sofferto	soffrirono (soffersero)

	Future Perfect		Past Anterior
io	avrò sofferto		ebbi sofferto

CONDITIONAL   SUBJUNCTIVE

	Present	Present	Imperfect
io	soffrirei	soffra	soffrissi
tu	soffriresti	soffra	soffrissi
lui/lei/Lei	soffrirebbe	soffra	soffrisse
noi	soffriremmo	soffriamo	soffrissimo
voi	soffrireste	soffriate	soffriste
loro/Loro	soffrirebbero	soffrano	soffrissero

	Perfect	Perfect	Pluperfect
io	avrei sofferto	abbia sofferto	avessi sofferto

GERUND	PAST PARTICIPLE	IMPERATIVE
soffrendo	sofferto	soffri, soffra, soffriamo, soffrite, soffrano

Paolo ha sofferto la fame. *Paolo has suffered hunger.*
Penso che soffra di reumatismi. *I think he suffers from rheumatism.*
Mio padre soffre di cuore. *My father suffers from heart disease.*
Hanno sofferto tanto nella vita. *They suffered a lot in their life.*
Non posso soffrire questo rumore. *I cannot bear this noise.*
Non posso soffrirla. *I cannot stand her.*
La vosta reputazione ne soffrirà. *Your reputation will suffer.*
soffrire il solletico *to be ticklish*

la sofferenza *suffering*
sofferto *endured*
sofferente *suffering*
essere sofferente di *to suffer from*

174 sognare *to dream* (intr./tr.)

INDICATIVE

	Present	Imperfect	Perfect
io	sogno	sognavo	ho sognato
tu	sogni	sognavi	hai sognato
lui/lei/Lei	sogna	sognava	ha sognato
noi	sogniamo	sognavamo	abbiamo sognato
voi	sognate	sognavate	avete sognato
loro/Loro	sognano	sognavano	hanno sognato
	Future	**Pluperfect**	**Past Historic**
io	sognerò	avevo sognato	sognai
tu	sognerai	avevi sognato	sognasti
lui/lei/Lei	sognerà	aveva sognato	sognò
noi	sogneremo	avevamo sognato	sognammo
voi	sognerete	avevate sognato	sognaste
loro/Loro	sogneranno	avevano sognato	sognarono
	Future Perfect		**Past Anterior**
io	avrò sognato		ebbi sognato

CONDITIONAL SUBJUNCTIVE

	Present	Present	Imperfect
io	sognerei	sogni	sognassi
tu	sogneresti	sogni	sognassi
lui/lei/Lei	sognerebbe	sogni	sognasse
noi	sogneremmo	sogniamo	sognassimo
voi	sognereste	sogniate	sognaste
loro/Loro	sognerebbero	sognino	sognassero
	Perfect	**Perfect**	**Pluperfect**
io	avrei sognato	abbia sognato	avessi sognato

GERUND	PAST PARTICIPLE	IMPERATIVE
sognando	sognato	sogna, sogni, sogniamo, sognate, sognino

Sognai di essere a casa. *I dreamt I was at home.*
Ho sognato che tu eri qui. *I dreamt that you were here.*
Luigi sogna un futuro migliore. *Luigi is dreaming of a better future.*
Non ci saremmo mai sognati di arrivare qui. *We would never have imagined we would get here.*
Devono esserselo sognato. *They must have dreamt of it.*
Mi sembra di sognare. *I must be dreaming.*
Non sognartelo neanche! *Do not even dream it!*
Sogni sempre ad occhi aperti? *Are you always daydreaming?*

il sognatore/la sognatrice *dreamer*
il sogno *dream*
Neanche per sogno. *I wouldn't dream of it.*
sogni d'oro *sweet dreams*

175 sorgere *to rise* (intr.)

INDICATIVE

	Present	Imperfect	Perfect
io	sorgo	sorgevo	sono sorto/e
tu	sorgi	sorgevi	sei sorto/e
lui/lei/Lei	sorge	sorgeva	è sorto/a
noi	sorgiamo	sorgevamo	siamo sorti/e
voi	sorgete	sorgevate	siete sorti/e
loro/Loro	sorgono	sorgevano	sono sorti/e
	Future	**Pluperfect**	**Past Historic**
io	sorgerò	ero sorto/a	sorsi
tu	sorgerai	eri sorto/a	sorgesti
lui/lei/Lei	sorgerà	era sorto/a	sorse
noi	sorgeremo	eravamo sorti/e	sorgemmo
voi	sorgerete	eravate sorti/e	sorgeste
loro/Loro	sorgeranno	erano sorti/e	sorsero
	Future Perfect		**Past Anterior**
io	sarò sorto/a		fui sorto/a

CONDITIONAL / SUBJUNCTIVE

	Present	Present	Imperfect
io	sorgerei	sorga	sorgessi
tu	sorgeresti	sorga	sorgessi
lui/lei/Lei	sorgerebbe	sorga	sorgesse
noi	sorgeremmo	sorgiamo	sorgessimo
voi	sorgereste	sorgiate	sorgeste
loro/Loro	sorgerebbero	sorgano	sorgessero
	Perfect	**Perfect**	**Pluperfect**
io	sarei sorto/a	sia sorto/a	fossi sorto/a

GERUND	PAST PARTICIPLE	IMPERATIVE
sorgendo	sorto/a/i/e	sorgi, sorga, sorgiamo, sorgete, sorgano

A che ora sorge il sole? *What time does the sun rise?*
Abbiamo visto sorgere il sole. *We have seen the sun rise.*
In questa città sorge un bellissimo castello. *In this town there is a beautiful castle.*
Mi hai fatto sorgere un dubbio. *You have raised a doubt in my mind.*
Il suo comportamento ha fatto sorgere una discussione. *His behaviour caused a discussion.*
Il disaccordo è sorto da una questione di soldi. *The disagreement arose from money matters.*

la sorgente *source, spring*
acqua di sorgente *spring water*

176 sorprendere *to surprise* (tr.)

INDICATIVE

	Present	Imperfect	Perfect
io	sorprendo	sorprendevo	ho sorpreso
tu	sorprendi	sorprendevi	hai sorpreso
lui/lei/Lei	sorprende	sorprendeva	ha sorpreso
noi	sorprendiamo	sorprendevamo	abbiamo sorpreso
voi	sorprendete	sorprendevate	avete sorpreso
loro/Loro	sorprendono	sorprendevano	hanno sorpreso

	Future	Pluperfect	Past Historic
io	sorprenderò	avevo sorpreso	sorpresi
tu	sorprenderai	avevi sorpreso	sorprendesti
lui/lei/Lei	sorprenderà	aveva sorpreso	sorprese
noi	sorprenderemo	avevamo sorpreso	sorprendemmo
voi	sorprenderete	avevate sorpreso	sorprendeste
loro/Loro	sorprenderanno	avevano sorpreso	sorpresero

	Future Perfect		Past Anterior
io	avrò sorpreso		ebbi sorpreso

CONDITIONAL / SUBJUNCTIVE

	Present	Present	Imperfect
io	sorprenderei	sorprenda	sorprendessi
tu	sorprenderesti	sorprenda	sorprendessi
lui/lei/Lei	sorprenderebbe	sorprenda	sorprendesse
noi	sorprenderemmo	sorprendiamo	sorprendessimo
voi	sorprendereste	sorprendiate	sorprendeste
loro/Loro	sorprenderebbero	sorprendano	sorprendessero

	Perfect	Perfect	Pluperfect
io	avrei sorpreso	abbia sorpres	avessi sorpreso

GERUND	PAST PARTICIPLE	IMPERATIVE
sorprendendo	sorpreso	sorprendi, sorprenda, sorprendiamo, sorprendete, sorprendano

La polizia sorprese il ladro con le mani nel sacco. *The police caught the thief red-handed.*

Mia madre e mia sorella furono sorprese dall'arrivo di mio padre. *My mother and my sister were surprised by my father's arrival.*

Sorprese la rapidità del portiere. *The goalkeeper's speed was astonishing.*

La nuova linea di moda sorprenderà tutti. *The new fashion will surprise everybody.*

La pioggia ci sorprese sulla via del ritorno. *Rain caught us out on the way home.*

sorprendente *surprising*
la sorpresa *surprise*

177 spegnere *to switch off, put out* (tr.)

INDICATIVE

	Present	Imperfect	Perfect
io	spengo	spegnevo	ho spento
tu	spegni	spegnevi	hai spento
lui/lei/Lei	spegne	spegneva	ha spento
noi	spegniamo	spegnevamo	abbiamo spento
voi	spegnete	spegnevate	avete spento
loro/Loro	spengono	spegnevano	hanno spento
	Future	**Pluperfect**	**Past Historic**
io	spegnerò	avevo spento	spensi
tu	spegnerai	avevi spento	spegnesti
lui/lei/Lei	spegnerà	aveva spento	spense
noi	spegneremo	avevamo spento	spegnemmo
voi	spegnerete	avevate spento	spegneste
loro/Loro	spegneranno	avevano spento	spensero
	Future Perfect		**Past Anterior**
io	avrò spento		ebbi spento

CONDITIONAL / SUBJUNCTIVE

	Present	Present	Imperfect
io	spegnerei	spenga	spegnessi
tu	spegneresti	spenga	spegnessi
lui/lei/Lei	spegnerebbe	spenga	spegnesse
noi	spegneremmo	spegniamo	spegnessimo
voi	spegnereste	spegniate	spegneste
loro/Loro	spegnerebbero	spengano	spegnessero
	Perfect	**Perfect**	**Pluperfect**
io	avrei spento	abbia spento	avessi spento

GERUND / PAST PARTICIPLE / IMPERATIVE

GERUND	PAST PARTICIPLE	IMPERATIVE
spegnendo	spento	spegni, spenga, spegniamo, spegnete, spengano

Spegni la luce, per favore. *Switch the light off, please.*
Avete spento il televisore? *Have you turned the television off?*
Spegnemmo il fuoco. *We put the fire out.*
Paolo spegne la sigaretta lentamente. *Paolo stubbs his cigarette out slowly.*
Il motore si è spento. *The engine has died out.*
Si è spento serenamente dopo lunga malattia. *He passed away peacefully after a long illness.*

spento *burnt out*
occhi spenti *lifeless eyes*
colore spento *dull colour*
a luci spente *with the light out*

178 spendere *to spend* (tr.)

INDICATIVE

	Present	Imperfect	Perfect
io	spendo	spendevo	ho speso
tu	spendi	spendevi	hai speso
lui/lei/Lei	spende	spendeva	ha speso
noi	spendiamo	spendevamo	abbiamo speso
voi	spendete	spendevate	avete speso
loro/Loro	spendono	spendevano	hanno speso
	Future	**Pluperfect**	**Past Historic**
io	spenderò	avevo speso	spesi
tu	spenderai	avevi speso	spendesti
lui/lei/Lei	spenderà	aveva speso	spese
noi	spenderemo	avevamo speso	spendemmo
voi	spenderete	avevate speso	spendeste
loro/Loro	spenderanno	avevano speso	spesero
	Future Perfect		**Past Anterior**
io	avrò speso		ebbi speso

CONDITIONAL SUBJUNCTIVE

	Present	Present	Imperfect
io	spenderei	spenda	spendessi
tu	spenderesti	spenda	spendessi
lui/lei/Lei	spenderebbe	spenda	spendesse
noi	spenderemmo	spendiamo	spendessimo
voi	spendereste	spendiate	spendeste
loro/Loro	spenderebbero	spendano	spendessero
	Perfect	**Perfect**	**Pluperfect**
io	avrei speso	abbia speso	avessi speso

GERUND	PAST PARTICIPLE	IMPERATIVE
spendendo	speso	spendi, spenda, spendiamo, spendete, spendano

Ho speso molto per questo libro. *I have spent a lot on this book.*
Quanto ti fecero spendere? *How much did they charge you?*
Ho speso un patrimonio. *I have spent a fortune.*
Non spendere energie in questo lavoro. *Do not expend all your energy on this job.*
Ho speso un sacco di tempo a fare il giardino. *I spent a lot of time gardening.*
Spendi una buona parola per Paolo. *Put in a good word for Paolo.*
spendere e spandere *to throw one's money around*
Chi più spende meno spende. *Cheapest is dearest.*

la spesa *shopping, expenses, purchase*
andare a fare la spesa *to go shopping*
spese fisse *fixed costs*

179 spingere *to push* (tr.)

INDICATIVE

	Present	Imperfect	Perfect
io	spingo	spingevo	ho spinto
tu	spingi	spingevi	hai spinto
lui/lei/Lei	spinge	spingeva	ha spinto
noi	spingiamo	spingevamo	abbiamo spinto
voi	spingete	spingevate	avete spinto
loro/Loro	spingono	spingevano	hanno spinto

	Future	Pluperfect	Past Historic
io	spingerò	avevo spinto	spinsi
tu	spingerai	avevi spinto	spingesti
lui/lei/Lei	spingerà	aveva spinto	spinse
noi	spingeremo	avevamo spinto	spingemmo
voi	spingerete	avevate spinto	spingeste
loro/Loro	spingeranno	avevano spinto	spinsero

	Future Perfect		Past Anterior
io	avrò spinto		ebbi spinto

CONDITIONAL / SUBJUNCTIVE

	Present	Present	Imperfect
io	spingerei	spinga	spingessi
tu	spingeresti	spinga	spingessi
lui/lei/Lei	spingerebbe	spinga	spingesse
noi	spingeremmo	spingiamo	spingessimo
voi	spingereste	spingiate	spingeste
loro/Loro	spingerebbero	spingano	spingessero

	Perfect	Perfect	Pluperfect
io	avrei spinto	abbia spinto	avessi spinto

GERUND	PAST PARTICIPLE	IMPERATIVE
spingendo	spinto	spingi, spinga, spingiamo, spingete, spingano

Non spingere la sedia sotto il tavolo. *Do not push the chair under the table.*
Spingevano indietro la folla. *They were pushing the crowd back.*
Non spingere! *Do not push!*
Che cosa lo spinse ad andarsene? *What on earth induced him to go?*
La mamma lo spinge a studiare. *Mum urges him to study.*
La depressione la spinse al suicidio. *Depression drove her to suicide.*
Avete spinto lo scherzo ai limiti. *You have carried the joke too far.*
Spinsero lo sguardo lontano. *They strained their eyes into the distance.*

la spinta *push*
dare una spinta *to give someone a push*
la spintarella *backing, pulling strings*
lo spintone *shove*

180 stare *to stay, stand* (intr.)

INDICATIVE

	Present	Imperfect	Perfect*
io	sto	stavo	sono stato/a
tu	stai	stavi	sei stato/a
lui/lei/Lei	sta	stava	è stato/a
noi	stiamo	stavamo	siamo stati/e
voi	state	stavate	siete stati/e
loro/Loro	stanno	stavano	sono stati/e

	Future	Pluperfect*	Past Historic
io	starò	ero stato/a	stetti
tu	starai	eri stato/a	stesti
lui/lei/Lei	starà	era stato/a	stette
noi	staremo	eravamo stati/e	stemmo
voi	starete	eravate stati/e	steste
loro/Loro	staranno	erano stati/e	stettero

	Future Perfect*		Past Anterior*
io	sarò stato/a		fui stato/a

CONDITIONAL · SUBJUNCTIVE

	Present	Present	Imperfect
io	starei	stia	stessi
tu	staresti	stia	stessi
lui/lei/Lei	starebbe	stia	stesse
noi	staremmo	stiamo	stessimo
voi	stareste	stiate	steste
loro/Loro	starebbero	stiano	stessero

	Perfect*	Perfect*	Pluperfect*
io	sarei stato/a	sia stato/a	fossi stato/a

GERUND	PAST PARTICIPLE	IMPERATIVE
stando	stato/a/i/e	sta/stai/sta', stia, stiamo, state, stiano

*The compound tenses are identical to the compound tenses of **essere**.

Come sta, Signor Rossi? *How are you, Mr Rossi?*
Sto a Londra da un anno. *I've been in London for a year.*
Non ha voglia di stare a casa. *He doesn't feel like staying at home.*
Stiamo per uscire. *We are about to go out.*
Stava sempre a guardare la TV. *She was always watching TV.*
In questo cinema ci stanno mille persone. *This cinema holds a thousand people.*
State zitti. *Shut up.*
Non state con le mani in mano. *Do not idle your time away.*

lo stato *state*
gli Stati Uniti *United States*
stato d'animo *state of mind*
affari di stato *affairs of state*

181 stringere *to clasp, tighten* (tr.)

INDICATIVE

	Present	Imperfect	Perfect
io	stringo	stringevo	ho stretto
tu	stringi	stringevi	hai stretto
lui/lei/Lei	stringe	stringeva	ha stretto
noi	stringiamo	stringevamo	abbiamo stretto
voi	stringete	stringevate	avete stretto
loro/Loro	stringono	stringevano	hanno stretto

	Future	Pluperfect	Past Historic
io	stringerò	strinsi	avevo stretto
tu	stringerai	avevi stretto	stringesti
lui/lei/Lei	stringerà	strinse	aveva stretto
noi	stringeremo	avevamo stretto	stringemmo
voi	stringerete	avevate stretto	stringeste
loro/Loro	stringeranno	avevano stretto	strinsero

	Future Perfect		Past Anterior
io	avrò stretto		ebbi stretto

CONDITIONAL · SUBJUNCTIVE

	Present	Present	Imperfect
io	stringerei	stringa	stringessi
tu	stringeresti	stringa	stringessi
lui/lei/Lei	stringerebbe	stringa	stringesse
noi	stringeremmo	stringiamo	stringessimo
voi	stringereste	stringiate	stringeste
loro/Loro	stringerebbero	stringano	stringessero

	Perfect	Perfect	Pluperfect
io	avrei stretto	abbia stretto	avessi stretto

GERUND	PAST PARTICIPLE	IMPERATIVE
stringendo	stretto	stringi, stringa, stringiamo, stringete, stringano

Stringi bene quel nodo. *Tighten that knot.*
Mi stringono la mano. *They shake my hand.*
Hanno stretto un patto. *They have made a pact.*
Stringono i pugni. *They clench their fists.*
Mi puoi stringere il vestito per favore? *Can you please have my dress taken in.*
stringersi nelle spalle *to shrug one's shoulders*
Il tempo stringe. *Time is getting short.*

stretto *narrow, tied*
un abito stretto *a tight suit/dress*
lo stretto necessario *the bare minimum*
la strettoia *tight spot*

182 studiare *to study* (tr.)

INDICATIVE

	Present	Imperfect	Perfect
io	studio	studiavo	ho studiato
tu	studi	studiavi	hai studiato
lui/lei/Lei	studia	studiava	ha studiato
noi	studiamo	studiavamo	abbiamo studiato
voi	studiate	studiavate	avete studiato
loro/Loro	studiano	studiavano	hanno studiato
	Future	**Pluperfect**	**Past Historic**
io	studierò	avevo studiato	studiai
tu	studierai	avevi studiato	studiasti
lui/lei/Lei	studierà	aveva studiato	studiò
noi	studieremo	avevamo studiato	studiammo
voi	studierete	avevate studiato	studiaste
loro/Loro	studieranno	avevano studiato	studiarono
	Future Perfect		**Past Anterior**
io	avrò studiato		ebbi studiato

CONDITIONAL   SUBJUNCTIVE

	Present	Present	Imperfect
io	studierei	studi	studiassi
tu	studieresti	studi	studiassi
lui/lei/Lei	studierebbe	studi	studiasse
noi	studieremmo	studiamo	studiassimo
voi	studiereste	studiate	studiaste
loro/Loro	studierebbero	studino	studiassero
	Perfect	**Perfect**	**Pluperfect**
io	avrei studiato	abbia studiato	avessi studiato

GERUND	PAST PARTICIPLE	IMPERATIVE
studiando	studiato	studia, studi, studiamo, studiate, studino

Maria studia l'inglese da due anni. *Maria has been studying English for two years.*
Studiavano all'università di Milano. *They used to study at Milan University.*
Studiarono con un buon insegnante. *They studied under a good teacher.*
Studi il violino? *Are you studying the violin?*
Ho studiato la situazione. *I have examined the situation.*
Penso che stiano studiando il modo per fuggire. *I think they are trying to find a way of escaping.*
studiare a memoria *to learn by heart*
studiare le parole *to weigh one's words*

lo studente/la studentessa *student*   **studioso** *dedicated to studying*
lo studio *study*   **studio individuale** *independent study*

183 succedere *to happen, succeed* (intr.)

INDICATIVE

	Present	Imperfect	Perfect
io	succedo	succedevo	sono successo/a
tu	succedi	succedevi	sei successo/a
lui/lei/Lei	succede	succedeva	è successo/a
noi	succediamo	succedevamo	siamo successi/e
voi	succedete	succedevate	siete successi/e
loro/Loro	succedono	succedevano	sono successi/e

	Future	Pluperfect	Past Historic
io	succederò	ero successo/a	successi (succedetti)
tu	succederai	eri successo/a	succedesti
lui/lei/Lei	succederà	era successo/a	successe (succedette)
noi	succederemo	eravamo successi/e	succedemmo
voi	succederete	eravate successi/e	succedeste
loro/Loro	succederanno	erano successi/e	successero (succedettero)

	Future Perfect		Past Anterior
io	sarò successo/a		fui successo/a

CONDITIONAL · SUBJUNCTIVE

	Present	Present	Imperfect
io	succederei	succeda	succedessi
tu	succederesti	succeda	succedessi
lui/lei/Lei	succederebbe	succeda	succedesse
noi	succederemmo	succediamo	succedessimo
voi	succedereste	succediate	succedeste
loro/Loro	succederebbero	succedano	succedessero

	Perfect	Perfect	Pluperfect
io	sarei successo/a	sia successo/a	fossi successo

GERUND	PAST PARTICIPLE	IMPERATIVE
succedendo	successo/a/i/e (succeduto)	succedi, succeda, succediamo, succedete, succedano

Sapete che cosa è successo? *Do you know what's happened?*
Sono cose che succedono. *These things happen.*
Mi succede spesso di arrivare in ritardo. *I often happen to be late.*
Che cosa succede? *What is the matter?*
Qualsiasi cosa succeda… *Whatever may happen…*
Gli succederà una disgrazia. *A misfortune will befall him.*
Il tuono succede al lampo. *Thunder follows lightning.*
succedere al trono *to succeed to the throne*

la successione *succession*
successione di avvenimenti *course of events*
successivo *next*

184 supporre *to suppose* (tr.)

INDICATIVE

	Present	Imperfect	Perfect
io	suppongo	sopponevo	ho supposto
tu	supponi	supponevi	hai supposto
lui/lei/Lei	suppone	supponeva	ha supposto
noi	supponiamo	supponevamo	abbiamo supposto
voi	supponete	supponevate	avete supposto
loro/Loro	suppongono	supponevano	hanno supposto

	Future	Pluperfect	Past Historic
io	supporrò	avevo supposto	supposi
tu	supporrai	avevi supposto	supponesti
lui/lei/Lei	supporrà	aveva supposto	suppose
noi	supporremo	avevamo supposto	supponemmo
voi	supporrete	avevate supposto	supponeste
loro/Loro	supporranno	avevano supposto	supposero

	Future Perfect		Past Anterior
io	avrò supposto		ebbi supposto

CONDITIONAL SUBJUNCTIVE

	Present	Present	Imperfect
io	supporrei	supponga	supponessi
tu	supporresti	supponga	supponessi
lui/lei/Lei	supporrebbe	supponga	supponesse
noi	supporremmo	supponiamo	supponessimo
voi	supporreste	supponiate	supponeste
loro/Loro	supporrebbero	suppongano	supponessero

	Perfect	Perfect	Pluperfect
io	avrei supposto	abbia supposto	avessi supposto

GERUND	PAST PARTICIPLE	IMPERATIVE
supponendo	supposto	supponi, supponga, supponiamo, supponete, suppongano

Suppongo tu conosca già mia moglie. *I suppose you have already met my wife.*
Supponiamo ci sia vita su Marte... *Let's assume there is life on Mars...*
Supposto che... *Let's say that...*
'Quanto ci vorrà?' 'Un mese, suppongo.' *'How long will it take?' 'A month, I should think.'*

supponente *arrogant*
supposto *presumed, assumed, alleged*

185 svolgere *to unroll, carry out* (tr.)

INDICATIVE

	Present	Imperfect	Perfect
io	svolgo	svolgevo	ho svolto
tu	svolgi	svolgevi	hai svolto
lui/lei/Lei	svolge	svolgeva	ha svolto
noi	svolgiamo	svolgevamo	abbiamo svolto
voi	svolgete	svolgevate	avete svolto
loro/Loro	svolgono	svolgevano	hanno svolto
	Future	**Pluperfect**	**Past Historic**
io	svolgerò	avevo svolto	svolsi
tu	svolgerai	avevi svolto	svolgesti
lui/lei/Lei	svolgerà	aveva svolto	svolse
noi	svolgeremo	avevamo svolto	svolgemmo
voi	svolgerete	avevate svolto	svolgeste
loro/Loro	svolgeranno	avevano svolto	svolsero
	Future Perfect		**Past Anterior**
io	avrò svolto		ebbi svolto

CONDITIONAL   SUBJUNCTIVE

	Present	Present	Imperfect
io	svolgerei	svolga	svolgessi
tu	svolgeresti	svolga	svolgessi
lui/lei/Lei	svolgerebbe	svolga	svolgesse
noi	svolgeremmo	svolgiamo	svolgessimo
voi	svolgereste	svolgiate	svolgeste
loro/Loro	svolgerebbero	svolgano	svolgessero
	Perfect	**Perfect**	**Pluperfect**
Io	avrei svolto	abbia svolto	avessi svolto

GERUND	PAST PARTICIPLE	IMPERATIVE
svolgendo	svolto	svolgi, svolga, svolgiamo, svolgete, svolgano

Hanno svolto la pellicola dalla bobina. *They have unrolled the film from the spool.*
Luigi svolgerà le sue attività commerciali qui. *Luigi will carry on his commercial activities here.*
Svolgerai il tema? *Will you write the essay?*
L'incontro di pugilato si svolgerà a Londra. *The boxing match will take place in London.*
I fatti si sono svolti così. *This is how things went.*
La vita si svolge monotona. *Life goes on monotonously.*

lo svolgimento *unwinding*
lo svolgimento degli eventi *the sequence of events*

186 tacere *to keep silent, not to say* (intr./tr.)

INDICATIVE

	Present	Imperfect	Perfect
io	taccio	tacevo	ho taciuto
tu	taci	tacevi	hai taciuto
lui/lei/Lei	tace	taceva	ha taciuto
noi	tacciamo	tacevamo	abbiamo taciuto
voi	tacete	tacevate	avete taciuto
loro/Loro	tacciono	tacevano	hanno taciuto

	Future	Pluperfect	Past Historic
io	tacerò	avevo taciuto	tacqui
tu	tacerai	avevi taciuto	tacesti
lui/lei/Lei	tacerà	aveva taciuto	tacque
noi	taceremo	avevamo taciuto	tacemmo
voi	tacerete	avevate taciuto	taceste
loro/Loro	taceranno	avevano taciuto	tacquero

	Future Perfect		Past Anterior
io	avrò taciuto		ebbi taciuto

CONDITIONAL   SUBJUNCTIVE

	Present	Present	Imperfect
io	tacerei	taccia	tacessi
tu	taceresti	taccia	tacessi
lui/lei/Lei	tacerebbe	taccia	tacesse
noi	taceremmo	tacciamo	tacessimo
voi	tacereste	tacciate	taceste
loro/Loro	tacerebbero	tacciano	tacessero

	Perfect	Perfect	Pluperfect
io	avrei taciuto	abbia taciuto	avessi taciuto

GERUND	PAST PARTICIPLE	IMPERATIVE
tacendo	taciuto	taci, taccia, tacciamo, tacete, tacciano

Taci! *Shut up!*
Fallo tacere! *Keep him quiet!/Make him be quiet!*
Non far tacere la voce della coscienza. *Do not silence the voice of conscience.*
Mettete a tacere questo scandalo. *Hush up this scandal.*
Chi tace acconsente. *Silence means consent.*
Tutto tace di notte. *Everything is silent at night.*
Tacerà tutto questo. *He/she won't say anything about all this.*

il tacere *silence*   **taciturno** *taciturn*
tacitamente *silently*   **un carattere taciturno** *a taciturn character*
un tacito accordo *a tacit agreement*

187 telefonare *to telephone* (intr.)

INDICATIVE

	Present	Imperfect	Perfect
io	telefono	telefonavo	ho telefonato
tu	telefoni	telefonavi	hai telefonato
lui/lei/Lei	telefona	telefonava	ha telefonato
noi	telefoniamo	telefonavamo	abbiamo telefonato
voi	telefonate	telefonavate	avete telefonato
loro/Loro	telefonano	telefonavano	hanno telefonato

	Future	Pluperfect	Past Historic
io	telefonerò	avevo telefonato	telefonai
tu	telefonerai	avevi telefonato	telefonasti
lui/lei/Lei	telefonerà	aveva telefonato	telefonò
noi	telefoneremo	avevamo telefonato	telefonammo
voi	telefonerete	avevate telefonato	telefonaste
loro/Loro	telefoneranno	avevano telefonato	telefonarono

	Future Perfect		Past Anterior
io	avrò telefonato		ebbi telefonato

CONDITIONAL   SUBJUNCTIVE

	Present	Present	Imperfect
io	telefonerei	telefoni	telefonassi
tu	telefoneresti	telefoni	telefonassi
lui/lei/Lei	telefonerebbe	telefoni	telefonasse
noi	telefoneremmo	telefoniamo	telefonassimo
voi	telefonereste	telefoniate	telefonaste
loro/Loro	telefonerebbero	telefonino	telefonassero

	Perfect	Perfect	Pluperfect
io	avrei telefonato	abbia telefonato	avessi telefonato

GERUND	PAST PARTICIPLE	IMPERATIVE
telefonando	telefonato	telefona, telefoni, telefoniamo, telefonate, telefonino

Mi hanno telefonato la settimana scorsa. *They telephoned me last week.*
Telefonerò a Maria domani. *I will call Maria tomorrow.*
Non telefonano da giorni. *They haven't called for days.*
Mi dispiace, non ho potuto telefonare. *I am sorry, I was not able to call.*
telefonarsi *to ring each other up*

la telefonata *telephone call*
telefonata urbana *urban call*
il/la telefonista *telephone operator*
il telefono *telephone*

188 temere *to fear* (tr.)

INDICATIVE

	Present	Imperfect	Perfect
io	temo	temevo	ho temuto
tu	temi	temevi	hai temuto
lui/lei/Lei	teme	temeva	ha temuto
noi	temiamo	temevamo	abbiamo temuto
voi	temete	temevate	avete temuto
loro/Loro	temono	temevano	hanno temuto
	Future	**Pluperfect**	**Past Historic**
io	temerò	avevo temuto	temei (temetti)
tu	temerai	avevi temuto	temesti
lui/lei/Lei	temerà	aveva temuto	temè (temette)
noi	temeremo	avevamo temuto	tememmo
voi	temerete	avevate temuto	temeste
loro/Loro	temeranno	avevano temuto	temerono (temettero)
	Future Perfect		**Past Anterior**
io	avrò temuto		ebbi temuto

CONDITIONAL   SUBJUNCTIVE

	Present	Present	Imperfect
io	temerei	tema	temessi
tu	temeresti	tema	temessi
lui/lei/Lei	temerebbe	tema	temesse
noi	temeremmo	temiamo	temessimo
voi	temereste	temiate	temeste
loro/Loro	temerebbero	temano	temessero
	Perfect	**Perfect**	**Pluperfect**
io	avrei temuto	abbia temuto	avessi temuto

GERUND	PAST PARTICIPLE	IMPERATIVE
temendo	temuto	temi, tema, temiamo, temete, temano

Temevamo quell'uomo. *We used to be afraid of that man.*
Luigi non ha mai temuto niente. *Luigi has never feared anything.*
Temono per la sua salute. *They fear for his/her health.*
Temo che non vengano. *I'm afraid they may not come.*
Temeva di disturbare. *He was afraid of intruding.*
Non temere! *Do not be afraid!/Do not worry!*
Temo di sì. *I fear so.*
Temiamo il peggio. *We fear the worst.*

il timore *fear, dread*
timoroso *afraid, timorous*

189 tenere *to hold, keep* (tr.)

INDICATIVE

	Present	Imperfect	Perfect
io	tengo	tenevo	ha tenuto
tu	tieni	tenevi	hai tenuto
lui/lei/Lei	tiene	teneva	ha tenuto
noi	teniamo	tenevamo	abbiamo tenuto
voi	tenete	tenevate	avete tenuto
loro/Loro	tengono	tenevano	hanno tenuto
	Future	**Pluperfect**	**Past Historic**
io	terrò	avevo tenuto	tenni
tu	terrai	avevi tenuto	tenesti
lui/lei/Lei	terrà	aveva tenuto	tenne
noi	terremo	avevamo tenuto	tenemmo
voi	terrete	avevate tenuto	teneste
loro/Loro	terranno	avevano tenuto	tennero
	Future Perfect		**Past Anterior**
io	avrò tenuto		ebbi tenuto

CONDITIONAL · SUBJUNCTIVE

	Present	Present	Imperfect
io	terrei	tenga	tenessi
tu	terresti	tenga	tenessi
lui/lei/Lei	terrebbe	tenga	tenesse
noi	terremmo	teniamo	tenessimo
voi	terreste	teniate	teneste
loro/Loro	terrebbero	tengano	tenessero
	Perfect	**Perfect**	**Pluperfect**
io	avrei tenuto	abbia tenuto	avessi tenuto

GERUND	PAST PARTICIPLE	IMPERATIVE
tenendo	tenuto	tieni, tenga, teniamo, tenete, tengano

Tienimi la mano. *Hold my hand.*
Hanno tenuto la finestra aperta. *They have left the window open.*
Terremo il segreto. *We will keep the secret.*
Il professore tenne una conferenza a Parigi. *The professor gave a lecture in Paris.*
Per che squadra tieni? *Which team are you supporting?*
Ci tengo molto alla sua stima. *I care a lot about his regard/esteem.*
tenere a mente qualcosa *to keep something in mind*
tenere presente *to bear in mind*

essere tenuto a fare qualcosa *to be obliged to do something*
detenere *to hold, detain*
contenere *to hold, contain*

190 togliere *to remove* (tr.)

INDICATIVE

	Present	Imperfect	Perfect
io	tolgo	toglievo	ho tolto
tu	togli	toglievi	hai tolto
lui/lei/Lei	toglie	toglieva	ha tolto
noi	togliamo	toglievamo	abbiamo tolto
voi	togliete	toglievate	avete tolto
loro/Loro	tolgono	toglievano	hanno tolto

	Future	Pluperfect	Past Historic
io	toglierò	avevo tolto	tolsi
tu	toglierai	avevi tolto	togliesti
lui/lei/Lei	toglierà	aveva tolto	tolse
noi	toglieremo	avevamo tolto	togliemmo
voi	toglierete	avevate tolto	toglieste
loro/Loro	toglieranno	avevano tolto	tolsero

	Future Perfect		Past Anterior
io	avrò tolto		ebbi tolto

CONDITIONAL · SUBJUNCTIVE

	Present	Present	Imperfect
io	toglierei	tolga	togliessi
tu	toglieresti	tolga	togliessi
lui/lei/Lei	toglierebbe	tolga	togliesse
noi	toglieremmo	togliamo	togliessimo
voi	togliereste	togliate	toglieste
loro/Loro	toglierebbero	tolgano	togliessero

	Perfect	Perfect	Pluperfect
io	avrei tolto	abbia tolto	avessi tolto

GERUND	PAST PARTICIPLE	IMPERATIVE
togliendo	tolto	togli, tolga, togliamo, togliete, tolgano

Togliti le scarpe perché sono bagnate. *Take your shoes off because they are wet.*
Si tolsero le mani di tasca. *They took their hands out of their pockets.*
farsi togliere un dente *to have a tooth out*
Mi hai tolto un peso dallo stomaco. *You have taken a great weight off my mind.*
togliere di mezzo qualcuno *to remove somebody, to kill somebody*
Togliti dai piedi. *Get out of the way.*
Non toglierle la parola di bocca. *Do not cut her short.*
Si tolse la vita. *He/she took his/her life.*

tolto *except for*
il mal tolto *ill-gotten gains*

191 **tornare** *to return* (intr.)

INDICATIVE

	Present	Imperfect	Perfect
io	torno	tornavo	sono tornato/a
tu	torni	tornavi	sei tornato/a
lui/lei/Lei	torna	tornava	è tornato/a
noi	torniamo	tornavamo	siamo tornati/e
voi	tornate	tornavate	siete tornati/e
loro/Loro	tornano	tornavano	sono tornati/e
	Future	**Pluperfect**	**Past Historic**
io	tornerò	ero tornato/a	tornai
tu	tornerai	eri tornato/a	tornasti
lui/lei/Lei	tornerà	era tornato/a	tornò
noi	torneremo	eravamo tornati/e	tornammo
voi	tornerete	eravate tornati/e	tornaste
loro/Loro	torneranno	erano tornati/e	tornarono
	Future Perfect		**Past Anterior**
io	sarò tornato/a		fui tornato/a

CONDITIONAL   SUBJUNCTIVE

	Present	Present	Imperfect
io	tornerei	torni	tornassi
tu	torneresti	torni	tornassi
lui/lei/Lei	tornerebbe	torni	tornasse
noi	torneremmo	torniamo	tornassimo
voi	tornereste	torniate	tornaste
loro/Loro	tornerebbero	tornino	tornassero
	Perfect	**Perfect**	**Pluperfect**
io	sarei tornato/a	sia tornato/a	fossi tornato/a

GERUND	PAST PARTICIPLE	IMPERATIVE
tornando	tornato/a/i/e	torna, torni, torniamo, tornate, tornino

Tutti gli studenti tornarono al proprio posto. *All the students went back to their seats.*
Non so quando tornerò da Londra. *I do not know when I will come back from London.*
Penso che tornano in treno. *I think they are coming back by train.*
Paolo tornò di tutta fretta. *Paolo hastened back.*
Tornarono sui propri passi. *They retraced their steps.*
tornare al punto di partenza *to get back to where one started*
tornare in sé *to regain consciousness*
La minigonna è tornata di moda. *The mini-skirt has come back into fashion.*

il tornante *bend*
una strada a tornanti *a winding road*
il tornio *lathe*
il torneo *tournament*

192 tradurre *to translate* (tr.)

INDICATIVE

	Present	Imperfect	Perfect
io	traduco	traducevo	ho tradotto
tu	traduci	traducevi	hai tradotto
lui/lei/Lei	traduce	traduceva	ha tradotto
noi	traduciamo	traducevamo	abbiamo tradotto
voi	traducete	traducevate	avete tradotto
loro/Loro	traducono	traducevano	hanno tradotto
	Future	**Pluperfect**	**Past Historic**
io	tradurrò	avevo tradotto	tradussi
tu	tradurrai	avevi tradotto	traducesti
lui/lei/Lei	tradurrà	aveva tradotto	tradusse
noi	tradurremo	avevamo tradotto	traducemmo
voi	tradurrete	avevate tradotto	traduceste
loro/Loro	tradurranno	avevano tradotto	tradussero
	Future Perfect		**Past Anterior**
io	avrò tradotto		ebbi tradotto

CONDITIONAL   SUBJUNCTIVE

	Present	Present	Imperfect
io	tradurrei	traduca	traducessi
tu	tradurresti	traduca	traducessi
lui/lei/Lei	tradurrebbe	traduca	traducesse
noi	tradurremmo	traduciamo	traducessimo
voi	tradurreste	traduciate	traduceste
loro/Loro	tradurrebbero	traducano	traducessero
	Perfect	**Perfect**	**Pluperfect**
io	avrei tradotto	abbia tradotto	avessi tradotto

GERUND	PAST PARTICIPLE	IMPERATIVE
traducendo	tradotto	traduci, traduca, traduciamo, traducete, traducano

Hai tradotto la lettera? Sì, l'ho tradotta. *Have you translated the letter? Yes, I have translated it.*
Il libro è stato tradotto dall'italiano in inglese. *The book has been translated from Italian into English.*
Gli studenti tradurranno il brano. *The students will translate the passage.*
Tradussero alla lettera. *They translated literally.*
Traduci in parole povere. *Explain in simple words.*
tradurre in pratica/atto qualcosa *to put something into effect*
Paolo fu tradotto in carcere. *Paolo was taken to prison.*

il traduttore/la traduttrice *translator*
traduttore simultaneo *simultaneous translator*
la traduzione *translation*
traduzione letterale *literal translation*

193 **trarre** *to pull, draw* (tr.)

INDICATIVE

	Present	Imperfect	Perfect
io	traggo	traevo	ho tratto
tu	trai	traevi	hai tratto
lui/lei/Lei	trae	traeva	ha tratto
noi	traiamo	traevamo	abbiamo tratto
voi	traete	traevate	avete tratto
loro/Loro	traggono	traevano	hanno tratto
	Future	**Pluperfect**	**Past Historic**
io	trarrò	avevo tratto	trassi
tu	trarrai	avevi tratto	traesti
lui/lei/Lei	trarrà	aveva tratto	trasse
noi	trarremo	avevamo tratto	traemmo
voi	trarrete	avevate tratto	traeste
loro/Loro	trarranno	avevano tratto	trassero
	Future Perfect		**Past Anterior**
io	avrò tratto		ebbi tratto

CONDITIONAL   SUBJUNCTIVE

	Present	Present	Imperfect
io	trarrei	tragga	traessi
tu	trarresti tragga	traessi	
lui/lei/Lei	trarrebbe tragga	traesse	
noi	trarremmo	traiamo	traessimo
voi	trarreste	traiate	traeste
loro/Loro	trarrebbero	traggano	traessero
	Perfect	**Perfect**	**Pluperfect**
io	avrei tratto	abbia tratto	avessi tratto

GERUND	PAST PARTICIPLE	IMPERATIVE
traendo	tratto	trai, tragga, traiamo, traete, traggano

I pescatori traevano a riva la barca. *The fishermen were pulling the boat ashore.*
Trarranno la conclusione giusta. *They will draw the right conclusion.*
Traete vantaggio da questo incontro. *You are benefitting from this meeting.*
La festa trae origine da un'antica tradizione. *The feast has its origins in an ancient tradition.*
Questa citazione è tratta dall''Amleto'. *This quote is taken from 'Hamlet'.*
Lo trassero in inganno. *They deceived him.*
Trasse un sospiro. *He/she heaved a sigh.*
trarsi in disparte *to draw aside*

il tratto *stroke, line*   **il trattino** *hyxphen, dash*
i tratti del viso *features*   **il trattore** *tractor*

194 trascorrere *to spend (time)* (intr./tr.)

INDICATIVE

	Present	Imperfect	Perfect
io	trascorro	trascorrevo	ho trascorso
tu	trascorri	trascorrevi	hai trascorso
lui/lei/Lei	trascorre	trascorreva	ha trascorso
noi	trascorriamo	trascorrevamo	abbiamo trascorso
voi	trascorrete	trascorrevate	avete trascorso
loro/Loro	trascorrono	trascorrevano	hanno trascorso

	Future	Pluperfect	Past Historic
io	trascorrerò	avevo trascorso	trascorsi
tu	trascorrerai	avevi trascorso	trascorresti
lui/lei/Lei	trascorrerà	aveva trascorso	trascorse
noi	trascorreremo	avevamo trascorso	trascorremmo
voi	trascorrerete	avevate trascorso	trascorreste
loro/Loro	trascorreranno	avevano trascorso	trascorsero

	Future Perfect		Past Anterior
io	avrò trascorso		ebbi trascorso

CONDITIONAL / SUBJUNCTIVE

	Present	Present	Imperfect
io	trascorrerei	trascorra	trascorressi
tu	trascorreresti	trascorra	trascorressi
lui/lei/Lei	trascorrerebbe	trascorra	trascorresse
noi	trascorremmo	trascorriamo	trascorressimo
voi	trascorrereste	trascorriate	trascorreste
loro/Loro	trascorrerebbero	trascorrano	trascorressero

	Perfect	Perfect	Pluperfect
io	avrei trascorso	abbia trascorso	avessi trascorso

GERUND	PAST PARTICIPLE	IMPERATIVE
trascorrendo	trascorso	trascorri, trascorra, trascorriamo, trascorrete, trascorrano

Il bambino trascorre il pomeriggio giocando. *The child spends his afternoon playing.*
Trascorrerai le vacanze in montagna? *Will you spend your holidays in the mountains?*
Sono già trascorse tre ore. *Three hours have already elapsed.*
Aveva trascorso l'infanzia in campagna. *She had spent her childhood in the country.*
il trascorrere del tempo *the passage of time*
Come trascorri il tempo? *How do you spend your time?*

trascorso *past*
i trascorsi di gioventù *errors of youth*

195 uccidere *to kill* (tr.)

INDICATIVE

	Present	Imperfect	Perfect
io	uccido	uccidevo	ho ucciso
tu	uccidi	uccidevi	hai ucciso
lui/lei/Lei	uccide	uccideva	ha ucciso
noi	uccidiamo	uccidevamo	abbiamo ucciso
voi	uccidete	uccidevate	avete ucciso
loro/Loro	uccidono	uccidevano	hanno ucciso

	Future	Pluperfect	Past Historic
io	ucciderò	avevo ucciso	uccisi
tu	uciderai	avevi ucciso	uccidesti
lui/lei/Lei	ucciderà	aveva ucciso	uccise
noi	uccideremo	avevamo ucciso	uccidemmo
voi	ucciderete	avevate ucciso	uccideste
loro/Loro	uccideranno	avevano ucciso	uccisero

	Future Perfect		Past Anterior
io	avrò ucciso		ebbi ucciso

CONDITIONAL · SUBJUNCTIVE

	Present	Present	Imperfect
io	ucciderei	uccida	uccidessi
tu	uccideresti	uccida	uccidessi
lui/lei/Lei	ucciderebbe	uccida	uccidesse
noi	uccideremmo	uccidiamo	uccidessimo
voi	uccidereste	uccidiate	uccideste
loro/Loro	ucciderebbero	uccidano	uccidessero

	Perfect	Perfect	Pluperfect
io	avrei ucciso	abbia ucciso	avessi ucciso

GERUND	PAST PARTICIPLE	IMPERATIVE
uccidendo	ucciso	uccidi, uccida, uccidiamo, uccidete, uccidano

Uccisero il loro amico. *They killed their friend.*
Il professore fu ucciso nel 1990. *The professor was murdered in 1990.*
L'hanno ucciso sparandogli alla testa. *They shot him in the head.*
Penso che sia stato ucciso in un incidente stradale. *I think he has been killed in a road accident.*
È rimasto ucciso sul colpo. *He was killed instantly.*
Si uccisero per la disperazione. *They committed suicide in despair.*
uccidere qualcuno col veleno *to poison somebody*

l'uccisione *(f) killing* **l'ucciso** *person killed*
l'uccisore *(m) killer, assassin* **ucciso** *killed*

196 udire *to hear* (tr.)

INDICATIVE

	Present	Imperfect	Perfect
io	odo	udivo	ho udito
tu	odi	udivi	hai udito
lui/lei/Lei	ode	udiva	ha udito
noi	udiamo	udivamo	abbiamo udito
voi	udite	udivate	avete udito
loro/Loro	odono	udivano	hanno udito

	Future	Pluperfect	Past Historic
io	udirò	avevo udito	udii
tu	udirai	avevi udito	udisti
lui/lei/Lei	udirà	aveva udito	udì
noi	udiremo	avevamo udito	udimmo
voi	udirete	avevate udito	udiste
loro/Loro	udiranno	avevano udito	udirono

	Future Perfect		Past Anterior
io	avrò udito		ebbi udito

CONDITIONAL   SUBJUNCTIVE

	Present	Present	Imperfect
io	udirei	oda	udissi
tu	udiresti	oda	udissi
lui/lei/Lei	udirebbe	oda	udisse
noi	udiremmo	udiamo	udissimo
voi	udireste	udiate	udiste
loro/Loro	udirebbero	odano	udissero

	Perfect	Perfect	Pluperfect
io	avrei udito	abbia udito	avessi udito

GERUND	PAST PARTICIPLE	IMPERATIVE
udendo	udito	odi, oda, udiamo, udite, odano

Udii un rumore nel giardino. *I heard a noise in the garden.*
Non abbiamo udito nulla. *We have not heard anything.*
Si udivano bambini piangere. *You could heard children crying.*
Dio ode le vostre preghiere. *God hears your prayers.*

l'udito (m) *hearing*
avere un udito fine *to have sharp hearing*
perdere l'udito *to become deaf*
l'udienza (f) *audience, hearing*
l'audizione (f) *audition*
l'auditorio (m) *auditorium*

197 ungere *to grease, oil* (tr.)

INDICATIVE

	Present	Imperfect	Perfect
io	ungo	ungevo	ho unto
tu	ungi	ungevi	hai unto
lui/lei/Lei	unge	ungeva	ha unto
noi	ungiamo	ungevamo	abbiamo unto
voi	ungete	ungevate	avete unto
loro/Loro	ungono	ungevano	hanno unto

	Future	Pluperfect	Past Historic
io	ungerò	avevo unto	unsi
tu	ungerai	avevi unto	ungesti
lui/lei/Lei	ungerà	aveva unto	unse
noi	ungeremo	avevamo unto	ungemmo
voi	ungerete	avevate unto	ungeste
loro/Loro	ungeranno	avevano unto	unsero

	Future Perfect		Past Anterior
io	avrò unto		ebbi unto

CONDITIONAL · SUBJUNCTIVE

	Present	Present	Imperfect
io	ungerei	unga	ungessi
tu	ungeresti	unga	ungessi
lui/lei/Lei	ungerebbe	unga	ungesse
noi	ungeremmo	ungiamo	ungessimo
voi	ungereste	ungiate	ungeste
loro/Loro	ungerebbero	ungano	ungessero

	Perfect	Perfect	Pluperfect
io	avrei unto	abbia unto	avessi unto

GERUND	PAST PARTICIPLE	IMPERATIVE
ungendo	unto	ungi, unga, ungiamo, ungete, ungano

Ungi la teglia di burro. *Grease the tin with butter.*
Prova a ungere i cardini. *Try oiling the hinges.*
Ungiti le mani con questa crema. *Rub this cream into your hands.*
Mi sono unto la camicia. *I have got grease on my shirt.*
ungere le ruote a qualcuno *to grease somebody's palm*

l'unto *(m) grease*
unto e bisunto *filthy and greasy*
una macchia d'unto *a grease spot*
il cibo unto *greasy food*
capelli untuosi *greasy hair*

198 unire *to unite, join* (tr.)

INDICATIVE

	Present	Imperfect	Perfect
io	unisco	univo	ho unito
tu	unisci	univi	hai unito
lui/lei/Lei	unisce	univa	ha unito
noi	uniamo	univamo	abbiamo unito
voi	unite	univate	avete unito
loro/Loro	uniscono	univano	hanno unito

	Future	Pluperfect	Past Historic
io	unirò	avevo unito	unii
tu	unirai	avevi unito	unisti
lui/lei/Lei	unirà	aveva unito	unì
noi	uniremo	avevamo unito	unimmo
voi	unirete	avevate unito	uniste
loro/Loro	uniranno	avevano unito	unirono

	Future Perfect		Past Anterior
io	avrò unito		ebbi unito

CONDITIONAL   SUBJUNCTIVE

	Present	Present	Imperfect
io	unirei	unisca	unissi
tu	uniresti	unisca	unissi
lui/lei/Lei	unirebbe	unisca	unisse
noi	uniremmo	uniamo	unissimo
voi	unireste	uniate	uniste
loro/Loro	unirebbero	uniscano	unissero

	Perfect	Perfect	Pluperfect
io	avrei unito	abbia unito	avessi unito

GERUND	PAST PARTICIPLE	IMPERATIVE
unendo	unito	unisci, unisca, uniamo, unite, uniscano

Queste città sono unite da un ponte. *These towns are joined by a bridge.*
La rete ferroviaria unisce la città alla campagna. *The railway connects the town with the country.*
Uniamo le nostre forze. *Let's join forces.*
Si uniranno alla nostra compagnia. *They will join our party.*
unire in matrimonio *to join in matrimony*
Uniamo l'interesse al capitale. *Let's add the interest to the capital.*
Ci siamo uniti in società. *We entered into partnership.*
L'unione fa la forza. *Unity is strength.*

l'unità *(f) unity, unit*
unità monetaria *monetary unit*
l'unione *(f) union*
l'Unione Europea (UE) *the European Union (EU)*

199 uscire *to go out, come out* (intr.)

INDICATIVE

	Present	Imperfect	Perfect
io	esco	uscivo	sono uscito/a
tu	esci	uscivi	sei uscito/a
lui/lei/Lei	esce	usciva	è uscito/a
noi	usciamo	uscivamo	siamo usciti/e
voi	uscite	uscivate	siete usciti/e
loro/Loro	escono	uscivano	sono usciti/e
	Future	**Pluperfect**	**Past Historic**
io	uscirò	ero uscito/a	uscii
tu	uscirai	eri uscito/a	uscisti
lui/lei/Lei	uscirà	era uscito/a	uscì
noi	usciremo	eravamo usciti/e	uscimmo
voi	uscirete	eravate usciti/e	usciste
loro/Loro	usciranno	erano usciti/e	uscirono
	Future Perfect		**Past Anterior**
io	sarò uscito/a		fui uscito/a

CONDITIONAL / SUBJUNCTIVE

	Present	Present	Imperfect
io	uscirei	esca	uscissi
tu	usciresti	esca	uscissi
lui/lei/Lei	uscirebbe	esca	uscisse
noi	usciremmo	usciamo	uscissimo
voi	uscireste	usciate	usciste
loro/Loro	uscirebbero	escano	uscissero
	Perfect	**Perfect**	**Pluperfect**
io	sarei uscito/a	sia uscito/a	fossi uscito/a

GERUND	PAST PARTICIPLE	IMPERATIVE
uscendo	uscito/a/i/e	esci, esca, usciamo, uscite, escano

A che ora sei uscita? Alle tre. *What time did you go out? At three o'clock.*
Esci, la macchina è ferma ora. *Get out, the car has stopped now.*
Paolo uscirà domani dall'ospedale. *Paolo will be discharged from hospital tomorrow.*
La macchina è uscita di strada. *The car went off the road.*
È uscito un nuovo film. *A new film has been released.*
Quando uscirà il suo prossimo libro? *When will her next book come out?*
Da dove è uscito questo libro? *Where did this book spring from?*
Mi è uscito di mente. *It slipped my mind.*
uscire a passeggio *to go out for a walk*

l'uscita *(f) exit*
uscita di sicurezza *emergency exit*
vietata l'uscita *no exit*

200 **valere** _to be worth_ (intr.)

INDICATIVE

	Present	Imperfect	Perfect
io	valgo	valevo	sono valso/a
tu	vali	valevi	sei valso/a
lui/lei/Lei	vale	valeva	è valso/a
noi	valiamo	valevamo	siamo valsi/e
voi	valete	valevate	siete valsi/e
loro/Loro	valgono	valevano	sono valsi/e

	Future	Pluperfect	Past Historic
io	varrò	ero valso/a	valsi
tu	varrai	eri valso/a	valesti
lui/lei/Lei	varrà	era valso/a	valse
noi	varremo	eravamo valsi/e	valemmo
voi	varrete	eravate valsi/e	valeste
loro/Loro	varranno	erano valsi/e	valsero

	Future Perfect		Past Anterior
io	sarò valso/a		fui valso/a

CONDITIONAL   SUBJUNCTIVE

	Present	Present	Imperfect
io	varrei	valga	valessi
tu	varresti	valga	valessi
lui/lei/Lei	varrebbe	valga	valesse
noi	varremmo	valiamo	valessimo
voi	varreste	valiate	valeste
loro/Loro	varrebbero	valgano	valessero

	Perfect	Perfect	Pluperfect
io	sarei valso/a	sia valso/a	fossi valso/a

GERUND	PAST PARTICIPLE	IMPERATIVE
valendo	valso/a/i/e	vali, valga, valiamo, valete, valgano

Questo passaporto non vale più. _This passport is no longer valid._
L'anello vale mille sterline. _The ring is worth a thousand pounds._
Il regolamento vale per tutti. _The rules apply to everybody._
La partita non valeva. _The match was not valid._
È una persona che vale molto. _He is a very worthy person._
Si è valso della sua autorità. _He used his power._
Non vale la pena. _It is not worthwhile._
vale a dire _that is to say_
L'uno vale l'altro. _One is as bad as the other._
Devi farti valere. _You must demand respect._

il valore _value_   **valido** _valid, effective_
la valuta _currency_   **la valutazione** _valuation, assessment_

201 vedere *to see* (tr.)

	INDICATIVE		
	Present	**Imperfect**	**Perfect**
io	vedo	vedevo	ho visto
tu	vedi	vedevi	hai visto
lui/lei/Lei	vede	vedeva	ha visto
noi	vediamo	vedevamo	abbiamo visto
voi	vedete	vedevate	avete visto
loro/Loro	vedono	vedevano	hanno visto
	Future	**Pluperfect**	**Past Historic**
io	vedrò	avevo visto	vidi
tu	vedrai	avevi visto	vedesti
lui/lei/Lei	vedrà	aveva visto	vide
noi	vedremo	avevamo visto	vedemmo
voi	vedrete	avevate visto	vedeste
loro/Loro	vedranno	avevano visto	videro
	Future Perfect		**Past Anterior**
io	avrò visto		ebbi visto

	CONDITIONAL	SUBJUNCTIVE	
	Present	**Present**	**Imperfect**
io	vedrei	veda	vedessi
tu	vedresti	veda	vedessi
lui/lei/Lei	vedrebbe	veda	vedesse
noi	vedremmo	vediamo	vedessimo
voi	vedreste	vediate	vedeste
loro/Loro	vedrebbero	vedano	vedessero
	Perfect	**Perfect**	**Pluperfect**
io	avrei visto	abbia visto	avessi visto

GERUND	PAST PARTICIPLE	IMPERATIVE
vedendo	visto (veduto)	vedi, veda, vediamo, vedete, vedano

Avete visto Maria oggi? No, non l'abbiamo vista. *Have you seen Maria today? No, we have not seen her.*
Siamo andati a vedere la partita di calcio. *We went to see the football match.*
Mi faccia vedere la borsa più piccola? *Can you show me the smaller bag?*
farsi vedere *to show oneself*
Vedrò di darti una mano. *I'll try to give you a hand.*
Non li posso vedere. *I can't stand them.*
Non vediamo l'ora di conoscervi. *We look forward to meeting you.*
Non ci ho più visto. *I lost my temper.*

la vista *sight*
a vista *at sight*
conoscere qualcuno di vista *to know somebody by sight*
una bella veduta della città *a lovely view of the town*

202 venire *to come* (intr.)

INDICATIVE

	Present	Imperfect	Perfect
io	vengo	venivo	sono venuto/a
tu	vieni	venivi	sei venuto/a
lui/lei/Lei	viene	veniva	è venuto/a
noi	veniamo	venivamo	siamo venuti/e
voi	venite	venivate	siete venuti/e
loro/Loro	vengono	venivano	sono venuti/e

	Future	Pluperfect	Past Historic
io	verrò	ero venuto/a	venni
tu	verrai	eri venuto/a	venisti
lui/lei/Lei	verrà	era venuto/a	venne
noi	verremo	eravamo venuti/e	venimmo
voi	verrete	eravate venuti/e	veniste
loro/Loro	verranno	erano venuti/e	vennero

	Future Perfect		Past Anterior
io	sarò venuto/a		fui venuto/a

CONDITIONAL SUBJUNCTIVE

	Present	Present	Imperfect
io	verrei	venga	venissi
tu	verresti	venga	venissi
lui/lei/Lei	verrebbe	venga	venisse
noi	verremmo	veniamo	venissimo
voi	verreste	veniate	veniste
loro/Loro	verrebbero	vengano	venissero

	Perfect	Perfect	Pluperfect
io	sarei venuto/a	sia venuto/a	fossi venuto/a

GERUND	PAST PARTICIPLE	IMPERATIVE
venendo	venuto/a/i/e	vieni, venga, veniamo, venite, vengano

Da dove vieni, Paolo? Vengo da Firenze. *Where do you come from, Paolo?*
  I come from Florence.
Come siete venuti qui? *How did you get here?*
Vieni su/giù! *Come up/down!*
Quando verrete a trovarmi? *When are you coming to see me?*
Mi è venuto il raffreddore. *I have caught a cold.*
Veniamo a patti. *Let's come to an agreement.*
Sono venuto in possesso di questo libro. *I have come into possession of this book.*
venire al mondo *to be born*
Questo prodotto viene venduto in tutto il mondo. *This product is sold all over
  the world.*

la venuta *coming*   **benvenuto** *welcome*
il primo venuto *first comer*

203 **viaggiare** *to travel* (intr.)

INDICATIVE

	Present	Imperfect	Perfect
io	viaggio	viaggiavo	ho viaggiato
tu	viaggi	viaggiavi	hai viaggiato
lui/lei/Lei	viaggia	viaggiava	ha viaggiato
noi	viaggiamo	viaggiavamo	abbiamo viaggiato
voi	viaggiate	viaggiavate	avete viaggiato
loro/Loro	viaggiano	viaggiavano	hanno viaggiato

	Future	Pluperfect	Past Historic
io	viaggerò	avevo viaggiato	viaggiai
tu	viaggerai	avevi viaggiato	viaggiasti
lui/lei/Lei	viaggerà	aveva viaggiato	viaggiò
noi	viaggeremo	avevamo viaggiato	viaggiammo
voi	viaggerete	avevate viaggiato	viaggiaste
loro/Loro	viaggeranno	avevano viaggiato	viaggiarono

	Future Perfect		Past Anterior
io	avrò viaggiato		ebbi viaggiato

CONDITIONAL · SUBJUNCTIVE

	Present	Present	Imperfect
io	viaggerei	viaggi	viaggiassi
tu	viaggeresti	viaggi	viaggiassi
lui/lei/Lei	viaggerebbe	viaggi	viaggiasse
noi	viaggeremmo	viaggiamo	vaggiassimo
voi	viaggereste	viaggiate	viaggiaste
loro/Loro	viaggerebbero	viaggino	viaggiassero

	Perfect	Perfect	Pluperfect
io	avrei viaggiato	abbia viaggiato	avessi viaggiato

GERUND	PAST PARTICIPLE	IMPERATIVE
viaggiando	viaggiato	viaggia, viaggi, viaggiamo, viaggiate, viaggino

Quando ero giovane viaggiavo molto. *When I was young I used to travel a lot.*
Il treno viaggia in ritardo. *The train is late.*
Paolo viaggerà per una ditta. *Paolo will travel for a firm.*
Penso che viaggino in treno. *I think they travel by train.*
Viaggeranno in tutto il mondo. *They will travel all over the world.*
Il Signor Rossi viaggia per affari. *Mr Rossi travels on business.*
viaggiare in prima classe *to travel first-class*

viaggiare per mare *to travel by sea*
il viaggiatore/la viaggiatrice *traveller*
il viaggio *journey*
Buon viaggio. *Have a nice trip.*
essere in viaggio *to be on a journey*

204 vincere *to win* (intr./tr.)

INDICATIVE

	Present	Imperfect	Perfect
io	vinco	vincevo	ho vinto
tu	vinci	vincevi	hai vinto
lui/lei/Lei	vince	vinceva	ha vinto
noi	vinciamo	vincevamo	abbiamo vinto
voi	vincete	vincevate	avete vinto
loro/Loro	vincono	vincevano	hanno vinto

	Future	Pluperfect	Past Historic
io	vincerò	avevo vinto	vinsi
tu	vincerai	avevi vinto	vincesti
lui/lei/Lei	vincerà	aveva vinto	vinse
noi	vinceremo	avevamo vinto	vincemmo
voi	vincerete	avevate vinto	vinceste
loro/Loro	vinceranno	avevano vinto	vinsero

	Future Perfect		Past Anterior
io	avrò vinto		ebbi vinto

CONDITIONAL   SUBJUNCTIVE

	Present	Present	Imperfect
io	vincerei	vinca	vincessi
tu	vinceresti	vinca	vincessi
lui/lei/Lei	vincerebbe	vinca	vincesse
noi	vinceremmo	vinciamo	vincessimo
voi	vincereste	vinciate	vinceste
loro/Loro	vincerebbero	vincano	vincessero

	Perfect	Perfect	Pluperfect
io	avrei vinto	abbia vinto	avessi vinto

GERUND	PAST PARTICIPLE	IMPERATIVE
vincendo	vinto	vinci, vinca, vinciamo, vincete, vincano

Paolo vinse la corsa. *Paolo won the race.*
Il bambino ha vinto un premio. *The child has won a prize.*
Vinceranno la loro timidezza. *They will overcome their shyness.*
Questa squadra vincerebbe la partita. *This team would win the game.*
vincere le proprie passioni *to master one's passions*
Vinca il migliore! *May the best man win!*
Vinciamo le difficoltà. *We are overcoming the difficulties.*
Non lasciamoci vincere dalle tentazioni. *Let us not yield to temptation.*

il vincitore/la vincitrice *winner*
la vincita *win*
una vincita a poker *a win at poker*
la vittoria *victory*

205 vivere *to live* (intr.)

INDICATIVE

	Present	Imperfect	Perfect
io	vivo	vivevo	ho vissuto
tu	vivi	vivevi	hai vissuto
lui/lei/Lei	vive	viveva	ha vissuto
noi	viviamo	vivevamo	abbiamo vissuto
voi	vivete	vivevate	avete vissuto
loro/Loro	vivono	vivevano	hanno vissuto
	Future	**Pluperfect**	**Past Historic**
io	vivrò	avevo vissuto	vissi
tu	vivrai	avevi vissuto	vivesti
lui/lei/Lei	vivrà	aveva vissuto	visse
noi	vivremo	avevamo vissuto	vivemmo
voi	vivrete	avevate vissuto	viveste
loro/Loro	vivranno	avevano vissuto	vissero
	Future Perfect		**Past Anterior**
io	avrò vissuto		ebbi vissuto

CONDITIONAL / SUBJUNCTIVE

	Present	Present	Imperfect
io	vivrei	viva	vivessi
tu	vivresti	viva	vivessi
lui/lei/Lei	vivrebbe	viva	vivesse
noi	vivremmo	viviamo	vivessimo
voi	vivreste	viviate	viveste
loro/Loro	vivrebbero	vivano	vivessero
	Perfect	**Perfect**	**Pluperfect**
io	avrei vissuto	abbia vissuto	avessi vissuto

GERUND	PAST PARTICIPLE	IMPERATIVE
vivendo	vissuto	vivi, viva, viviamo, vivete, vivano

È vissuto nell'Ottocento. *He lived in the 19th century.*
Dove vive, signor Rossi? Vivo a Roma. *Where do you live, Mr Rossi?*
  I live in Rome.
Vivevano in campagna. *They used to live in the country.*
Non riesce a guadagnarsi da vivere. *He/she cannot make a living.*
Vivrà nel ricordo di sua moglie. *He will live on in his wife's memory.*
vivere alle spalle di qualcuno *to live off somebody*
Vivi e lascia vivere. *Live and let live.*
Viva la libertà! *Long live freedom!*
Viviamo alla giornata. *We live from hand to mouth.*
La Signora Rossi vive di rendita. *Mrs Rossi has private means.*

la vita *life, waist*   **punto di vita** *waist*
senza vita *lifeless*   **vivente** *living, alive*

206 volere *to want* (tr.)

INDICATIVE

	Present	Imperfect	Perfect
io	voglio	volevo	ho voluto
tu	vuoi	volevi	hai voluto
lui/lei/Lei	vuole	voleva	ha voluto
noi	vogliamo	volevamo	abbiamo voluto
voi	volete	volevate	avete voluto
loro/Loro	vogliono	volevano	hanno voluto
	Future	**Pluperfect**	**Past Historic**
io	vorrò	avevo voluto	volli
tu	vorrai	avevi voluto	volesti
lui/lei/Lei	vorrà	aveva voluto	volle
noi	vorremo	avevamo voluto	volemmo
voi	vorrete	avevate voluto	voleste
loro/Loro	vorranno	avevano voluto	vollero
	Future Perfect		**Past Anterior**
io	avrò voluto		ebbi voluto

CONDITIONAL   SUBJUNCTIVE

	Present	Present	Imperfect
io	vorrei	voglia	volessi
tu	vorresti	voglia	volessi
lui/lei/Lei	vorrebbe	voglia	volesse
noi	vorremmo	vogliamo	volessimo
voi	vorreste	vogliate	voleste
loro/Loro	vorrebbero	vogliano	volessero
	Perfect	**Perfect**	**Pluperfect**
io	avrei voluto	abbia voluto	avessi voluto

GERUND	PAST PARTICIPLE	IMPERATIVE
volendo	voluto	(not in use)

Non sapete quello che volete. *You do not know what you want.*
Vorrei una tazza di tè. *I would like a cup of tea.*
Tua madre ti vuole. *Your mother wants you (is looking for you).*
Vuoi andare a teatro, Paolo? *Would you like to go to the theatre, Paolo?*
Voglio che finiate questo lavoro. *I want you to finish this job.*
Che cosa vuoi dire? *What do you mean?*
Chi troppo vuole nulla stringe. *Grasp all, lose all.*
Gli voglio molto bene. *I love him very much.*

la voglia *wish*   **il volere** *desire, will*
di cattiva voglia *reluctantly*   **voglioso** *eager*
senza volere *unintentionally*

207 volgere *to turn* (tr./intr.)

INDICATIVE

	Present	Imperfect	Perfect
io	volgo	volgevo	ho volto
tu	volgi	volgevi	hai volto
lui/lei/Lei	volge	volgeva	ha volto
noi	volgiamo	volgevamo	abbiamo volto
voi	volgete	volgevate	avete volto
loro/Loro	volgono	volgevano	hanno volto
	Future	**Pluperfect**	**Past Historic**
io	volgerò	avevo volto	volsi
tu	volgerai	avevi volto	volgesti
lui/lei/Lei	volgerà	aveva volto	volse
noi	volgeremo	avevamo volto	volgemmo
voi	volgerete	avevate volto	volgeste
loro/Loro	volgeranno	avevano volto	volsero
	Future Perfect		**Past Anterior**
io	avrò volto		ebbi volto

CONDITIONAL · SUBJUNCTIVE

	Present	Present	Imperfect
io	volgerei	volga	volgessi
tu	volgeresti	volga	volgessi
lui/lei/Lei	volgerebbe	volga	volgesse
noi	volgeremmo	volgiamo	volgessimo
voi	volgereste	volgiate	volgeste
loro/Loro	volgerebbero	volgano	volgessero
	Perfect	**Perfect**	**Pluperfect**
io	avrei volto	abbia volto	avessi volto

GERUND	PAST PARTICIPLE	IMPERATIVE
volgendo	volto	volgi, volga, volgiamo, volgete, volgano

Paolo volse lo sguardo verso di lui. *Paolo turned his gaze on him.*
Volse gli occhi al cielo e pregò. *She turned her eyes to heaven and prayed.*
Il giorno volge al termine. *The day is drawing to a close.*
La situazione volge al peggio. *Things are getting worse.*
Non volgergli le spalle. *Do not turn your back on him.*
volgere qualcosa a proprio vantaggio *to turn something to one's own advantage*
volgere in ridicolo *to turn into a joke*
Si volse verso di me. *He turned towards me.*

la volta *time, turn*
la prima volta *the first time*
a tua volta *in your turn*

208 voltare *to turn* (tr./intr.)

INDICATIVE

	Present	Imperfect	Perfect
io	volto	voltavo	ho voltato
tu	volti	voltavi	hai voltato
lui/lei/Lei	volta	voltava	ha voltato
noi	voltiamo	voltavamo	abbiamo voltato
voi	voltate	voltavate	avete voltato
loro/Loro	voltano	voltavano	hanno voltato

	Future	Pluperfect	Past Historic
io	volterò	avevo voltato	voltai
tu	volterai	avevi voltato	voltasti
lui/lei/Lei	volterà	aveva voltato	voltò
noi	volteremo	avevamo voltato	voltammo
voi	volterete	avevate voltato	voltaste
loro/Loro	volteranno	avevano voltato	voltarono

	Future Perfect		Past Anterior
io	avrò voltato		ebbi voltato

CONDITIONAL   SUBJUNCTIVE

	Present	Present	Imperfect
io	volterei	volti	voltassi
tu	volteresti	volti	voltassi
lui/lei/Lei	volterebbe	volti	voltasse
noi	volteremmo	voltiamo	voltassimo
voi	voltereste	voltiate	voltaste
loro/Loro	volterebbero	voltino	voltassero

	Perfect	Perfect	Pluperfect
io	avrei voltato	abbia voltato	avessi voltato

GERUND	PAST PARTICIPLE	IMPERATIVE
voltando	voltato	volta, volti, voltiamo, voltate, voltino

Volta la pagina e guarda la figura. *Turn the page and look at the picture.*
Scusa se ti volto le spalle. *I'm sorry I'm turning my back.*
Al semaforo voltate a destra. *At the traffic lights turn right.*
Voltati! *Turn round!*
Si allontanò senza voltarsi indietro. *She went away without turning back.*
Mi sono voltato dall'altra parte per non vedere. *I turned the other way in order not to see.*
voltarsi e rivoltarsi nel letto *turning and tossing in bed*

il voltafaccia *about-turn*
il voltastomaco *disgust, nausea*
Questa puzza mi dà il voltastomaco. *This stench makes me sick.*

209 zoppicare *to limp* (intr.)

INDICATIVE

	Present	Imperfect	Perfect
io	zoppico	zoppicavo	ho zoppicato
tu	zoppichi	zoppicavi	hai zoppicato
lui/lei/Lei	zoppica	zoppicava	ha zoppicato
noi	zoppichiamo	zoppicavamo	abbiamo zoppicato
voi	zoppicate	zoppicavate	avete zoppicato
loro/Loro	zoppicano	zoppicavano	hanno zoppicato
	Future	**Pluperfect**	**Past Historic**
io	zoppicherò	avevo zoppicato	zoppicai
tu	zoppicherai	avevi zoppicato	zoppicasti
lui/lei/Lei	zoppicherà	aveva zoppicato	zoppicò
noi	zoppicheremo	avevamo zoppicato	zoppicammo
voi	zoppicherete	avevate zoppicato	zoppicaste
loro/Loro	zoppicheranno	avevano zoppicato	zoppicarono
	Future Perfect		**Past Anterior**
io	avrò zoppicato		ebbi zoppicato

CONDITIONAL / SUBJUNCTIVE

	Present	Present	Imperfect
io	zoppicherei	zoppichi	zoppicassi
tu	zoppicheresti	zoppichi	zoppicassi
lui/lei/Lei	zoppicherebbe	zoppichi	zoppicasse
noi	zoppicheremmo	zoppichiamo	zoppicassimo
voi	zoppichereste	zoppichiate	zoppicaste
loro/Loro	zoppicherebbero	zoppichino	zoppicassero
	Perfect	**Perfect**	**Pluperfect**
io	avrei zoppicato	abbia zoppicato	avessi zoppicato

GERUND	PAST PARTICIPLE	IMPERATIVE
zoppicando	zoppicato	zoppica, zoppichi, zoppichiamo, zoppicate, zoppichino

Il ragazzo sta zoppicando. *The boy is limping.*
È arrivato al traguardo zoppicando. *He limped to the finishing line.*
Questa sedia zoppica. *This chair is unsteady.*
Paolo zoppicava col piede sinistro. *Paolo was lame in his left foot.*
Luigi zoppica in matematica. *Luigi is weak in mathematics.*
È diventato zoppo. *He became lame.*
È zoppa dalla gamba destra. *She is lame in her right leg.*

lo zoppo *lame man, cripple*
zoppicante *limping, shaky*
un ragionamento zoppicante *an unsound argument*
un discorso che zoppica *a lame argument*

210 zuccherare *to sweeten* (tr.)

INDICATIVE

	Present	Imperfect	Perfect
io	zucchero	zuccheravo	ho zuccherato
tu	zuccheri	zuccheravi	hai zuccherato
lui/lei/Lei	zucchera	zuccherava	ha zuccherato
noi	zuccheriamo	zuccheravamo	abbiamo zuccherato
voi	zuccherate	zuccheravate	avete zuccherato
loro/Loro	zuccherano	zuccheravano	hanno zuccherato

	Future	Pluperfect	Past Historic
io	zucchererò	avevo zuccherato	zuccherai
tu	zucchererai	avevi zuccherato	zuccherasti
lui/lei/Lei	zucchererà	aveva zuccherato	zuccherò
noi	zucchereremo	avevamo zuccherato	zuccherammo
voi	zucchererete	avevate zuccherato	zuccheraste
loro/Loro	zucchereranno	avevano zuccherato	zuccherarono

	Future Perfect		Past Anterior
io	avrò zuccherato		ebbi zuccherato

CONDITIONAL   SUBJUNCTIVE

	Present	Present	Imperfect
io	zucchererei	zuccheri	zuccherassi
tu	zucchereresti	zuccheri	zuccherassi
lui/lei/Lei	zucchererebbe	zuccheri	zuccherasse
noi	zucchereremmo	zuccheriamo	zuccherassimo
voi	zucchererete	zuccheriate	zuccheraste
loro/Loro	zucchererebbero	zuccherino	zuccherassero

	Perfect	Perfect	Pluperfect
io	avrei zuccherato	abbia zuccherato	avessi zuccherato

GERUND	PAST PARTICIPLE	IMPERATIVE
zuccherando	zuccherato	zucchera, zuccheri, zuccheriamo, zuccherate, zuccherino

Zuccherami il caffè, per favore. *Put sugar in my coffee, please.*
Paolo ha zuccherato il suo tè. *Paolo has put sugar in his tea.*
Non zuccherare l'acqua. *Do not put sugar into the water.*
Mi piace zuccherare molto il caffè. *I like to put a lot of sugar in my coffee.*
È diventata tutto zucchero e miele. *She has become all sweetness and light.*

l'acqua zuccherata *sugared water*
tè molto zuccherato *tea with plenty of sugar*
lo zucchero *sugar*
la zuccheriera *sugar bowl*
l'industria zuccheriera *the sugar industry*
lo zuccherificio *sugar refinery*
lo zuccherino *lump of sugar*
lo zucchero in polvere *caster sugar*
lo zucchero a velo *icing sugar*

Italian–English verb list

On the following pages you will find approximately 3000 Italian verbs, with their meanings and the number of the model verb they follow. If the number is in **bold** print, the verb is one of the 210 modelled in full.

abbaiare intr. *bark* 182
abbandonare tr. *abandon* 10
abbassare tr. *lower* 10
abbattere tr. *pull down, demolish* 45
abbonare tr. *make (so) a subscriber* 10
abbondare intr. *abound* 10
abbordare tr. *board, tackle* 10
abbottonare tr. *button up* 10
abbozzare tr. *sketch* 10
abbracciare tr. *embrace, hug* 36
abbreviare tr. *shorten* 182
abbronzare tr./intr. *tan* 10
abdicare intr. *abdicate* 31
abilitare tr. *qualify* 10
abitare intr. *live* **1**
abituare intr. *accustom* 10
abolire tr. *abolish* 30
abrogare tr. *abrogate* 121
abusare intr. *abuse* 10
accadere intr. *happen* 27
accalappiare tr. *catch* 182
accampare tr./intr. *camp* 10
accantonare tr. *put aside* 10
accaparrare tr. *grab, buy up* 10
accarezzare tr. *caress* 10
accasare tr. *give in marriage* 10

accavallare tr. *overlap* 10
accecare tr./intr. *blind* 31
accelerare tr. *speed up* 10
accendere tr. *light switch on* **2**
accennare tr./intr. *point out, mention* 10
accentuare tr. *accentuate* 10
accertare tr. *assure* 10
accettare tr. *accept* **3**
acchiappare tr. *seize* 10
accingersi r. *set about* 54
acciuffare tr. *seize, catch* 10
acclamare intr./tr. *acclaim* 10
accludere tr. *enclose* 34
accogliere tr. *receive* 35
accomodare tr. *arrange, set in order* 10
accompagnare tr. *accompany* 10
accondiscendere intr. *consent, agree* 164
acconsentire intr. *consent* 171
accoppare tr. *kill* 10
accoppiare tr. *couple* 182
accorciare tr. *shorten* 36
accordare tr. *grant* 10
accorgersi r. *perceive, realize* **4**
accorrere intr. *hasten* 44

accostare tr. *approach* 10
accreditare tr. *credit* 10
accrescere tr. *increase* 46
accudire intr. *look after* 30
accumulare tr. *store up* 10
accusare tr. *accuse* 10
acquietare tr. *calm* 10
acquisire tr. *acquire* 30
acquistare tr. *buy* 10
acuire tr. *stimulate, sharpen* 30
adagiare tr. *lay down with care* 105
adattare tr. *adapt* 10
addestrare tr. *train* 10
addizionare tr. *add up* 10
addobbare tr. *adorn* 10
addolorare tr. *grieve* 10
addomesticare tr. *tame* 31
addormentare tr. *put to sleep* 10
addurre tr. *adduce* 98
adeguare tr. *bring into line* 10
adempiere *carry out* 37
aderire intr. *adhere* 30
adocchiare tr. *glance at* 182
adoperare tr. *use* 10
adorare tr. *adore, worship* 10
adornare tr. *adorn* 10
adottare tr. *adopt* 10
adulare tr. *flatter* 10
adunare tr. *assemble* 10
affacciarsi r. *appear, look out* 36
affamare tr. *starve (out)* 10
affannarsi r. *worry* 10
affascinare tr. *fascinate* 10
affaticare tr. *tire* 31
affermare tr. *affirm* 10
afferrare tr. *to get hold of* 10
affettare tr. *slice* 10

affezionarsi r. *become fond of* 10
affidare tr. *entrust* 10
affievolire tr./intr. *weaken* 30
affiggere tr. *post, put up* **5**
affilare tr. *sharpen* 10
affittare tr. *let, lease, rent* **6**
affliggere tr. *afflict* 5
affluire intr. *flow* 30
affogare intr. *drown* 121
affollare tr. *crowd* 10
affondare tr./intr. *sink* 10
affrancare tr. *release, put a stamp on* 31
affrettare tr. *hurry* 10
affrontare tr. *face* 10
affusolare tr. *taper* 10
agevolare tr. *facilitate* 10
aggiornare tr. *adjourn, update* 10
aggirare tr. *go round* 10
aggiudicare tr. *award* 31
aggiungere tr. *add* 86
aggiustare tr. *adjust, adapt* 10
aggrapparsi r. *cling* 10
aggraziare tr. *make graceful* 182
aggregare tr. *aggregate* 121
aggredire tr. *assault* 30
agire intr. *act* **7**
agitare tr. *agitate* 10
aguzzare tr. *sharpen* 10
aiutare tr. *help* **8**
alienare tr. *alienate* 10
alimentare tr. *feed, nourish* 10
allacciare tr. *lace, tie* 36
allagare tr. *flood* 121
allargare tr. *widen* 121
allarmare tr. *alarm* 10
allegare tr. *enclose* 121
allenare tr. *train* 10

allentare tr. *loosen* 10

allettare tr. *allure, entice* 10

allevare tr. *rear, bring up* 10

alleviare tr. *alleviate* 182

allineare tr. *line up* 10

alloggiare tr./intr. *lodge* 105

allontanare tr. *turn away* 10

alludere intr. *allude* 34

allungare tr. *lengthen* 121

alterare tr. *alter* 10

alternare tr. *alternate* 10

alzarsi r. *get up* 9

amalgamare tr. *amalgamate* 10

amare tr. *love* 10

amareggiare tr. *embitter* 105

ambire tr. *aspire to* 30

ammaccare tr. *bruise, dent* 31

ammaestrare tr. *train* 10

ammainare tr. *lower* 10

ammalarsi r. *fall ill* 10

ammaliare tr. *bewitch* 182

ammanettare tr. *handcuff* 10

ammarare intr. *alight on water* 10

ammassare intr. *amass* 10

ammattire intr. *go mad* 30

ammazzare tr. *kill* 10

ammettere tr. *admit* 107

ammiccare intr. *wink* 31

amministrare tr. *administer* 10

ammirare tr. *admire* 10

ammogliare tr. *provide a wife for* 10

ammollire tr. *soften* 30

ammonire tr. *admonish* 30

ammorbidire tr. *soften* 30

ammortizzare tr. *pay off* 10

ammucchiare tr. *pile up* 182

ammuffire intr. *get mouldy* 30

ammutolire intr. *fall silent* 30

amoreggiare intr. *flirt* 105

ampliare tr. *enlarge* 182

amplificare tr. *amplify* 31

amputare tr. *amputate* 10

ancorare tr. *anchor* 10

andare intr. *go* 11

angosciare tr. *cause anguish to* 100

animare tr. *animate* 10

annacquare tr. *water* 182

annaffiare tr. *sprinkle, water* 182

annebbiare tr./intr. *cloud* 182

annegare tr./intr. *drown* 121

annerire tr./intr. *blacken* 30

annettere tr. *add, attach* 40

annientare tr. *annihilate* 10

annodare tr. *knot* 10

annoiare tr. *annoy*

annotare tr. *annotate* 10

annuire intr. *nod* 30

annullare tr. *annul* 10

annunciare tr. *announce* 36

annunziare tr. *announce* 182

annusare tr. *smell, sniff* 10

ansimare intr. *pant* 10

anteporre tr. *put before* 130

anticipare tr. *anticipate* 10

appagare tr. *gratify* 121

appaltare tr. *to give (sth) out to contract* 10

appannare tr. *dim, steam up* 10

apparecchiare tr. *prepare* 182

apparire intr. *appear* 166

appartarsi r. *withdraw, seclude oneself* 9

appartenere intr. *belong* 189

appassire intr. *wither, fade* 30

appendere tr. *hang* **12**

appensantire tr./intr. *make heavy* 30

appianare tr. *level* 10

appiccicare tr. *stick* 31

applicare tr. *apply* 31

appoggiare tr. *lean* 105

apporre tr. *affix* 130

apportare tr. *bring* 10

appostare tr. *position* 10

apprendere tr. *learn* 135

apprestare tr. *get ready* 10

apprezzare tr. *appreciate* 10

approdare intr. *land* 10

approfittare tr. *take advantage* 10

approfondire tr. *deepen* 30

approntare tr. *make ready* 10

approvare tr. *approve* 10

appuntare tr. *pin (on), sharpen* 10

appurare tr. *verify, ascertain* 10

aprire tr. *open* **13**

arare tr. *plough* 10

ardire intr. *dare* 30

arginare tr. *stem, check* 10

argomentare intr. *infer, argue* 10

armare tr. *arm* 10

armeggiare intr. *mess about* 105

armonizzare tr./intr. *harmonise* 10

arrabbiarsi r. *get angry* 9

arrangiarsi r. *manage* 105

arrecare tr. *cause* 31

arredare tr. *furnish* 10

arrendersi r. *surrender* 2

arrestare tr. *arrest, stop* 10

arricchirsi r. *become rich* 30

arricciare tr. *curl* 36

arridere intr. *be favourable* 150

arrischiare tr. *risk* 182

arrivare intr. *arrive* **14**

arrossire intr. *blush* 30

arrostire tr. *roast* 30

arrotolare tr. *roll up* 10

arrontondare tr. *round* 10

arroventare tr. *make red hot* 10

arruffare tr. *ruffle* 10

arrugginire tr./intr. *rust* 30

ascendere intr. *ascend* 164

asciugare tr. *dry* **15**

ascoltare tr. *listen to* **16**

ascrivere tr. *count, attribute* 168

asfaltare tr. *asphalt* 10

asfissiare tr./intr. *asphyxiate* 182

aspergere tr. *sprinkle* 69

aspettare tr. *wait for* **17**

aspirare tr./intr. *inhale, aspire* 10

asportare tr. *remove* 10

assaggiare tr. *taste* 105

assalire tr. *attack* 160

assassinare tr. *assassinate* 10

assediare tr. *besiege* 182

assegnare tr. *assign* 10

assentire intr. *assent* 171

asserire tr. *affirm* 30

assestare tr. *settle* 10

assicurare tr. *secure* 10

assiderare intr. *chill, freeze* 10

assillare tr. *urge, nag* 10

assimilare tr. *assimilate* 10

assistere intr./tr. *attend, be present at* **18**

associare tr. *associate* 36

assodare tr. *consolidate, ascertain* 10

assoldare tr. *recruit* 10
assolvere tr. *absolve* 156
assomigliare intr. *resemble* 182
assopirsi r. *doze* 30
assordare tr. *deafen* 10
assortire tr. *combine* 30
assottigliare tr. *thin* 182
assuefarsi r. *become accustomed* 80
assumere tr. *take on* **19**
astenersi r. *abstain* 189
astarre tr. *abstract* 193
attaccare tr. *attach, attack* 31
atteggiarsi r. *play the part of* 105
attendere tr. *await* 96
attenersi r. *stick to* 189
attenuare tr. *attenuate* 10
atterrare tr./intr. *land* 10
atterrire tr. *terrify* 83
attestare tr. *attest* 10
attingere tr. *draw, obtain* 54
attirare tr. *attract* 10
attizzare tr. *stir up* 10
attorcigliare tr. *twist* 182
attorniare tr. *encircle* 182
attrarre tr. *attract* **20**
attraversare tr. *cross* 10
attrezzare tr. *equip* 10
attribuire tr. *attribute* 30
attuare tr. *carry out* 10
attutire tr. *deaden, cushion* 10
augurare intr. *wish* 10
aumentare tr./intr. *increase* **21**
auspicare tr. *augur* 31
autenticare tr. *authenticate* 31
autorizzare tr. *authorize* 10
avanzare tr./intr. *advance, remain* 10

avariare tr. *damage* 182
avere tr. (aux) *have* **22**
avvalorare tr. *confirm* 10
avvampare intr. *blaze up* 10
avvantaggiarsi r. *gain an advantage* 105
avvedersi r. *notice* 201
avvelenare tr. *poison* 10
avvenire intr. *happen* 202
avventarsi r. *hurl oneself* 10
avvertire tr./intr. *inform, warn* 171
avviare tr. *start* 182
avvicinare tr. *approach* 10
avvilirsi r. *lose heart* 30
avvincere tr. *enthral* 204
avvisare tr. *inform* 10
avvistare tr. *sight* 10
avvitare tr. *screw in* 10
avvizzire intr. *wither* 30
avvolgere tr. *wrap up* 207
azzardare tr./intr. *hazard* 10
azzeccare tr. *hit, guess* 31

baciare tr. *kiss* 36
badare intr. *look after* **23**
bagnare tr. *wet* 10
balbettare intr. *stutter* 10
balenare intr. *flash* 123
ballare intr. *dance* 10
balzare intr. *jump* 10
banchettare intr. *banquet* 10
bandire tr. *banish, proclaim* 30
barare intr. *cheat* 10
barattare tr. *exchange* 10
barbugliare intr. *mumble* 182
barcollare intr. *stagger* 10
barricare tr. *barricade* 31
bastare intr. *be enough* 123

bastonare tr. *cane, thrash* 10
battagliare intr. *battle* 182
battere tr. *beat* 45
battezzare tr. *baptize* 10
bazzicare intr. *frequent* 31
beatificare tr. *beatify* 31
beccare tr. *peck* 31
beffare tr. *deride* 10
beffeggiare tr. *jeer at* 105
belare intr. *bleat* 10
bendare tr. *bandage, blindfold* 10
benedire tr. *bless* 55
beneficare tr. *aid* 31
beneficiare tr./intr. *benefit* 36
bere tr. *drink* **24**
bersagliare tr. *bombard* 182
bestemmiare intr. *curse, blaspheme* 182
biasimare tr. *blame* 10
bilanciare tr. *balance* 36
bisbigliare intr. *whisper* 182
bisognare intr. *be necessary* 174
bisticciare intr. *bicker* 36
bivaccare intr. *bivouac* 31
blandire tr. *flatter, soothe* 30
blaterare tr. *blab* 10
blindare tr. *armour* 10
bloccare tr. *block* 31
boccheggiare intr. *gasp* 105
bocciare tr. *reject, fail* 36
boicottare tr. *boycott* 10
bollare tr. *stamp* 10
bollire intr./tr. *boil* **25**
bombardare tr. *bomb* 10
bonificare tr. *reclaim* 31
borbottare intr. *grumble* 10
braccare tr. *hound* 31
bramare tr. *long for* 10

brancolare intr. *grope* 10
brandire tr. *brandish* 30
brillare intr. *shine* 10
brindare intr. *toast* 10
brontolare intr. *grumble* 10
brucare tr. *browse on* 31
bruciacchiare tr. *scorch* 182
bruciare tr./intr. *burn* 36
brulicare intr. *swarm* 31
bucare tr. *make a hole, pierce* 31
burlare tr./intr. *make a fool of* 10
bussare intr. *knock* 10
buttare tr. *throw* **26**

cacciare intr. *hunt, expel* 36
cadere intr. *fall* **27**
calare tr. *lower* 10
calcare tr. *tread* 10
calciare intr. *kick* 36
calcolare tr. *calculate* 10
caldeggiare tr. *favour* 105
calmare tr. *calm* 10
calpestare tr. *trample on* 10
calunniare tr. *slander* 182
calzare tr. *put on, wear* 10
cambiare tr. *change* **28**
camminare intr. *walk* **29**
campare tr. *live, get by* 10
campeggiare intr. *encamp* 105
camuffare tr. *disguise* 10
cancellare tr. *rub out* 10
cantare intr. *sing* 10
canzonare tr. *make fun of* 10
capire tr. *understand* **30**
capitare intr. *happen* 10
capitolare intr. *capitulate* 10
capitombolare intr. *tumble down* 10

captare tr. *intercept* 10
caratterizzare tr. *characterize* 10
carbonizzare tr. *carbonize* 10
carezzare tr. *caress* 10
caricare tr. *load* 10
carpire tr. *snatch* 30
cascare intr. *fall* 31
castigare tr. *punish* 121
catalogare tr. *catalogue* 121
catturare tr. *capture* 10
causare tr. *cause* 10
cautelare tr. *protect* 10
cavalcare tr./intr. *ride* 31
cedere tr./intr. *surrender* 45
celare tr. *conceal* 10
celebrare tr. *celebrate* 10
cenare intr. *dine* 10
censurare tr. *censor* 10
centrare intr./tr. *hit the mark* 10
cercare tr./intr. *look for* **31**
certificare tr. *certify* 31
cessare intr. *cease* 10
chiacchierare intr. *chat* 10
chiamare tr. *call* **32**
chiarificare tr. *clarify* 31
chiarire tr. *make clear* 30
chiedere tr. *ask* **33**
chinare tr. *bow* 10
chiudere tr. *close* **34**
ciarlare intr. *chatter* 10
cicatrizzare tr./intr. *form a scar* 10
cifrare tr. *cipher, mark* 10
cigolare intr. *creak* 10
cimentare tr. *put to the test* 10
cinematografare tr. *film* 10
cingere tr. *gird, encircle* 54
cinguettare intr. *chirp* 10
circolare intr. *circulate* 10

circondare tr. *surround* 10
circoscrivere tr. *circumscribe, confine* 168
circuire tr. *fool, take in* 30
citare tr. *mention* 10
civettare intr. *flirt* 10
civilizzare tr. *civilize* 10
classificare tr. *classify* 31
coabitare intr. *cohabit* 10
coagulare tr. *coagulate* 10
cogliere tr. *to pick (up), gather* **35**
coincidere intr. *coincide* 91
colare tr./intr. *filter, sieve, drip* 10
collegare tr. *connect* 121
collezionare tr. *collect* 10
collocare tr. *place* 31
colmare tr. *fill up* 10
colonizzare tr. *colonize* 10
colorare tr. *colour* 10
colorire tr. *colour* 30
colpire tr. *hit* 30
coltivare tr. *cultivate, grow* 10
comandare intr./tr. *command* 10
combattere intr./tr. *fight* 45
combinare tr./intr. *combine, arrange* 10
cominciare tr./intr. *begin, start* **36**
commentare tr. *comment on* 10
commerciare intr. *deal, trade* 36
commettere tr. *commit* 107
commiserare tr. *pity* 10
commuovere tr. *move, touch* 110
comparire intr. *appear* 166
compatire tr. *pity* 30
compensare tr. *compensate* 10
compiacere intr. *please* 127
compiangere tr. *pity* 128
compiere tr. *fulfil, achieve* **37**

compilare tr. *compile, fill in* 10
completare tr. *complete* 10
complimentare tr. *compliment* 10
complottare tr./intr. *plot* 10
comporre tr. *compose* 130
comportare tr. *involve* 10
comprare tr. *buy, purchase* 10
comprendere tr. *include, understand* 135
comprimere tr. *compress* 75
compromettere tr. *compromise* 107
comprovare tr. *prove* 10
comunicare tr./intr. *communicate* 31
concedere tr. *allow, grant, concede* **38**
concentrare tr. *concentrate* 10
concepire tr. *conceive* 30
conciliare tr. *reconcile* 182
concludere tr. *conclude* 71
concordare tr. *agree* 10
concorrere intr. *concur* 44
condannare tr. *sentence* 10
condensare tr. *condense* 10
condire tr. *season* 30
condiscendere intr. *comply* 164
condividere tr. *share* 62
condizionare tr. *condition* 10
condonare tr. *remit* 10
condurre tr. *lead* 192
conferire tr. *confer* 30
confermare tr. *confirm* 10
confessare tr. *confess* 10
confezionare tr. *wrap up, package* 10
confidare tr. *confide* 10
confiscare tr. *confiscate* 31

confondere tr. *confuse* **39**
confortare tr. *comfort* 10
confrontare tr. *compare* 10
congedare tr. *dismiss* 10
congelare tr. *freeze* 10
congiungere tr. *join* 86
congiurare intr. *conspire* 10
congratularsi r. *congratulate* 9
coniare tr. *coin* 182
coniugare tr. *conjugate* 121
connettere intr. *connect, link up* **40**
conoscere tr. *know* **41**
conquistare tr. *conquer* 10
consacrare tr. *consecrate* 10
consegnare tr. *deliver* 10
conseguire tr. *attain* 171
consentire intr. *consent* 171
conservare tr. *preserve* 10
considerare tr. *consider* 10
consigliare tr. *advise* 182
consistere intr. *consist* 95
consolare tr. *comfort* 10
consolidare tr. *consolidate* 10
consultare tr. *consult* 10
consumare tr. *consume, use* 10
contagiare tr. *infect* 105
contaminare tr. *contaminate* 10
contare tr. *count* 10
contemplare tr. *admire, contemplate* 10
contendere intr./tr. *contend* 96
contenere tr. *contain* 189
contestare tr. *contest* 10
continuare tr./intr. *carry on* **42**
contorcere tr. *twist* 129
contornare tr. *trim* 10
contraccambiare tr. *repay* 10

contraddire tr. *contradict* 55
contraffare tr. *counterfeit* 80
contrapporre tr. *oppose* 130
contrarre tr. *contract* 193
contrassegnare tr. *mark* 10
contrastare tr. *contrast* 10
contravvenire intr. *infringe* 202
contribuire tr. *contribute* 30
controbattere tr. *refute* 45
controllare tr. *check* 10
convalidare tr. *validate* 10
convenire intr. *suit, agree* 202
convergere intr. *converge* 69
convertire tr. *convert* 171
convincere tr. *convince* 43
convivere intr. *cohabit* 205
convocare tr. *assemble* 31
cooperare intr. *cooperate* 10
coordinare tr. *coordinate* 10
copiare tr. *copy* 10
coprire tr. *cover* 13
corazzare tr. *armour* 10
coricare tr. *lay down* 31
coronare tr. *crown* 10
correggere tr. *correct* 145
correre intr. *run* 44
corrispondere intr.
 correspond 157
corrodere tr. *corrode* 143
corrompere tr. *corrupt* 159
costare intr. *cost* 10
costeggiare tr./intr. *skirt* 105
costituire tr. *constitute* 30
costringere tr. *force* 181
costruire tr. *build* 30
covare tr. *brood* 10
creare tr. *create* 10
credere tr./intr. *believe* 45

cremare tr. *cremate* 10
crepare intr. *crack, snuff it* 10
crescere intr. *grow* 46
cristallizzare tr. *crystallize* 10
criticare tr. *criticize* 31
crocifiggere (*p.p. crocifisso*) tr.
 crucify 84
crollare intr. *break down* 10
cucinare tr. *cook* 10
cucire tr. *sew* 47
culminare intr. *culminate* 10
cumulare tr. *amass* 10
cuocere tr. *cook* 48
curare tr. *take care of* 10
curiosare intr. *be curious* 10
curvare tr. *bend* 10
custodire tr. *guard* 30

dannare tr. *damn* 10
danneggiare tr. *damage* 105
danzare intr. *dance* 10
dare tr. *give* 49
dattilografare tr. *type* 10
decadere intr. *decay* 27
decapitare tr. *behead* 10
decidere tr. *decide* 50
decifrare tr. *decipher* 10
declinare intr. *decline* 10
decollare intr. *take off* 10
decomporre tr. *decompose* 130
decorare tr. *decorate* 10
decorrere intr. *elapse* 44
decrescere intr. *decrease* 46
decretare tr. *decree* 10
dedicare tr. *dedicate* 31
definire tr. *define* 83
deformare tr. *deform* 10
degenerare intr. *degenerate* 10

degnarsi r. *deign* 9
degradare tr. *degrade* 10
degustare tr. *taste* 10
delegare tr. *delegate* 121
delimitare tr. *delimit* 10
delineare tr. *delineate* 10
delirare intr. *rave* 10
deludere tr. *disappoint* 71
demolire tr. *demolish* 30
demoralizzare tr. *demoralize* 10
denominare tr. *denominate* 10
denotare tr. *denote* 10
denunciare tr. *denounce* 36
depilare tr. *depilate* 10
deplorare tr. *deplore* 10
deporre tr. *put down, testify* 130
deportare tr. *deport* 10
depositare tr./intr. *deposit* 10
depravare tr. *deprave* 10
deprecare tr. *deprecate* 31
deprimere tr. *depress* 75
depurare tr. *purify* 10
deridere tr. *mock, deride* 150
derivare intr. *derive* 10
derogare intr. *derogate* 121
derubare tr. *rob* 10
descrivere tr. *describe* 168
desiderare tr. *wish* 10
designare tr. *designate* 10
desinare intr. *dine* 10
destare tr. *wake, rouse* 10
destinare tr. *destine, assign* 10
destituire tr. *discharge* 30
detenere tr. *hold, keep* 189
detergere tr. *cleanse* 69
determinare tr. *determine* 10
detestare tr. *detest* 10
detrarre tr. *deduct* 193

dettagliare tr. *detail* 182
dettare tr. *dictate* 10
devastare tr. *devastate* 10
deviare intr. *deviate* 182
dialogare intr. *converse* 121
dibattere tr. *debate* 188
dibattersi r. *struggle* 188
dichiarare tr. *declare* 10
difendere tr. *defend* **51**
diffamare tr. *slander* 10
differire intr. *differ* 30
diffidare intr. *distrust* 10
diffondere tr. *diffuse* 39
digerire tr. *digest* 30
digiunare intr. *fast* 10
dilagare intr. *spread* 121
dilaniare tr. *tear, lacerate* 182
dilapidare tr. *dilapidate* 10
dilatare tr. *dilate* 10
dileguare tr. *disperse, dispel* 10
dilettare tr. *delight* 10
diluire tr. *dilute* 30
diluviare intr. *pour, shower* 182
dimagrire intr. *thin down, lose weight* 30
dimenticare tr./intr. *forget* **52**
dimettere tr. *dismiss, discharge* 107
dimezzare tr. *halve* 10
diminuire tr./intr. *diminish* 30
dimorare intr. *sojourn* 10
dimostrare tr. *show* 10
dipendere intr. *depend* **53**
dipingere tr. *paint, depict* **54**
diradare tr./intr. *thin out* 10
dire tr. *say, tell* **55**
dirigere tr. *direct* **56**
dirottare tr. *divert, hijack* 10

disapprovare tr. *disapprove* 10

disarmare tr. *disarm* 10

discendere intr. *descend* 164

disciplinare tr. *discipline* 10

discolpare tr. *exculpate* 10

discordare intr. *disagree* 10

discorrere intr. *talk, discuss* 44

discriminare tr. *discriminate* 10

discutere tr. *discuss* **57**

disdire tr. *be unbecoming* 55

disegnare nr. *draw* 10

diseredare tr. *disinherit* 10

disertare tr./intr. *abandon, desert* 10

disfare tr. *undo* 80

disgiungere tr. *detach* 86

disgregare tr. *break up, scatter* 121

disgustare tr. *disgust* 10

disilludere tr. *disenchant* 71

disinfettare tr. *disinfect* 10

disinnestare tr. *disconnect* 10

disintegrare tr. *disintegrate* 10

disinteressarsi r. *lose interest* 9

dislocare tr. *displace* 31

disonorare tr. *dishonour* 10

disordinare tr./intr. *disarrange* 10

disorientare tr. *disorientate* 10

dispensare tr. *dispense* 10

disperare intr. *despair* 10

disperdere tr. *disperse* 126

dispiacere tr. *regret* 127

disporre tr. *dispose* 130

disprezzare tr. *despise* 10

disputare intr. *debate* 10

dissetare tr. *quench the thirst of* 10

dissimulare tr. *dissimulate* 10

dissipare tr. *dissipate* 10

dissociare tr. *dissociate* 36

dissolvere tr. *dissolve* 156

distaccare tr. *detach* 31

distendere tr. *stretch* 96

distillare tr. *distil* 10

distinguere tr. *distinguish* 54

distogliere tr. *divert, distract* 190

distrarre tr. *distract* **58**

distribuire tr. *distribute* 30

distruggere tr. *destroy* **59**

disturbare tr. *disturb* 10

disubbidire intr. *disobey* 30

disunire tr. *disunite* 188

divagare intr. *digress* 121

divampare intr. *blaze* 10

divenire intr. *become* 202

diventare intr. *become* **60**

divertirsi r. *amuse oneself, enjoy oneself* **61**

dividere tr. *divide* **62**

divorare tr. *devour* 10

divulgare tr. *divulge* 121

documentare tr. *document* 10

dolere (dolersi) intr. (r.) *ache* **63**

domandare tr. *ask, demand* **64**

domare tr. *tame* 10

dominare tr./intr. *dominate* 10

donare tr. *give* 10

dondolare intr. *swing* 10

doppiare tr. *dub* 182

dormire intr. *sleep* **65**

dosare tr. *measure out, dose* 10

dovere intr./tr. *have to, owe* **66**

drogare tr. *drug* 121

dubitare intr. *doubt* 10

duplicare tr. *duplicate* 31

durare intr. *last* **67**

eccedere tr. *exceed* 45
eccepire tr. *object* 30
eccettuare tr. *exclude* 10
eccitare tr. *excite* 10
echeggiare tr. *echo* 105
eclissare tr. *eclipse* 10
economizzare intr. *economize* 10
edificare tr. *edify* 31
educare tr. *educate* 31
effettuare tr. *carry out* 10
elaborare tr. *elaborate* 10
elargire tr. *lavish* 30
eleggere tr. *elect* 68
elemosinare tr./intr. *beg* 10
eludere tr. *elude* 71
emanare intr. *issue* 10
emancipare tr. *emancipate* 10
emendare tr. *amend* 10
emergere intr. *emerge* 69
emettere tr. *emit* 107
emigrare intr. *emigrate* 10
entrare intr. *enter* 70
enumerare tr. *enumerate* 10
enunciare tr. *enunciate* 36
equilibrare tr. *balance* 10
equipaggiare tr. *equip* 105
equiparare tr. *equalize* 10
equivalere intr. *be equivalent* 200
equivocare intr. *equivocate* 31
ereditare tr. *inherit* 10
ergere tr. *raise* 69
erigere tr. *erect* 56
erogare tr. *supply, donate* 121
erompere intr. *break out* 159
errare intr. *wander, err* 10
erudire tr. *educate* 30
esagerare tr. *exaggerate* 10
esalare tr. *exhale* 10

esaltare tr. *exhalt* 10
esaminare tr. *examine* 10
esasperare tr. *aggravate* 10
esaudire tr. *grant* 30
esaurire tr. *exhaust* 30
esclamare tr. *exclaim* 10
escludere tr. *exclude* 71
escogitare tr. *think out, devise* 10
eseguire tr. *carry out* 30
esentare tr. *exempt* 10
esercitare tr. *exercise* 10
esibire tr. *exhibit* 30
esigere tr. *require, exact* 72
esiliare tr. *exile* 182
esistere intr. *exist* 73
esitare tr./intr. *hesitate* 10
esonerare tr. *exonerate* 10
esordire intr. *make one's debut* 30
esortare tr. *exhort* 10
espatriare intr. *leave the country* 10
espellere tr. *expel* 74
espiare tr. *expiate* 10
espirare tr. *exhale* 10
espletare tr. *carry out* 10
esplicare tr. *perform* 31
esplodere intr. *explode* 143
esplorare tr. *explore* 10
esporre tr. *exhibit* 130
esportare tr. *export* 10
esprimere tr. *express* 75
espropriare tr. *expropriate* 182
espugnare tr. *conquer, storm* 10
essere intr. (aux.) *be* 76
estendere tr. *extend* 77
estinguere tr. *extinguish* 54

estrarre tr. *extract* 193
esulare intr. *be beyond* 10
esultare intr. *exult* 10
esumare tr. *exhume* 10
evacuare tr./intr. *evacuate* 10
evadere intr. *evade, escape* **78**
evaporare intr. *evaporate* 10
evitare tr. *avoid* **79**
evocare tr. *evoke* 31

fabbricare tr. *manufacture* 31
facilitare tr. *facilitate* 10
falciare tr. *mow* 36
fallire intr. *fail* 30
falsare tr. *distort, forge* 10
falsificare tr. *falsify* 31
fantasticare intr. *day-dream* 31
fare tr. *make, do* **80**
farneticare intr. *rave* 31
fasciare tr. *bandage* 100
fatturare tr. *invoice* 10
favorire tr. *favour* 30
ferire tr. *wound* 30
fermare tr. *stop* **81**
fermentare intr. *ferment* 10
festeggiare intr. *celebrate* 105
fiammeggiare intr. *blaze* 105
fiatare intr. *breathe* 10
filare tr./intr. *spin* 10
filtrare tr./intr. *filter* 10
fingere tr./intr. *pretend* **82**
finire tr./intr. *finish* **83**
fiorire intr. *flower* 83
firmare tr. *sign* 10
fischiare intr. *whistle* 182
fissare tr. *fix* 10
fiutare tr. *sniff* 10
fluire intr. *flow* 83

fluttuare intr. *fluctuate* 10
foderare tr. *line* 10
foggiare tr. *shape* 105
folgorare intr. *lighten* 10
fondare tr. *found* 10
fondere tr. *melt* 39
forare tr. *perforate* 10
forbire tr. *clean, furbish* 83
formare tr. *form* 10
formulare tr. *formulate* 10
fornire tr. *supply* 83
fortificare tr. *fortify* 31
forzare tr. *force* 10
fossilizzare tr. *fossilize* 10
fotografare tr. *photograph* 10
fracassare tr. *smash* 10
franare intr. *slide down* 10
frangere tr. *break, crash* 128
frapporre tr. *interpose* 130
frastagliare tr. *notch* 182
frastornare tr. *disturb* 10
fraternizzare intr. *fraternize* 10
freddare tr. *chill, shoot dead* 10
fregare tr. *rub, cheat* 121
fregiare tr. *adorn* 10
fremere intr. *quiver* 45
frenare tr. *brake* 10
friggere tr. *fry* **84**
frignare intr. *whine* 10
frinire intr. *chirp* 171
frivoleggiare intr. *trifle* 105
frizzare intr. *tingle, sparkle* 10
frodare tr. *defraud* 10
fronteggiare tr. *face* 105
frullare tr. *whisk, liquidize* 10
frugare tr./intr. *rummage* 121
frusciare intr. *rustle* 100
frustare tr. *whip* 10

fruttare tr. *produce* 10
fruttificare intr. *bear fruit* 31
fucilare tr. *shoot* 10
fugare tr. *rout* 121
fuggire intr. *flee* 171
fulminare tr. *fulminate, electrocute* 10
fumare intr. *smoke* 10
funestare tr. *sadden* 10
fustigare tr. *flog, lash* 121

gabbare tr. *swindle* 10
galleggiare tr. *float* 105
galoppare intr. *gallop* 10
galvanizzare tr. *galvanize* 10
garantire tr. *guarantee* 30
garbare intr. *like* 10
gareggiare intr. *compete* 182
gargarizzare tr. *gargle* 10
garrire intr. *chirp* 30
gelare intr. *freeze* 10
gemere intr. *lament* 45
generalizzare tr. *generalize* 10
generare tr. *generate* 10
germinare intr. *germinate* 10
germogliare intr. *sprout* 182
gesticolare intr. *gesticulate* 10
gettare tr. *throw* 10
ghermire tr. *clutch* 30
ghiacciare intr. *ice* 36
ghignare intr. *sneer, grin* 10
giacere intr. *lie* **85**
giganteggiare intr. *tower* 105
gingillare intr. *trifle* 10
giocare intr. *play* 31
giocherellare intr. *play* 10
gioire intr. *rejoice* 30
giovare intr. *avail* 10

girare tr./intr. *turn* 10
girellare intr. *stroll* 10
gironzolare intr. *stroll about* 10
girovagare intr. *wander (about)* 121
giubilare intr. *rejoice* 10
giudicare tr. *judge* 31
giungere intr. *arrive* **86**
giurare intr. *swear* 10
giustificare tr. *justify* 31
giustiziare tr. *execute* 182
glorificare tr. *glorify* 31
gocciolare tr./intr. *drip* 10
godere tr./intr. *enjoy* **87**
gonfiare tr./intr. *inflate* 182
gongolare intr. *rejoice* 10
gorgogliare intr. *gurgle, rumble* 182
governare tr. *govern* 10
gozzovigliare intr. *revel* 182
gracchiare intr. *caw* 182
gracidare intr. *croak* 10
gradire tr./intr. *like* 30
graduare tr. *graduate* 10
graffiare tr. *scratch* 182
grandeggiare intr. *tower* 105
grandinare intr. *hail* 123
gratificare tr. *gratify* 31
grattare tr. *scratch* 10
grattuggiare tr. *grate* 105
gravare intr. *encumber* 10
gravitare intr. *gravitate* 10
graziare tr. *pardon* 182
gremire tr. *crowd* 30
gridare intr. *shout* 10
grondare intr. *drip* 10
grugnire intr. *grunt* 30
guadagnare tr. *gain* 10

guadare tr. *wade* 10
gualcire tr. *crease* 30
guardare tr. *look at* **88**
guarire intr./tr. *cure, recover* 30
guarnire tr. *decorate* 30
guazzare intr. *splash about* 10
guerreggiare intr. *wage war* 105
guidare tr. *drive, lead* 105
guizzare intr. *flicker* 10
gustare tr. *relish* 10

idealizzare tr. *idealize* 10
ideare tr. *conceive* 10
identificare tr. *identify* 31
idolatrare tr. *idolize* 10
ignorare tr. *ignore* 10
illudere tr. *deceive* 71
illuminare tr. *light, illuminate* 10
illustrare tr. *illustrate* 10
imballare tr. *package* 10
imbalsamare tr. *embalm, stuff* 10
imbandire tr. *lay* 30
imbarazzare tr. *embarrass* 10
imbarcare tr. *embark* 31
imbastire tr. *baste* 30
imbattersi r. *run into* 188
imbeccare tr. *feed, prompt* 31
imbestialire intr. *get furious* 30
imbiancare tr. *whiten* 31
imbizzarrire intr. *stir* 30
imboccare tr. *feed, enter* 31
imbonire tr. *entice* 30
imbottigliare tr. *bottle* 182
imbottire tr. *stuff* 30
imbrigliare tr. *bridle* 182
imbroccare tr. *hit* 31
imbrogliare tr. *cheat* 182
imbronciare intr. *sulk* 36

imbruttire intr. *grow ugly* 30
imbucare tr. *post* 31
imburrare tr. *butter* 10
imitare tr. *imitate* 10
immaginare tr. *imagine* 10
immatricolare tr. *matriculate* 10
immedesimarsi r. *identify (with)* 10
immergere tr. *immerse* 69
immettere tr. *let in, enter* 107
immigrare intr. *immigrate* 10
immischiare tr. *implicate* 182
immobilizzare tr. *immobilize* 10
immolare tr. *sacrifice* 10
impacciare tr. *encumber* 36
impadronirsi r. *take possession* 30
impallidire intr. *blanch* 30
imparare tr. *learn* **89**
imparentarsi r. *become related (to)* 10
impartire tr. *impart* 30
impastare tr. *knead* 10
impaurire tr./intr. *frighten* 30
impazzire intr. *go mad* 30
impedire tr. *prevent* 30
impegnare tr. *pledge, pawn* 10
impennarsi r. *rear up* 10
impensierire tr. *worry* 30
imperare intr. *reign* 10
impermalirsi r. *take offence* 30
impersonare tr. *impersonate* 10
impiantare tr. *establish* 10
impiastrare tr. *daub* 10
impiccare tr. *hang* 31
impicciare tr. *hamper* 36
impiegare tr. *employ* 31
impigliare tr. *entangle* 182

impigrire intr. *grow lazy* 30
implicare tr. *implicate* 31
implorare tr. *implore* 10
impolverarsi r. *get dusty* 10
imporre tr. *impose* **90**
importare tr. *import* 10
importunare tr. *importune* 10
impostare tr. *set up, post* 10
impoverire tr./intr.
  impoverish 30
imprecare intr. *curse* 31
impregnare tr. *impregnate* 10
impressionare tr. *upset,*
  impress 10
imprigionare tr. *imprison* 10
imprimere tr. *imprint* 75
improntare tr. *impress* 10
improvvisare tr. *improvise* 10
impugnare tr. *grip* 10
impuntarsi r. *be obstinate* 10
imputare tr. *impute* 10
inabissarsi r. *sink* 9
inalare tr. *inhale* 10
inaridire tr./intr. *dry up* 30
inasprire tr./intr. *embitter* 30
inaugurare tr. *inaugurate* 10
incagliarsi r. *run aground* 182
incallire intr. *harden* 30
incalzare tr. *pursue* 10
incamminare tr. *start* 10
incanalare tr. *canalize* 10
incantare tr. *enchant* 10
incappare intr. *fall in* 10
incapricciarsi r. *take a fancy* 10
incarcerare tr. *imprison* 10
incaricare tr. *entrust* 31
incartare tr. *wrap* 10
incassare tr. *cash, take* 10

incastrare tr. *embed* 10
incatenare tr. *chain* 10
incavare tr. *hollow out* 10
incendiare tr. *set fire to* 182
incenerire intr. *incinerate* 30
incensare tr. *flatter* 10
inceppare tr. *jam* 10
incettare tr. *corner* 10
inchinare tr. *bend, bow* 10
inchiodare tr. *nail* 10
incidere tr. *affect, record,*
  engrave **91**
incipriare tr. *powder* 182
incitare tr. *incite* 10
inclinare tr./intr. *tilt, incline* 10
includere tr. *include* **92**
incollare tr. *stick* 10
incollerire intr. *get angry* 30
incolonnare tr. *draw up,*
  tabulate 10
incolpare tr. *accuse* 10
incominciare tr./intr. *begin* 36
incomodare tr. *disturb* 10
incontrare tr. *meet* **93**
incoraggiare tr. *encourage* 105
incorniciare tr. *frame* 36
incoronare tr. *crown* 10
incorporare tr. *incorporate* 10
incorrere tr. *incur* 44
incriminare tr. *incriminate* 10
incrinare tr. *crack* 10
incrociare tr. *cross* 36
incrostare tr. *encrust* 10
incuriosire tr./intr. *make*
  curious 30
incurvare tr. *bend* 10
indagare tr. *investigate* 121
indebitare tr. *involve in debt* 10

indebolire tr./intr. *weaken* 30
indennizzare tr. *indemnify* 10
indicare tr. *indicate* 31
indietreggiare intr.
  withdraw 105
indignare tr. *arouse (so's)*
  indignation 10
indire tr. *notify* 55
indirizzare tr. *address* 9
indisporre tr. *irritate* 130
individuare tr. *identify* 10
indiziare tr. *cast suspicion on* 182
indolenzire intr. *numb* 30
indorare tr. *gild* 10
indossare tr. *wear* 10
indovinare tr. *guess* 10
indugiare intr. *delay* 105
indurire tr./intr. *harden* 30
indurre tr. *induce, persuade* 138
inebriare tr. *inebriate* 182
infagottare tr. *wrap up* 10
infamare tr. *defame* 10
infangare tr. *muddy* 121
infarinare tr. *flour* 10
infatuare tr. *infatuate* 10
inferire tr. *infer* 30
inferocire tr./intr. *enrage* 30
infestare tr. *infest* 10
infettare tr. *infect* 10
infiammare tr. *inflame* 10
infiascare tr. *put into flasks* 31
infierire intr. *be pitiless* 30
infilare tr. *thread, insert* 10
infilzare tr. *pierce* 10
infliggere tr. *inflict* 5
influire intr. *influence* 30
infondere tr. *infuse* 39
inforcare tr. *fork, mount, pile on* 31

informare tr. *inform* 10
infornare tr. *put in the oven* 10
infrangere tr. *shatter,*
  violate 128
infreddarsi r. *catch a cold* 10
infreddolire intr. *shiver* 30
infuriare intr. *enrage* 182
ingabbiare tr. *put in a cage* 182
ingaggiare tr. *engage, hire* 105
ingannare tr. *deceive* 10
ingelosire tr./intr. *make jealous* 30
ingerire tr. *ingest* 30
ingessare tr. *put in, plaster* 10
inghiottire tr. *swallow* **94**
inghirlandare tr. *wreathe* 10
ingigantire tr. *magnify* 30
inginocchiarsi r. *kneel* 182
ingiungere tr. *enjoin* 86
ingiuriare tr. *abuse* 182
ingoiare tr. *swallow* 182
ingolfare tr. *engulf* 10
ingolosire tr./intr. *excite (so's)*
  greed 30
ingombrare tr. *encumber* 10
ingommare tr. *gum* 10
ingorgare tr. *obstruct* 121
ingozzare tr. *stuff with food* 10
ingranare tr. *engage* 10
ingrandire tr. *enlarge* 30
ingrassare tr./intr. *fatten* 10
ingrossare tr./intr. *enlarge* 10
ingurgitare tr. *gobble* 10
iniettare tr. *inject* 10
iniziare tr. *start* 182
innaffiare tr. *water* 182
innamorarsi r. *fall in love* 10
inneggiare intr. *sing (so's)*
  praises 105

innescare tr. *prime, bait* 31
innestare tr. *graft* 10
innovare tr. *innovate* 10
inoculare tr. *innoculate* 10
inoltrarsi r. *advance* 123
inondare tr. *flood* 10
inorgoglire tr./intr. *make proud* 30
inorridire tr./intr. *horrify* 30
inquadrare tr. *frame* 10
inquietare tr. *alarm* 10
inquinare tr. *pollute* 10
inquisire tr. *investigate* 30
insabbiare tr. *block, shelve* 182
insaccare tr. *put into sacks* 31
insalivare tr. *insalivate* 10
insanguinare tr. *cover with blood* 10
insaponare tr. *soap* 10
insaporire tr./intr. *flavour* 30
inscenare tr. *stage* 10
insecchire tr./intr. *dry up* 30
insediare tr. *install* 182
insegnare tr. *teach* 10
inseguire tr. *purchase, chase* 171
inserire tr. *insert* 30
insidiare tr. *lay traps for* 182
insinuare tr. *insinuate* 10
insistere intr. *insist* **95**
insolentire tr./intr. *insult* 30
insorgere intr. *revolt, arise* 129
insospettire tr. *make suspicious* 30
insozzare tr. *dirty* 10
inspirare tr. *inhale* 10
installare tr. *install* 10
instaurare tr. *establish* 10
insudiciare tr. *stain* 36
insultare tr. *insult* 10

insuperbire tr./intr. *make proud* 30
intaccare tr. *notch, corrode* 31
intagliare tr. *engrave* 182
intasare tr. *block* 10
intascare tr. *pocket* 31
integrare tr. *integrate* 10
intendere tr. *intend, mean, understand* **96**
intenerire tr. *soften* 30
intensificare tr. *intensify* 31
intercedere intr. *intercede* 45
intercettare tr. *intercept* 10
intercorrere intr. *elapse* 44
interdire tr. *interdict* 55
interessare tr. *interest* 10
interferire intr. *interfere* 30
internare tr. *intern* 10
interpellare tr. *consult, question* 10
interporre tr. *interpose* 130
interpretare tr. *interpret* 10
interrogare tr. *question* 121
interrompere tr. *interrupt* **97**
intervenire intr. *intervene* 202
intestare tr. *register, address* 10
intiepidire tr./intr. *warm up, cool down*
intimare tr. *order* 10
intimidire tr./intr. *intimidate* 30
intimorire tr./intr. *frighten* 30
intingere tr. *dip* 54
intirizzire tr./intr. *numb* 30
intitolare tr. *name* 10
intonare tr. *tune up, match* 10
intontire tr./intr. *daze* 30
intoppare tr./intr. *stumble over* 10
intorpidire tr./intr. *make numb* 30

intossicare tr. *poison* 31

intralciare tr. *hinder* 36

intramezzare tr. *interpose* 10

intraprendere tr. *undertake* 135

intrattenere tr. *entertain* 193

intravvedere tr. *catch a glimpse of* 201

intrecciare tr. *plait, weave* 36

intricare tr. *tangle* 31

intridere tr. *soak* 150

intristire intr. *grow sad, wilt* 30

introdurre tr. *introduce, insert* **98**

intromettere tr. *interpose* 107

intrufolarsi r. *creep in* 9

intuire tr. *realize, guess* **99**

inumidire tr. *moisten* 30

invadere tr. *invade* 126

invalidare tr. *invalidate* 10

invecchiare tr./intr. *age* 182

inventare tr. *invent* 10

inventariare tr. *catalogue* 182

invertire tr. *invert* 171

investigare tr. *investigate* 121

investire tr. *invest* 171

inviare tr. *send* 182

invidiare tr. *envy* 182

invigorire tr./intr. *invigorate* 30

invitare tr. *invite* 10

invocare tr. *invoke* 31

invogliare tr. *tempt* 182

inzaccherare tr. *spatter with mud*

inzuppare tr. *soak* 10

ipnotizzare tr. *hypnotize* 10

ipotecare tr. *mortgage* 31

ironizzare intr. *be ironical about* 10

irradiare tr./intr. *irradiate* 182

irraggiare tr. *shine upon* 105

irrigare tr. *irrigate* 121

irrigidire intr. *stiffen* 30

irritare tr. *irritate* 10

irrompere intr. *burst into* 159

iscrivere tr. *register* 168

isolare tr. *isolate* 10

ispezionare tr. *inspect* 10

ispirare tr. *inspire* 10

istigare tr. *instigate* 121

istillare tr. *instil* 10

istituire tr. *institute* 30

istruire tr. *instruct* 30

laccare tr. *lacquer, varnish* 31

lacerare tr. *lacerate* 10

lacrimare intr. *weep* 10

lagnarsi r. *complain* 9

lambire tr. *lap* 30

lamentare tr. *lament* 10

lanciare tr. *throw* 36

languire intr. *languish* 171

lapidare tr. *stone* 10

lasciare tr. *let, leave* **100**

lastricare tr. *pave* 31

laurearsi r. *graduate* 10

lavare tr. *wash* **101**

lavorare intr. *work* **102**

leccare tr. *lick* 31

legare tr. *tie up* 121

leggere tr. *read* **103**

legittimare tr. *legitimate* 10

lenire tr. *mitigate, soothe* 30

lesinare tr./intr. *grudge* 10

lessare tr. *boil* 10

levare tr. *remove, raise* 10

levigare tr. *smooth* 121

liberare tr. *free* 10

licenziare tr. *dismiss* 182
licitare tr. *sell by auction* 10
limare tr. *file* 10
lievitare intr. *leaven* 10
limitare tr. *limit* 10
linciare tr. *lynch* 36
liquefare tr. *liquefy* 10
liquidare tr. *liquidate* 10
lisciare tr. *smooth* 100
listare tr. *border, edge* 10
litigare intr. *argue* 121
livellare tr. *level* 10
localizzare tr. *locate* 10
lodare tr. *praise* 10
logorare tr. *wear out* 10
lottare intr. *fight* 10
lubrificare tr. *lubricate* 31
luccicare intr. *sparkle* 31
lucidare tr. *polish* 10
lusingare tr. *flatter* 121
lustrare tr. *polish* 10

macchiare tr. *stain* 182
macchinare tr. *plot* 10
macellare tr. *slaughter* 10
macerare tr. *steep* 10
macinare tr. *grind* 10
maciullare tr. *crush* 10
maggiorare tr. *increase* 10
magnetizzare tr. *magnetize* 10
magnificare tr. *exalt* 31
maledire tr. *curse* 55
malignare intr. *speak ill* 10
malmenare tr. *ill-treat* 10
maltrattare tr. *maltreat* 10
mancare intr. *miss, lack* **104**
mandare tr. *send* 10
maneggiare tr. *handle* 105

mangiare tr. *eat* **105**
mangiucchiare tr./intr. *nibble* 182
manifestare tr. *manifest* 10
manipolare tr. *manipulate* 10
manovrare tr. *manoeuvre* 10
mantenere tr. *keep* 189
marcare tr. *mark* 31
marciare intr. *march* 36
marcire intr. *rot* 30
marginare tr. *set margins for* 10
marinare tr. *pickle, play truant* 10
maritare tr. *marry* 10
marmorizzare tr. *marble* 10
martellare tr. *hammer* 10
martoriare tr. *torture* 182
mascherare tr. *mask* 10
massacrare tr. *massacre* 10
massaggiare tr. *massage* 105
masticare tr. *chew* 31
materializzare tr. *materialize* 10
matricolare tr. *matriculate* 10
maturare tr./intr. *mature* 10
mediare tr. *mediate* 182
medicare tr. *dress* 31
meditare tr. *meditate* 10
mendicare tr./intr. *beg* 31
mentire intr. *lie* **106**
menzionare tr. *mention* 10
meritare intr. *merit* 10
mescolare tr. *mix* 10
mettere tr. *put* **107**
miagolare intr. *mew* 10
mietere tr. *reap* 45
migliorare tr./intr. *improve* 10
migrare intr. *migrate* 10
mimare tr. *mime, mimic* 10
mimetizzare tr. *camouflage* 10
minacciare tr. *menace, threat* 36

minare tr. *mine* 10
minimizzare tr. *minimize* 10
mirare tr./intr. *gaze at* 10
miscelare tr. *mix* 10
mischiare tr. *mingle* 182
misurare tr. *measure* 10
mitigare tr. *mitigate* 121
mitragliare tr. *machine-gun* 182
mobilitare tr. *mobilize* 10
modellare tr. *model* 10
moderare tr. *moderate* 10
modernizzare tr. *modernize* 10
modificare tr. *modify* 31
modulare tr. *modulate* 10
molestare tr. *molest* 10
mollare tr. *let go* 10
moltiplicare tr./intr. *multiply* 31
mondare tr. *weed* 10
monopolizzare tr. *monopolize* 10
montare intr. *mount, assemble* 10
moralizzare tr. *moralize* 10
mordere tr. *bite* **108**
mordicchiare tr. *nibble* 182
morire intr. *die* **109**
mormorare intr. *whisper* 10
morsicare tr. *bite* 31
mortificare tr. *humiliate* 31
mostrare tr. *show* 10
motivare tr. *motivate* 10
motorizzare tr. *motorize* 10
mozzare tr. *cut off* 10
muggire intr. *moo, bellow* 30
mugolare intr. *whine* 10
multare tr. *fine* 10
mummificare tr. *mummify* 31
mungere tr. *milk* 86

munire tr. *fortify, provide* 30
muovere tr. *move* **110**
murare tr. *wall up* 10
musicare tr./intr. *set to music* 31
mutare tr./intr. *change* 10
mutilare tr. *mutilate* 10
mutuare tr. *borrow, lend* 10

narcotizzare tr. *narcotize* 10
narrare tr. *tell* 10
nascere intr. *be born* **111**
nascondere tr. *hide* **112**
naufragare intr. *be wrecked* 121
nauseare tr. *nauseate* 10
navigare intr. *sail* 121
nazionalizzare tr. *nationalize* 10
necessitare tr. *necessitate* 10
negare tr. *deny* 121
negoziare intr. *negotiate* 182
neutralizzare tr. *neutralize* 10
nevicare intr. *snow* 31
nicchiare intr. *hesitate* 182
ninnare tr. *sing a lullaby* 10
nitrire intr. *neigh* 30
nobilitare tr. *ennoble* 10
noleggiare tr. *hire* 105
nominare tr. *name* 10
normalizzare r. *normalize* 10
notare tr. *note* 10
notificare tr. *notify* 31
numerare tr. *count* 10
nuocere intr. *harm* **113**
nuotare intr. *swim* **114**
nutrire tr. *nourish* 171

obbligare tr. *oblige* 121
obiettare tr. *object* 10

occhieggiare intr. *cast glances at* 105

occludere tr. *occlude* 34

occorrere intr. *be necessary* 44

occultare tr. *conceal* 10

occupare tr. *occupy* 10

odiare tr. *hate* 182

odorare tr./intr. *smell* 10

offendere tr. *offend* 115

offrire tr. *offer* 116

offuscare tr. *dim* 31

oltraggiare tr. *outrage, insult* 105

oltrepassare tr. *go beyond* 10

ombreggiare tr. *shade* 105

omettere tr. *omit* 107

omologare tr. *approve, ratify* 121

ondeggiare intr. *rock* 105

ondulare intr. *wave* 10

onorare tr. *honour* 10

operare tr./intr. *operate* 10

opporre tr. *oppose* 117

opprimere tr. *oppress* 118

oppugnare tr. *refute* 10

optare intr. *opt* 10

ordinare tr. *order* 119

ordire tr. *warp, plot* 30

orecchiare tr. *pick up (a tune)* 182

organizzare tr. *organize* 10

orientare tr. *orientate* 10

originare tr./intr. *originate* 10

origliare intr. *eavesdrop* 182

orinare intr. *urinate* 10

ormeggiare tr. *moor* 105

ornare tr. *adorn* 10

osare tr./intr. *dare* 10

oscillare intr. *sway* 10

oscurare tr. *darken* 10

ospitare tr. *shelter, put up* 10

ossequiare tr. *pay one's respects to* 182

osservare tr. *observe* 10

ossidare tr. *oxidize* 10

ossigenare tr. *oxygenate* 10

ostacolare tr. *obstruct* 10

osteggiare tr. *oppose* 105

ostentare tr. *display* 10

ostinarsi r. *persist* 9

ostruire tr. *obstruct* 30

ottenere tr. *obtain, get* 120

otturare tr. *plug* 10

ovviare intr. *obviate* 182

oziare intr. *idle* 182

pacificare tr. *reconcile* 31

padroneggiare tr. *master* 105

pagare tr. *pay* 121

palesare tr. *reveal* 10

palleggiare tr. *toss* 105

palpare tr. *palpate* 10

palpeggiare tr. *touch* 105

palpitare intr. *palpitate* 10

panificare tr./intr. *make bread* 31

parafrasare tr. *paraphrase* 10

paragonare re. *compare* 10

paralizzare tr. *paralyze* 10

parare tr. *decorate, parry, save* 10

parcheggiare tr. *park* 105

pareggiare tr. *balance* 105

parere intr. *seem, appear* 122

parlare intr. *speak, talk* 123

parlottare intr. *mutter* 10

partecipare intr. *participate* 10

parteggiare intr. *side* 105

partire intr. *leave, depart* 124

partorire tr./intr. *give birth* 30

pascolare intr. *pasture* 10
passare tr./intr. *pass* 10
passeggiare intr. *walk* 105
pasticciare tr./intr. *make a mess* 36
pattinare intr. *skate* 10
pattuire tr. *agree* 30
paventare intr. *fear* 10
pavimentare intr. *pave* 10
pavoneggiarsi r. *show off* 9
pazientare intr. *have patience* 10
peccare intr. *sin* 31
pedalare intr. *pedal* 10
pedinare tr. *shadow* 10
peggiorare tr./intr. *make worse* 10
pelare tr. *peel, pluck* 10
penare intr. *suffer* 10
penetrare intr. *penetrate* 10
pennellare intr. *brush* 10
pensare intr. *think* **125**
pentirsi r. *repent* 171
penzolare intr. *dangle* 10
percepire tr./intr. *perceive* 30
percorrere tr. *travel, cover* 44
percuotere tr. *strike* 169
perdere tr. *lose* **126**
perdonare tr. *forgive* 10
perdurare intr. *last* 10
peregrinare intr. *wander* 10
perfezionare tr. *perfect* 10
perforare tr. *pierce* 10
perire intr. *perish* 30
perlustrare tr. *reconnoitre* 10
permanere intr. *remain* 153
permettere tr. *permit* 107
permutare tr. *permute* 10
pernottare intr. *stay overnight* 10

perquisire tr. *search* 30
perseguitare tr. *persecute* 10
perseverare intr. *persevere* 10
persistere intr. *persist* 73
personificare tr. *personify* 31
perturbare tr. *perturb* 10
pervenire intr. *attain, arrive* 202
pescare tr. *fish* 31
pestare tr. *beat* 10
pettegolare int. *gossip* 10
pettinare tr. *comb* 10
piacere intr. *please* **127**
piagnucolare intr. *moan* 10
piangere intr. *cry* **128**
piantare tr. *plant* 10
piantonare tr. *guard* 10
piazzare tr. *place* 10
picchiare intr. *beat* 182
piegare tr. *bend* 121
pigiare tr. *press* 105
pigliare tr. *take* 182
pignorare tr. *seize, distrain* 10
pigolare intr. *peep* 10
pilotare tr. *pilot* 10
piombare intr./tr. *swoop down on* 10
piovere intr. *rain* 45
piovigginare intr. *drizzle* 10
pitturare tr. *paint* 10
pizzicare tr. *pinch* 31
placare tr. *appease* 31
plagiare tr. *plagiarize* 105
plasmare tr. *mould* 10
plastificare tr. *coat with plastic* 31
poetare intr. *write verse* 10
poggiare intr. *rest* 182
polarizzare intr. *polarize* 10

polemizzare intr. *argue* 10
poltrire intr. *idle* 30
polverizzare tr. *pulverize* 10
pompare tr. *pump* 10
ponderare tr. *ponder* 10
pontificare intr. *pontificate* 31
popolare tr. *populate* 10
popolarizzare tr. *popularize* 10
poppare tr. *suck* 10
porgere tr. *hand, present* **129**
porre tr. *put, place* **130**
portare tr. *bring, carry, take* **131**
posare tr. *lay* 10
posporre tr. *postpone* 130
possedere tr. *possess* **132**
posteggiare tr./intr. *park* 105
posticipare tr. *defer* 10
postulare tr. *postulate* 10
potere intr. *can, be able to, may* **133**
pranzare intr. *have lunch* 10
praticare tr. *practice* 31
preannunziare tr. *announce* 182
preavvisare tr. *forewarn* 10
precedere tr. *precede* 45
precettare tr. *call up* 10
precipitare tr./intr. *precipitate* 10
precisare tr. *specify, clarify* 10
precludere tr. *preclude* 34
precorrere intr. *anticipate* 44
predare tr. *plunder* 10
predestinare tr. *predestine* 10
predicare intr. *preach* 31
predire tr. *foretell* 55
predisporre tr. *predispose* 130
predominare intr. *predominate* 10
preferire tr. *prefer* **134**

pregare tr. *pray* 121
pregiudicare tr. *prejudice* 31
pregustare tr. *foretaste* 10
prelevare tr. *draw* 10
preludere intr. *prelude* 34
premeditare tr. *premeditate* 10
premere tr./intr. *press* 45
premettere tr. *put forward* 107
premiare tr. *reward* 182
premunire tr. *protect, arm* 30
prendere tr. *take, catch* **135**
prenotare tr. *book* 10
preoccupare tr. *worry* 10
preordinare tr. *pre-arrange* 10
preparare tr. *prepare* 10
preporre tr. *put before* 130
presagire tr./intr. *foresee* 30
prescegliere tr. *select* 163
prescrivere tr. *prescribe* 168
presentare tr. *present, introduce* 10
preservare tr. *preserve* 10
presiedere intr. *preside* 45
pressare tr. *press* 10
prestabilire tr. *arrange in advance* 30
prestare tr. *lend* 10
presumere intr. *presume* **136**
presupporre tr. *presuppose* 184
pretendere tr./intr. *pretend* 96
prevalere intr. *prevail* 200
prevaricare intr. *prevaricate* 31
prevedere tr. *foresee* 201
prevenire tr. *anticipate, prevent* **137**
preventivare tr. *estimate* 10
primeggiare intr. *excel* 105
principiare tr. *begin* 182

privare tr. *deprive* 10

privilegiare tr. *favour* 105

procedere intr. *proceed* 45

processare tr. *try (in a lawcourt)* 10

proclamare tr. *proclaim* 10

procurare tr. *procure* 10

prodigare tr. *lavish* 121

produrre tr. *produce* **138**

profanare tr. *profane* 10

proferire tr. *utter* 30

professare tr. *profess* 10

profetizzare tr. *prophesy* 10

profilare tr. *outline* 10

profittare intr. *profit* 10

profondere tr. *lavish* 39

profumare tr. *perfume* 10

progettare tr. *plan* 10

programmare tr. *programme* 10

proibire tr. *forbid* **139**

proiettare tr. *project* 10

proliferare intr. *proliferate* 31

prolungare tr. *prolong* 121

promettere tr. *promise* **140**

promulgare tr. *promulgate* 121

promuovere tr. *promote* 110

pronosticare tr. *predict* 31

pronunciare tr. *pronounce* 36

propagare tr. *propagate* 121

propendere intr. *be in favour* 53

proporre tr. *propose* 130

propugnare tr. *support* 10

prorogare tr. *postpone* 121

prorompere intr. *break out* 159

prosciogliere tr. *set free, acquit* 35

prosciugare tr. *dry up* 121

proscrivere tr. *proscribe* 168

proseguire tr./intr. *continue* 171

prosperare intr. *prosper* 10

prospettare tr. *point out* 10

prosternarsi r. *prostrate oneself* 10

prostituire tr. *prostitute* 30

prostrare tr. *prostrate, debilitate* 10

proteggere tr. *protect* **141**

protendere tr. *hold out* 96

protestare tr. *protest* 10

protrarre tr. *protract* 193

provare tr. *try* 10

provenire intr. *originate* 202

provocare tr. *provoke* 31

provvedere tr./intr. *provide* **142**

psicanalizzare tr. *pyschoanalyze* 10

pubblicare tr. *publish* 31

pugnalare tr. *stab* 10

pulire tr. *clean* 30

pulsare intr. *pulsate* 10

pungere tr. *sting* 86

pungolare tr. *goad* 10

punire tr. *punish* 30

puntare tr./intr. *point* 10

punteggiare tr. *punctuate* 105

puntellare tr. *support* 10

punzonare tr. *punch* 10

purgare tr. *purge* 121

purificare tr. *purify* 31

putrefare tr. *putrefy* 80

puzzare intr. *stink* 10

quadrare tr./intr. *balance* 10

qualificare tr. *make sense* 31

querelare tr. *proceed against* 10

questionare intr. *dispute* 10

questuare intr. *beg* 10
quotare tr. *quote* 10

rabbrividire intr. *shudder* 30
raccapezzarsi r. *make sense* 10
raccapricciare intr. *horrify* 36
racchiudere tr. *contain* 34
raccogliere tr. *pick up* 35
raccomandare tr. *recommend* 10
raccorciare tr. *shorten* 36
raccontare tr. *tell* 10
raccordare tr./intr. *connect* 10
raccostare tr. *approach* 10
racimolare intr. *gather* 10
raddensare tr. *condense* 10
raddolcire tr. *sweeten* 30
raddoppiare tr./intr. *double* 182
raddrizzare tr. *straighten* 10
radere tr. *shave, raze* **143**
radicare intr. *take root* 31
radunare tr. *assemble* 10
raffigurare tr. *represent* 10
raffinare tr. *refine* 10
rafforzare tr. *reinforce* 10
raffreddare tr. *cool* 10
raffrescare intr. *get cool* 31
raffrontare tr. *compare* 10
raggirare tr. *trick* 10
raggiungere tr. *reach* **144**
raggiustare tr. *repair* 10
raggruppare tr. *group* 10
ragionare intr. *reason* 10
ragliare intr. *bray* 182
rallegrare tr. *cheer up* 10
rallentare tr. *slow down* 10
ramificare intr. *ramify* 31
rammaricare tr. *afflict* 31
rammendare tr. *mend* 10

rammentare tr. *recall* 10
rammollire tr. *soften* 30
rammorbidire tr./intr. *soften* 30
rannicchiarsi r. *cuddle up* 9
rannuvolarsi r. *cloud over* 9
rantolare intr. *wheeze* 10
rapare tr. *shear* 10
rapinare tr./intr. *rob* 10
rapire tr. *abduct, kidnap* 30
rappacificare tr. *reconcile* 31
rapportare tr. *report, compare* 10
rappresentare tr. *represent* 10
rarefare re. *rarefy* 80
rasare tr. *shave off* 10
raschiare tr. *scrape* 182
rassegnare tr. *resign* 10
rasserenare tr. *brighten up* 10
rassettare tr. *tidy up* 10
rassicurare tr. *reassure* 10
rassodare tr. *harden* 10
rassomigliare intr. *be like* 182
rastrellare tr. *rake* 10
ratificare tr. *ratify* 31
rattoppare tr. *mend* 10
rattrappirsi r. *become stiff* 30
rattristare tr. *sadden* 10
ravvedersi r. *reform* 201
ravvicinare tr. *reconcile* 10
ravvisare tr. *recognize* 10
ravvivare tr. *revive* 10
ravvolgere tr. *roll up* 207
razionare tr. *ration* 10
razzolare intr. *scratch about* 10
reagire intr. *react* 30
realizzare tr. *realize, achieve* 10
recapitare tr. *deliver* 10
recare tr. *bring* 31
recensire tr. *review* 30

recidere tr. *cut off* 101
recingere tr. *surround* 54
recitare tr. *recite* 10
reclamare intr. *complain, claim* 10
reclinare tr./intr. *bow* 10
reclutare tr. *recruit* 10
recriminare intr. *recriminate* 10
recuperare tr. *recover* 10
refrigerare tr. *refrigerate* 10
regalare tr. *present* 10
reggere tr. *support* **145**
registrare tr. *record* 10
regnare intr. *reign* 10
regolare tr. *regulate* 10
regolarizzare tr. *regularize* 10
regredire intr. *regress* 30
reincarnare tr./intr. *reincarnate* 10
reintegrare tr. *reintegrate* 10
relegare tr. *relegate* 121
remare intr. *row* 10
rendere tr. *return, make* 96
reperire tr. *find* 30
replicare tr. *reply* 31
reprimere tr. *repress* 75
reputare tr. *deem* 10
requisire tr. *requisition* 30
resistere intr. *resist* 95
respingere tr. *reject* **146**
respirare intr. *breathe* 10
restare intr. *stay* **147**
restaurare tr. *restore* 10
restituire tr. *return* 30
restringere tr. *narrow* 181
retribuire tr. *renumerate* 30
retrocedere intr. *retreat* 38
rettificare tr. *rectify* 31

revocare tr. *recall* 31
riabilitare tr. *rehabilitate* 10
riacciuffare tr. *catch again* 10
riaccompagnare tr. *take home* 10
riaccorciare tr. *reshorten* 36
riaccostare tr. *reapproach* 10
riaffermare tr. *reaffirm* 10
riafferrare tr. *grasp again* 10
riaffilare tr. *resharpen* 10
riagganciare tr. *hang up* 36
rialzare tr. *raise* 10
riamare tr. *love again* 10
riandare intr. *return* 11
rianimare tr. *reanimate* 10
riannettere tr. *reattach* 40
riapparire intr. *reappear* 166
riaprire tr. *reopen* 13
riarmare tr. *rearm* 10
riascoltare tr. *listen again* 10
riassociare tr./intr. *associate again* 36
riassumere tr. *resume, summarize* 19
riattaccare tr. *reattach, hang up* 31
riattivare tr. *reactivate* 10
riavere tr. *have again* 22
riavvicinare tr. *reapproach* 10
riavvolgere tr. *rewind* 207
ribadire tr. *reconfirm* 30
ribaltare intr. *capsize* 10
ribassare tr./intr. *lower* 10
ribattere tr. *retort* 45
ribellare tr. *revolt* 10
riboccare intr. *overflow* 31
ribollire intr. *boil* 171
ributtare tr. *throw back* 10

ricacciare tr. *push back* 36
ricadere intr. *fall back, lapse* 27
ricalcare tr. *trace* 31
ricamare tr. *embroider* 10
ricambiare tr. *repay* 182
ricapitolare tr. *recapitulate* 10
ricaricare tr. *reload* 31
ricattare tr. *blackmail* 10
ricavare tr. *obtain* 10
ricercare tr. *look for* 31
ricevere tr. *receive* **148**
richiamare tr. *recall* 10
richiedere tr. *demand* 33
richiudere tr. *close again* 34
ricollegare tr. *link again* 121
ricollocare tr. *replace* 31
ricolmare tr. *fill up* 10
ricominciare tr./intr. *start again* 36
ricomparire intr. *reappear* 166
ricompensare tr. *reward* 10
ricomprare tr. *buy back* 10
riconciliare tr. *reconcile* 182
riconfermare tr. *reconfirm* 182
ricongiungere tr. *reunite* 86
riconoscere tr. *recognize* **149**
riconnettere intr. *reconnect* 40
riconquistare tr. *reconquer* 10
riconsacrare tr. *reconsecrate* 10
riconsegnare tr. *give back* 10
ricopiare tr. *copy* 182
ricoprire tr. *cover* 106
ricordare tr. *remember* 10
ricorrere intr. *resort* 44
ricostruire tr. *rebuild* 30
ricoverare tr. *admit* 10
ricreare tr. *recreate* 10
ricrescere intr. *regrow* 46

ricucire tr. *stitch, mend* 47
ricuocere tr. *recook* 48
ricuperare tr. *recover* 10
ridacchiare intr. *giggle* 182
ridare tr. *give back* 49
ridere intr. *laugh* **150**
ridestare tr. *reawaken* 10
ridire intr. *repeat* 55
ridiscendere intr. *go down again* 164
ridiventare intr. *become again* 10
ridurre tr. *reduce* 138
riedificare tr. *rebuild* 31
rieducare tr. *re-educate* 31
rieleggere tr. *re-elect* 103
riempire tr. *fill* **151**
rientrare intr. *return, be included* 10
riepilogare tr. *recapitulate* 121
riesaminare tr. *re-examine* 10
rievocare tr. *recall* 31
rifare tr. *remake* 80
riferire tr. *report* 30
rifilare tr. *trim* 10
rifinire tr. *finish off* 83
rifiorire intr. *flower again* 30
rifiutare tr. *refuse* 10
riflettere tr./intr. *reflect* **152**
rifluire intr. *reflow* 30
rifondere tr. *reimburse, remelt* 39
riformare tr. *reform* 10
rifornire tr. *supply* 30
rifrangere tr. *refract* 128
rifuggire intr. *shun* 171
rifugiarsi r. *take shelter* 9
rigare tr. *score* 121

rigenerare tr. *regenerate* 10
rigettare tr. *throw again, vomit* 10
rigirare intr. *turn again* 10
rigonfiare tr. *reinflate* 182
rigovernare tr. *wash up* 10
riguadagnare tr./intr. *regain* 10
riguardare tr. *concern* 10
rigurgitare tr. *pour out* 10
rilasciare tr. *release* 100
rilassare tr. *relax* 10
rilegare tr. *bind* 121
rileggere tr. *reread* 103
rilevare tr. *point out* 10
rimandare tr. *postpone* 10
rimanere intr. *stay* **153**
rimangiare tr. *take back* 105
rimarcare tr. *remark* 31
rimare intr. *rhyme* 10
rimarginare tr. *heal* 10
rimbalzare intr. *rebound* 10
rimbarcare tr./intr. *re-embark* 31
rimbeccare tr. *answer back* 31
rimbecillire intr. *become stupid* 30
rimboccare tr. *fold in* 31
rimbombare intr. *resound* 10
rimborsare tr. *reimburse* 10
rimboscare tr./intr. *reforest* 31
rimediare intr. *remedy, scrape* 182
rimescolare tr. *mix again* 10
rimettere tr. *replace, throw up* 107
rimirare tr. *gaze* 10
rimodellare tr. *remodel* 10
rimodernare tr. *renovate* 10
rimontare tr./intr. *reassemble* 10

rimorchiare tr. *tow* 182
rimordere tr. *give remorse* 108
rimpaginare tr. *make up again* 10
rimpagliare tr. *cover with straw* 182
rimpastare tr. *knead again* 10
rimpatriare intr. *repatriate* 182
rimpiangere tr. *regret* **154**
rimpiazzare tr. *replace* 10
rimpicciolire tr./intr. *make smaller* 30
rimpossessarsi r. *take possession again* 9
rimproverare tr. *reproach* 10
rimunerare tr. *reward* 10
rimuovere tr. *remove* 110
rinascere intr. *be reborn* 111
rincalzare tr. *support* 10
rincarare tr. *put up* 10
rincasare intr. *return home* 10
rinchiudere tr. *shut up* 34
rincontrare tr. *meet again* 10
rincorrere tr. *run after* 44
rincrescere intr. *be sorry* 46
rincuorare tr. *encourage* 10
rinfacciare tr. *throw in so's face* 36
rinfagottare tr. *bundle up* 10
rinfocolare tr. *stir up* 10
rinforzare tr. *strengthen* 10
rinfrancare tr. *hearten* 31
rinfrescare tr./intr. *cool off* 31
ringhiare intr. *growl* 182
ringiovanire tr./intr. *rejuvenate* 30
ringraziare tr. *thank* **155**
rinnegare tr. *deny* 121
rinnovare tr. *renew* 10

rinsaldare tr. *consolidate* 10
rinsanguare tr. *reinvigorate* 10
rinsanire intr. *recover one's wits* 30
rintanarsi r. *conceal oneself* 9
rintoccare intr. *toll* 31
rintontire intr. *daze* 30
rintracciare tr. *track down* 36
rintronare tr./intr. *deafen* 10
rinunziare tr./intr. *renounce* 182
rinvenire tr./intr. *recover* 202
rinviare tr. *return, postpone* 182
rinvigorire tr./intr. *reinvigorate* 30
rioperare tr./intr. *operate again* 10
riordinare tr. *tidy up* 10
riorganizzare tr. *reorganize* 10
ripagare tr. *repay* 121
riparare tr./intr. *repair* 10
riparlare intr. *speak again* 10
ripartire intr. *depart again, divide up* 171
ripassare tr./intr. *go over again* 10
ripercorrere tr. *go over again* 44
ripescare tr. *fish out* 31
ripetere tr. *repeat* 45
ripiantare tr. *replant* 10
ripiegare tr. *refold, retreat* 121
ripigliare tr. *retake* 182
ripiombare intr. *fall back* 10
ripopolare tr. *repopulate* 10
riporre tr. *replace, put away* 130
riportare tr. *bring back* 10
riposare tr./intr. *replace, rest* 10
riprendere tr. *take up again* 135
ripresentare tr. *submit again* 10

ripristinare tr. *repair, restore* 10
riprodurre tr. *reproduce* 192
ripromettere tr. *promise again* 107
riproporre tr. *propose again* 130
riprovare tr. *try again* 10
ripubblicare tr. *publish again* 31
ripudiare tr. *repudiate* 182
ripugnare intr. *disgust* 10
ripulire tr. *clean up* 30
risalire intr. *go up again* 160
risaltare tr./intr. *project, stand out* 10
risalutare tr. *greet again* 10
risanare tr. *cure* 10
risarcire tr. *compensate* 30
riscaldare tr./intr. *heat* 10
riscattare tr. *redeem* 10
rischiarare tr./intr. *illuminate* 10
rischiare tr./intr. *risk* 182
risciacquare tr. *rinse* 10
riscontrare tr. *compare, notice* 10
riscrivere tr./intr. *rewrite* 168
riscuotere tr. *collect, cash* 169
risentire tr. *hear again* 171
riservare tr. *keep* 10
risiedere intr. *reside* 45
risollevare tr. *lift up again* 10
risolvere tr. *solve, resolve* **156**
risparmiare tr. *save* 182
rispecchiare tr. *reflect* 182
rispedire tr. *send again* 30
rispettare tr. *respect* 10
risplendere intr. *shine* 45
rispondere intr. *answer* **157**
rispuntare intr. *reappear* 10
rissare intr. *fight* 10

ristabilire tr. *re-establish* 30
ristagnare intr. *stagnate* 10
ristampare tr. *reprint* 10
ristorare tr. *revive* 10
ristrutturare tr. *renovate* 10
ristudiare tr. *study again* 182
risucchiare tr. *swallow up* 182
risultare intr. *result* 10
risuscitare tr./intr. *resurrect* 10
risvegliare tr. *awake* 182
ritagliare tr. *cut out* 182
ritardare intr. *be late* 10
ritenere tr. *think, retain* 183
ritentare tr./intr. *reattempt* 10
ritingere tr. *redye* 54
ritirare tr. *pull back, pick up* 10
ritoccare tr. *touch up* 31
ritogliere tr. *take off again* 190
ritorcere tr. *throw back, twist* 129
ritornare intr. *return* 10
ritrarre tr. *portray, withdraw* 193
ritrattare tr. *retract* 10
ritrovare tr. *find* 10
riunire tr. *reunite* 198
riuscire intr. *succeed* **158**
rivaleggiare intr. *compete* 105
rivalutare tr. *revalue* 10
rivangare tr. *dig up again* 121
rivedere tr. *see again, revise* 201
rivelare tr. *reveal* 10
rivendere tr. *resell* 45
rivendicare tr. *claim* 31
riverberare intr. *reverberate* 10
riversare tr. *pour again* 10
rivestire tr. *coat, line* 171
rivincere tr. *win again* 204
rivisitare tr. *revisit* 10

rivivere intr. *live again* 205
rivolgere tr. *turn, address* 207
rivoltare tr. *turn again, disgust* 10
rivoluzionare tr. *revolutionize* 10
rizzare tr. *lift up, erect* 10
rodere tr. *gnaw, corrode* 143
rombare intr. *rumble, roar* 10
rompere tr. *break* **159**
ronzare intr. *buzz* 10
rosicchiare tr. *nibble* 182
rosolare tr. *brown* 10
roteare tr./intr. *rotate* 10
rotolare tr./intr. *roll* 10
rovesciare tr. *overturn* 100
rovinare tr./intr. *ruin* 10
rubacchiare tr. *pilfer* 182
rubare tr. *steal* 10
ruggire intr. *roar* 30
rullare intr. *roll* 10
ruminare tr. *ruminate* 10
rumoreggiare intr. *rumble* 105
russare intr. *snore* 10
ruttare intr. *belch* 10
ruzzolare intr. *tumble* 10

saccheggiare tr. *sack* 105
sacrificare tr. *sacrifice* 31
salare tr. *salt* 10
saldare tr. *join, settle* 10
salire tr./intr. *go up* **160**
salpare intr. *set sail* 10
saltare intr./tr. *jump* **161**
saltellare intr. *skip* 10
salutare tr. *greet, say goodbye to* 10
salvaguardare tr. *safeguard* 10
salvare tr. *save, rescue* 10

sanare tr. *cure* 10
sancire tr. *sanction* 30
sanguinare intr. *bleed* 10
santificare tr. *sanctify* 31
sanzionare tr. *sanction* 10
sapere tr. *know* **162**
saporire tr. *flavour* 30
satireggiare tr. *satirize* 105
saturare tr. *saturate* 10
saziare tr. *satiate* 182
sbaciucchiare tr. *kiss and cuddle* 182
sbadigliare intr. *yawn* 182
sbagliare tr. *make a mistake* 182
sballare tr./intr. *unpack* 10
sbalordire tr. *shock* 30
sbalzare tr. *fling* 10
sbancare tr. *break the bank* 31
sbandare tr./intr. *skid* 10
sbandierare intr. *wave* 10
sbaragliare tr. *rout* 182
sbarcare tr./intr. *land, disembark* 31
sbarrare tr. *bar* 10
sbattere tr. *beat, whisk, slam* 45
sbavare intr. *dribble* 10
sbeffeggiare tr. *jeer at* 105
sbendare tr. *unbandage* 10
sbiadire tr./intr. *fade* 30
sbigottire tr./intr. *dismay* 30
sbilanciare tr./intr. *unbalance* 36
sbirciare tr./intr. *squint at, peep at* 36
sbizzarrirsi r. *go wild* 30
sbloccare tr. *unblock* 31
sboccare intr. *flow* 31
sbocciare tr./intr. *bloom* 36
sbollire intr. *cool down* 30

sborsare tr. *disburse* 10
sbottonare tr. *unbutton* 10
sbraitare intr. *shout* 10
sbranare tr. *rend* 10
sbriciolare tr. *crumble* 10
sbrigare tr. *see to* 121
sbrigliare tr./intr. *unbridle* 182
sbrindellare tr. *tear to shreds* 10
sbrogliare tr. *unravel* 182
sbucare intr. *come out* 31
sbucciare tr. *peel* 36
sbuffare intr. *snort* 10
scacciare tr. *chase off* 36
scadere intr. *expire* 27
scagionare tr. *exculpate* 10
scagliare tr. *throw* 182
scaglionare tr. *space out* 10
scalare tr. *climb* 10
scalciare intr. *kick* 10
scaldare tr. *warm up* 10
scalmanarsi r. *rush around* 9
scalpitare intr. *paw the ground* 10
scalzare tr. *undermine* 10
scambiare tr. *exchange, mistake* 182
scampanare intr. *peal* 10
scandagliare tr. *sound, fathom* 182
scandalizzare tr. *scandalize* 10
scandire tr. *articulate* 30
scannare tr. *butcher* 10
scansare tr. *shift, dodge* 10
scantonare tr./intr. *slip off* 10
scapigliare tr. *tousle* 182
scappare intr. *run away* 10
scapricciare tr. *indulge* 36
scarabocchiare tr. *scribble* 182
scaraventare tr. *fling* 10

scarcerare tr. *free from prison* 10

scaricare tr. *unload* 31

scarnificare tr. *strip the flesh from* 31

scarrozzare tr./intr. *drive around* 10

scarseggiare intr. *get scarce* 105

scartare tr. *unwrap, reject* 10

scassare tr. *wreck* 10

scassinare tr. *break open* 10

scatenare tr. *unleash* 10

scattare intr. *go off* 10

scaturire intr. *spring* 30

scavalcare tr. *climb over* 31

scavare tr. *dig* 10

scegliere tr. *choose* **163**

scendere tr./intr. *descend, get off* **164**

sceneggiare tr. *adapt for stage* 105

scervellare tr. *drive mad* 10

schedare tr. *catalogue* 10

scheggiare tr. *chip* 105

schermire intr. *shield* 30

schernire tr. *scorn* 30

scherzare intr. *lark, joke* 10

schiacciare tr. *crush* 36

schiaffeggiare tr. *slap* 105

schiamazzare intr. *cackle* 10

schiantare tr./intr. *smash* 10

schiarire tr./intr. *lighten* 30

schierare tr. *array* 10

schioccare tr./intr. *smack* 31

schiodare tr. *unnail* 10

schiudere tr. *open* 34

schivare tr. *avoid* 10

schizzare tr. *squirt, sketch, spurt* 10

sciacquare tr. *rinse* 10

sciare intr. *ski* 100

scintillare intr. *sparkle* 10

sciogliere tr. *melt, unfasten* 35

scioperare intr. *strike* 10

sciupare tr. *waste* 10

scivolare intr. *slide, slip* 10

scoccare tr./intr. *strike* 31

scocciare tr. *annoy, bother* 36

scodellare tr. *dish up* 10

scodinzolare intr. *wag one's tail* 10

scolare intr. *drain* 10

scollare tr. *unglue* 10

scolorire tr./intr. *discolour* 30

scolpire tr. *carve* 30

scombinare tr. *disarrange* 10

scombussolare tr. *upset* 10

scommettere tr. *bet* **165**

scomodare tr. *disturb* 10

scomparire intr. *disappear* **166**

scompensare tr. *unbalance* 10

scompigliare tr. *disarrange* 182

scomporre tr. *take apart* 130

scomunicare tr. *excommunicate* 31

sconcertare tr. *disconcert* 10

sconfessare tr. *retract* 10

sconficcare tr. *remove* 31

sconfiggere tr. *defeat* 68

sconfinare intr. *trespass* 10

sconfortare tr. *discourage* 10

scongelare tr. *defrost* 10

scongiurare tr. *implore* 10

sconnettere tr. *disconnect* 40

sconsacrare tr. *deconsecrate* 10

sconsigliare tr. *advise against* 182

scontare tr. *deduct* 10
scontentare tr. *displease* 10
sconvolgere tr. *upset* 207
scopare tr. *sweep* 10
scopiazzare tr. *copy* 10
scoppiare intr. *burst* 182
scoppiettare intr. *crackle* 10
scoprire tr. *discover, reveal* **167**
scoraggiare tr. *discourage* 105
scordare tr. *forget, put out of tune* 10
scorgere tr. *perceive* 129
scorporare tr. *separate, parcel out* 10
scorrazzare intr. *run about* 10
scorrere intr. *flow* 44
scortare tr. *escort* 10
scortecciare tr. *bark* 36
scorticare tr. *skin* 31
scostare tr. *shift* 10
scottare tr./intr. *burn* 10
scovare tr. *find, rouse* 10
screditare tr. *discredit* 10
scricchiolare intr. *creak* 10
scritturare tr. *sign up* 10
scrivere tr. *write* **168**
scroccare tr. *scrounge* 31
scrollare tr. *shake* 10
scrosciare intr. *pelt* 100
scrostare tr. *strip off* 10
scrutare tr. *scrutinize* 10
scucire tr. *unstitch* 47
sculacciare tr. *spank* 36
scuotere tr. *shake* **169**
scusare tr. *excuse* 10
sdebitarsi tr. *repay* 9
sdegnare tr. *disdain* 10
sdoganare tr. *clear* 10

sdoppiare tr. *split into two* 182
sdraiare tr. *lay down* 182
sdrucciolare intr. *skid* 10
seccare tr./intr. *dry up* 31
sedersi r. *sit down* **170**
sedurre tr. *seduce* 138
segare tr. *saw* 121
segnalare tr. *signal* 10
segnare tr. *mark* 10
segregare tr. *segregate* 121
seguire tr. *follow* 171
seguitare intr. *continue* 10
selezionare tr. *select* 10
sembrare tr./intr. *seem* 10
seminare tr. *sow* 10
semplificare tr. *simplify* 31
sensibilizzare tr. *make aware* 10
sentire tr. *hear, feel, smell, taste* **171**
separare tr. *separate* 10
seppellire tr. *bury* 83
sequestrare tr. *seize* 10
serbare tr. *put aside* 10
serrare tr. *shut* 10
servire tr./intr. *serve* **172**
serviziare tr. *torture* 182
sfaccendare intr. *bustle about* 10
sfacchinare intr. *toil* 10
sfaldare tr. *flake* 10
sfamare tr. *feed* 10
sfare tr. *undo* 80
sfasciare tr. *unbandage, smash* 100
sfatare tr. *disprove* 10
sferrare tr. *launch, lash out* 10
sfiancare tr. *exhaust* 31
sfiatare intr. *leak* 10

sfidare tr. *challenge* 10

sfigurare tr./intr. *disfigure, make a bad impression* 10

sfilacciare tr./intr. *fray* 36

sfilare tr./intr. *unthread, parade* 10

sfinire tr./intr. *wear out* 30

sfiorare tr. *graze, skim* 10

sfiorire intr. *wither, fade* 30

sfocare tr. *blur* 31

sfociare tr. *flow* 36

sfogare tr. *vent* 121

sfoggiare tr./intr. *show off* 182

sfogliare tr. *shed leaves, glance through* 182

sfollare intr. *empty, evacuate* 10

sfondare tr. *break through* 10

sfornare tr. *take out of the oven* 10

sforzare tr. *force* 10

sfracellare tr. *smash* 10

sfrattare tr. *evict* 10

sfrecciare intr. *dart* 36

sfregiare tr. *disfigure* 105

sfrenare tr. *unbridle* 10

sfrondare tr. *prune* 10

sfruttare tr. *exploit* 10

sfuggire tr./intr. *escape* 171

sfumare intr. *shade off, vanish* 10

sganciare tr. *unfasten* 36

sgarrare tr. *be wrong* 10

sgelare tr./intr. *thaw* 10

sgobbare intr. *slave* 10

sgocciolare intr. *drip* 10

sgolarsi r. *yell* 9

sgomberare tr. *evacuate* 10

sgombrare tr. *clear* 10

sgomentare tr. *dismay* 10

sgominare tr. *rout* 10

sgonfiare tr. *deflate* 182

sgorgare intr. *sprout* 121

sgozzare tr. *butcher* 10

sgranare tr. *shell* 10

sgranchire tr. *stretch* 30

sgrassare tr. *remove the grease from* 10

sgretolare tr. *crumble* 10

sgridare tr. *scold* 10

sgrossare tr. *cut down* 10

sguainare tr. *draw* 10

sgualcire tr. *crease* 30

sguarnire tr. *dismantle* 30

sguazzare intr. *splash about* 10

sgusciare tr./intr. *get away, shell* 100

sibilare intr. *hiss* 10

sigillare tr. *seal* 10

siglare tr. *initial* 10

significare tr. *mean* 31

sillabare tr. *spell out* 10

silurare tr. *torpedo, wreck* 10

simboleggiare tr. *symbolize* 105

simpatizzare intr. *become fond* 10

simulare tr./intr. *feign* 10

sincronizzare tr. *synchronize* 10

singhiozzare intr. *sob* 10

sintetizzare tr. *synthesize* 10

sintonizzare tr. *tune in* 10

sistemare tr. *arrange* 10

slacciare tr. *undo* 36

slanciare tr. *hurl* 36

slegare tr. *unfasten* 121

slittare intr. *slide* 10

slogare tr. *displace, sprain* 121

sloggiare tr./intr. *evict* 105

smacchiare tr. *remove stains from* 182

smaltire tr. *sell off, dispose of* 30

smaniare intr. *be restless* 182

smantellare tr. *dismantle* 10

smarrire tr. *mislay* 30

smascherare tr. *unmask* 10

smembrare tr. *dismember* 10

smentire tr. *deny* 30

smerciare tr. *sell* 36

smettere tr. *stop* 107

smilitarizzare tr. *demilitarize* 10

sminuire tr. *diminish, belittle* 30

smistare tr. *sort out* 10

smobilitare tr. *demobilize* 10

smontare tr./intr. *dismantle* 10

smorzare tr. *deaden* 10

smottare intr. *slide* 10

smuovere tr. *move, rouse* 110

smussare tr. *smooth down* 10

snazionalizzare tr. *denationalize* 10

snellire tr. *make slim, streamline* 30

snervare tr. *tire out* 10

snidare tr. *flush out* 10

snocciolare tr. *stone, blab* 10

snodare tr. *untie* 10

sobbalzare intr. *jerk* 10

socchiudere tr. *half close* 34

soccorrere tr. *aid* 44

socializzare tr. *socialize* 10

soddisfare tr. *satisfy* 80, 10

soffiare intr. *blow* 182

soffocare tr. *suffocate* 31

soffriggere tr./intr. *fry lightly* 84

soffrire tr./intr. *suffer* **173**

sofisticare intr. *adulterate* 31

sogghignare intr. *sneer* 10

soggiacere intr. *be subject* 85

soggiogare tr. *subjugate* 121

soggiornare intr. *stay* 10

soggiungere tr. *add* 86

sognare tr./intr. *dream* **174**

solcare tr. *plough* 31

solidificare tr. *solidify* 31

sollecitare tr. *press for* 10

sollevare tr. *lift up* 10

somigliare tr./intr. *resemble* 182

sommare tr. *add* 10

sommergere tr. *submerge* 69

somministrare tr. *administer* 10

sopportare tr. *support, bear* 10

sopprimere tr. *abolish* 75

sopraffare tr. *overcome* 80

sopraggiungere intr. *arrive* 86

soprannominare tr. *nickname* 10

sopravvalutare tr. *overrate* 10

sopravvenire intr. *turn up* 202

sopravvivere intr. *survive* 205

sorbire tr. *sip* 30

sorgere intr. *rise* **175**

sormontare tr. *surmount* 10

sorpassare tr. *overtake* 10

sorprendere tr. *surprise* **176**

sorreggere tr. *support* 145

sorridere intr. *smile* 150

sorseggiare tr. *sip* 105

sorteggiare tr. *draw* 105

sortire tr. *produce* 171

sorvegliare tr./intr. *supervise* 182

sorvolare tr. *fly over, skip* 10

sospendere tr. *suspend, hang up* 53

sospettare tr. *suspect* 10
sospingere tr. *push* 179
sospirare intr. *sigh* 10
sostare intr. *halt* 10
sostenere tr. *support* 183
sostentare tr. *maintain* 10
sostituire tr. *replace* 30
sotterrare tr. *bury* 10
sottintendere tr. *imply* 96
sottolineare tr. *underline* 10
sottomettere tr. *subdue* 107
sottoporre tr. *submit* 130
sottoscrivere tr. *underwrite, sign, subscribe* 168
sottostare intr. *be under* 180
sottovalutare tr. *underestimate* 10
sottrarre tr. *take away* 193
soverchiare tr. *overpower* 182
sovrabbondare intr. *abound* 10
sovraccaricare tr. *overload* 31
sovrapporre tr. *superimpose* 130
sovrastare tr. *tower over* 180
sovvenire intr. *occur* 202
sovvenzionare tr. *subsidize* 10
sovvertire tr. *subvert* 171
spaccare tr. *cut* 31
spacciare tr. *sell off* 36
spadroneggiare intr. *be bossy* 105
spalancare tr. *open wide* 31
spalare tr. *shovel* 10
spalleggiare tr. *back up* 105
spalmare tr. *spread* 10
spandere tr. *spread, scatter* 45
sparare tr. *shoot* 10
sparecchiare tr. *clear* 182
spargere tr. *scatter, shed* 69
sparire intr. *disappear* 30

sparlare intr. *speak ill* 10
sparpagliare tr. *scatter* 182
spartire tr. *divide up* 30
spasimare intr. *long* 10
spaurire tr. *scare* 30
spaventare tr. *frighten* 10
spazientirsi r. *lose one's patience* 30
spazzare tr. *sweep* 10
spazzolare tr. *brush* 10
specchiarsi r. *look at one's reflection* 9
specializzarsi r. *specialize* 10
specificare tr. *specify* 31
speculare intr./tr. *speculate* 10
spedire tr. *send* 30
spegnere tr. *switch off, put out* **177**
spelare tr. *remove the hair from* 10
spendere tr. *spend* **178**
sperare intr. *hope* 10
spergiurare intr. *perjure* 10
sperimentare tr. *experiment* 10
sperperare tr. *dissipate* 10
spettinare tr. *dishevel (hair)* 10
spezzare tr. *break* 10
spiacere intr. *regret* 127
spianare tr. *make even* 10
spiare tr. *spy* 182
spiccare tr./intr. *take off, stand out* 31
spiegare tr. *explain, unfold* 121
spifferare intr. *blab* 10
spillare tr./intr. *tap* 10
spingere tr. *push* **179**
spirare intr. *blow, expire* 10
spodestare tr. *oust* 10

spogliare tr. *undress* 182

spolpare tr. *remove the flesh from, skin* 10

spolverare tr. *dust* 10

spolverizzare tr. *sprinkle* 10

spopolare tr./intr. *depopulate, draw the crowds* 10

sporcare tr. *dirty* 31

sporgere intr. *stick out* 129

sposare tr. *marry* 10

spostare tr. *move* 10

sprangare tr. *bar* 121

sprecare tr. *waste* 31

spremere tr. *squeeze* 45

sprigionare tr. *emit, release* 10

sprizzare tr./intr. *squirt* 10

sprofondare tr. *collapse* 10

spronare tr. *spur* 10

spruzzare tr. *spray* 10

spulciare tr. *scrutinize* 36

spumeggiare intr. *foam* 105

spuntare tr./intr. *trim, sprout, rise* 10

spurgare tr. *clear out* 121

sputare intr. *spit* 10

squadrare tr. *square* 31

squalificare tr. *disqualify* 31

squarciare tr. *tear* 10

squartare tr. *quarter* 10

squillare intr. *ring* 10

sradicare tr. *uproot* 31

sragionare intr. *rave* 10

stabilire tr. *fix, decide* 30

stabilizzare tr. *stabilize* 10

staccare tr. *remove* 31

stagionare tr./intr. *season* 10

stagnare intr./tr. *solder, stagnate* 10

stampare tr. *print* 10

stancare tr. *tire* 31

stanziare tr./intr. *allocate* 182

stappare tr. *uncork* 10

stare intr. *stay, stand* **180**

starnutire intr. *sneeze* 83

stazionare intr. *stand* 10

stendere tr. *extend* 96

stentare intr. *have difficulty* 10

sterilizzare tr. *sterilize* 10

sterminare tr. *exterminate* 10

sterzare tr. *steer* 10

stilizzare tr. *stylize* 10

stillare tr. *exclude* 10

stimare tr. *esteem, estimate* 10

stimolare tr. *stimulate* 10

stingere tr./intr. *discolour* 54

stipare tr. *cram* 10

stipendiare tr. *pay* 182

stipulare tr. *draw up* 10

stiracchiare tr. *stretch* 182

stirare tr. *iron* 10

stivare tr. *stow* 10

stizzire tr./intr. *make angry* 30

stomacare intr. *sicken* 31

stonare intr. *sing flat, clash* 10

stordire tr. *daze* 30

stormire intr. *rustle* 30

stornare tr. *avert* 10

storpiare tr. *cripple* 182

strabiliare intr. *astound* 182

straboccare intr. *overflow* 31

stracciare tr. *tear* 36

stracuocere tr. *overcook* 48

strafare intr. *overdo* 80

stramazzare tr./intr. *fall, collapse* 10

strangolare tr. *strangle* 10

straparlare intr. *rave* 10
strappare tr. *tear away* 10
straripare intr. *overflow* 10
strascicare tr. *trail* 31
stravedere intr. *dote (on)* 201
stravincere intr. *defeat* 204
stravolgere tr. *contort* 207
straziare tr. *rack, torment* 182
stregare tr. *bewitch* 121
strepitare intr. *yell, shout* 10
strillare intr. *yell* 10
stringere tr. *clasp, tighten* **181**
strisciare tr./intr. *crawl* 100
stritolare tr. *crush* 10
strofinare tr. *rub* 10
stroncare tr. *break off* 31
stropicciare tr. *rub* 36
strozzare tr. *strangle* 10
stuccare tr. *plaster* 31
studiare tr. *study* **182**
stupefare tr. *astound* 80
stupire intr./tr. *stupefy* 30
stuzzicare tr. *poke at* 31
subentrare intr. *succeed* 10
subire tr. *suffer, undergo* 30
subordinare tr. *subordinate* 10
succedere intr. *happen, succeed* **183**
succhiare tr. *suck* 182
sudare intr. *sweat* 10
suddividere tr. *subdivide* 62
suffragare tr. *uphold* 121
suggerire tr. *suggest* 30
suggestionare tr. *influence* 10
suicidarsi r. *commit suicide* 10
suonare tr. *play, ring, sound* 123
superare tr. *exceed* 10
supplicare tr. *implore* 31

supplire intr. *compensate* 30
supporre tr. *suppose* **184**
surgelare tr. *deep-freeze* 10
suscitare tr. *cause* 10
susseguire intr. *succeed, follow* 171
sussistere intr. *exist* 95
sussultare intr. *start* 10
sussurrare intr. *murmur* 10
svagare tr. *amuse* 121
svaligiare tr. *rob, burgle* 105
svalutare tr. *devalue* 10
svanire intr. *vanish* 30
svegliare tr. *wake* 182
svelare tr. *reveal* 10
svenare tr. *cut the veins of* 10
svendere tr. *sell off* 45
svenire intr. *faint* 202
sventare tr. *foil* 10
sventolare tr. *wave* 10
svergognare tr. *disgrace* 10
svestire tr. *undress* 171
svezzare tr. *wean* 10
sviare tr. *divert* 182
svignare intr. *slip off* 10
svilire tr. *debase* 30
sviluppare tr. *develop* 10
svincolare tr. *release* 10
svisare tr. *distort* 10
svitare tr. *unscrew* 10
svolazzare intr. *flit* 10
svolgere tr. *unroll, carry out* **185**
svoltare tr. *turn* 10

tacere intr./tr. *keep silent, not to say* **186**
tagliare tr. *cut* 182
tamponare tr. *ram into, plug* 10

tappare tr. *block up* 10
tappezzare tr. *paper* 10
tarare tr. *tare, calibrate* 10
tardare tr. *be late* 10
targare tr. *register* 121
tartagliare intr. *mutter* 182
tassare tr. *tax* 10
tastare tr. *touch* 10
tatuare tr. *tattoo* 10
telefonare intr. *telephone* **187**
telegrafare intr. *telegraph* 10
teletrasmettere tr. *televise* 107
temere tr. *fear* **188**
temperare tr. *sharpen* 10
tempestare intr. *storm* 182
temporeggiare intr. *linger* 105
tendere tr./intr. *stretch* 96
tenere tr. *hold, keep* **189**
tentare tr. *try* 10
tentennare intr. *totter, hesitate* 10
tergere tr. *wipe away* 69
terminare tr./intr. *finish* 10
terrorizzare tr. *terrorize* 10
tesserare tr. *enrol* 10
testimoniare tr./intr. *testify* 182
timbrare tr. *stamp* 10
tingere tr. *dye* 54
tintinnare intr. *tinkle* 31
tiranneggiare tr. *tyrannize* 105
tirare tr. *pull* 10
titubare intr. *hesitate* 10
toccare tr./intr. *touch* 31
togliere tr. *remove* **190**
tollerare tr. *bear* 10
tonificare tr. *invigorate* 31
torcere tr. *twist* 129
tormentare tr. *torment* 10

tornare intr. *return* **191**
torrefare tr. *roast* 80
torturare tr. *torture* 10
tosare tr. *shear* 10
tossire intr. *cough* 30
tostare tr. *toast* 10
totalizzare tr. *total, score* 10
traballare intr. *totter* 10
traboccare intr. *overflow* 31
tracciare tr. *trace* 36
tracollare intr. *fall over* 10
tradire tr. *betray* 30
tradurre tr. *translate* **192**
trafficare intr. *traffic* 31
traforare tr. *pierce, drill* 10
trafugare tr. *steal* 121
traghettare tr. *ferry* 10
trainare tr. *pull* 10
tralasciare tr. *omit* 100
tramandare tr. *hand down* 10
tramare tr. *plot* 10
tramezzare tr. *partition* 10
tramontare intr. *go down, set* 123
tramortire intr. *stun* 30
tramutare tr. *transform* 10
trangugiare tr. *gulp down* 105
tranquillizzare tr. *calm* 10
trapanare tr. *drill* 10
trapassare tr./intr. *pierce* 10
trapelare intr. *leak out, filter through* 10
trapiantare tr. *transplant* 10
trapuntare tr. *quilt* 10
trarre tr. *pull, draw* **193**
trasalire intr. *jump* 30
trascendere tr./intr. *exceed* 164
trascinare tr. *drag* 10

traslocare intr./tr. *move* 31

trascolorare intr. *discolour* 10

trascorrere tr./intr. *spend (time)* **194**

trascrivere tr. *transcribe* 168

trascurare tr. *neglect* 10

trasferire tr. *transfer* 30

trasfigurare tr. *transfigure* 10

trasfondere tr. *instil* 39

trasformare tr. *transform* 10

trasgredire tr./intr. *infringe* 30

trasmettere tr. *transmit* 107

trasparire intr. *shine through* 30

traspirare intr. *transpire* 10

trasporre tr. *transpose* 130

trasportare tr. *transport* 10

trastullare tr. *amuse* 10

trattare tr. *deal with, treat* 10

tratteggiare tr. *outline* 105

trattenere tr. *keep* 189

travagliare tr./intr. *trouble* 182

travasare tr. *decant* 10

traversare tr. *cross* 10

travestire tr. *disguise* 171

traviare tr. *corrupt* 182

travisare tr. *distort* 10

travolgere tr. *sweep away* 207

tremare intr. *tremble* 10

trepidare intr. *be anxious* 10

tribolare intr. *suffer* 10

trillare intr. *trill* 10

trinciare tr. *cut up* 36

trionfare intr. *triumph* 10

triplicare tr. *triple, treble* 31

tripudiare intr. *exult* 182

tritare tr. *mince* 10

tritolare tr. *crush* 10

troncare tr. *cut off* 31

troneggiare intr. *tower (over)* 105

trottare intr. *trot* 10

trovare tr. *find* 10

truccare tr. *falsify, make up* 31

trucidare tr. *slay* 10

truffare tr. *cheat* 10

tuffare tr. *dip* 10

tuffarsi r. *dive* 9

turbare tr. *trouble* 10

tutelare tr. *defend* 10

ubbidire tr. *obey* 30

ubriacarsi r. *get drunk* 31

uccidere tr. *kill* **195**

udire tr. *hear* **196**

uguagliare tr. *equalize* 182

ultimare tr. *finish* 10

ululare intr. *howl* 10

umiliare tr. *humiliate* 182

ungere tr. *grease, oil* **197**

unificare tr. *unite* 31

uniformare tr. *make even* 10

unire tr. *unite, join* **198**

urbanizzare tr. *urbanize* 10

urlare intr. *shout* 10

urtare tr./intr. *hit* 10

usare intr. *use* 10

uscire intr. *go out, come out* **199**

usufruire intr. *benefit* 30

usurpare tr. *usurp* 10

utilizzare tr. *use* 10

vaccinare tr. *vaccinate* 10

vacillare intr. *stagger* 10

vagabondare intr. *wander* 10

vagare intr. *wander* 121

vagheggiare tr. *long for* 105

vagire intr. *wail* 30

valere int. *be worth* **200**
valicare tr. *cross* 31
valorizzare tr. *exploit* 10
valutare tr. *value, evaluate* 105
vaneggiare intr. *rave* 105
vangare tr. *dig* 121
vantare tr. *brag of* 10
vaporizzare intr. *vaporize* 10
varcare tr. *cross* 31
variare tr. *vary* 182
vedere tr. *see* **201**
vegetare intr. *vegetate* 10
vegliare intr. *keep watch* 182
velare tr. *veil* 10
veleggiare intr. *sail* 182
vendemmiare intr. *harvest the grapes* 182
vendere tr. *sell* 45
vendicare tr. *revenge* 31
venerare tr. *venerate* 10
venire intr. *come* **202**
ventilare tr. *ventilate* 10
verbalizzare tr. *report* 10
vergognarsi tr. *be ashamed* 9
verificare tr. *verify* 31
verniciare tr. *paint* 36
versare tr. *pour* 10
verseggiare tr. *versify* 105
vezzeggiare tr. *pet* 105
viaggiare intr. *travel* **203**
vibrare tr./intr. *vibrate* 10

vidimare tr./intr. *certify* 10
vietare tr. *forbid* 10
vigilare tr./intr. *supervise* 10
vincere tr./intr. *win* **204**
violare tr. *violate* 10
violentare tr. *rape* 10
virare intr. *change course* 10
visitare tr. *visit* 10
vistare tr. *mark with a visa* 10
vivacchiare intr. *manage* 182
vivere intr. *live* **205**
vivificare tr. *revive* 2
viziare tr. *spoil* 182
vogare intr. *row* 121
volare intr. *fly* 10
volere tr. *want* **206**
volgarizzare tr. *vulgarize* 10
volgere tr./intr. *turn* **207**
voltare tr. *turn* **208**
volteggiare intr. *circle* 105
vomitare tr. *vomit* 10
votare intr. *vote* 10
vuotare tr. *empty* 10

zampettare intr. *scamper* 10
zampillare intr. *spring, gush* 10
zappare tr. *hoe* 10
zittire intr./tr. *hiss, silence* 134
zoppicare intr. *limp* **209**
zuccherare tr. *sweeten, sugar* **210**

English–Italian glossary

The following glossary will help you to find some of the most common Italian verbs, using English as your starting point. It is not intended to be a comprehensive list, so sometimes you will need to refer to a dictionary. If the Italian verb you want is also listed in the main section of the book, it is a good idea to check there on how it is used.

*indicates that the verb uses **essere** to form the compound tenses (such as the perfect tense).

†indicates that the verb uses **essere** in some cases and **avere** in others to form the compound tenses.

accept **accettare 3**
achieve **raggiungere** (*a goal*) **144; avere successo** (*to be successful*) **22**
add **aggiungere 144; sommare** (*add up*) 10
advise **consigliare 182**
agree ***essere d'accordo** (*be in agreement*) **76**
allow **permettere** 107, **lasciare 100**
annoy **dare fastidio a 49**
answer **rispondere 157**
apologize ***scusarsi 9**
appear ***sembrare** (*seem*) 10; ***comparire** 166
arrive ***arrivare 14**
ask **chiedere 33**
avoid **evitare 79**

bath **fare il bagno 80**
be ***essere 76**
become ***diventare 60**, ***divenire** 202
begin **†cominciare 36**, **†iniziare** 182
believe **credere 45**
borrow **prendere in prestito 135**
break **rompere 159**
bring **portare 131**
build **costruire 30**
buy **comprare 10**

call **chiamare 32**
can **potere 133**
carry **portare 131**
catch **prendere 135**
celebrate **festeggiare** 105
change **†cambiare** 28

check **controllare** (verify) 10; **bloccare** (stop) 10

choose **scegliere** 163

clean **pulire** 30

climb ***salire** 160; **scalare** (mountain) 10

close **chiudere** 34

come ***venire** 202

complain ***lamentarsi** 9

cook **cucinare** 10, **cuocere** 48

cost ***costare** 10

count **contare** 10

create **creare** 10

cry **piangere** (weep) 121; **gridare** (shout) 10

cut **tagliare** 182

dance **ballare** 10

decide **decidere** 50

destroy **distruggere** 59

die ***morire** 109

direct **dirigere** 56

disagree ***non essere d'accordo** 76; **non fare bene** (food) 80

discover **scoprire** 167

discuss **discutere** (talk about) 57

do **fare** 80

draw **tirare** (pull) 10; **disegnare** (a picture) 10

dream **sognare** 174

dress **vestire** 171

drink **bere** 24

drive **guidare** 10; ***andare in macchina** 11

drop **lasciar cadere** 100

earn **guadagnare** 10

eat **mangiare** 105

enjoy ***piacere** 127

enter ***entrare** (in) 70

excuse **scusare** 10

expect ***aspettarsi** 17

fall ***cadere** 27

fear **aver paura di** 22, **temere** 85

feel **provare** 10, **sentire** 171

find **trovare** 10

finish †**finire** 83

fly †**volare** 10; ***andare in aereo** 11

follow **seguire** 171

forbid **proibire** 139

forget **dimenticare** 52

forgive **perdonare** 10

give **dare** 49

get **ottenere** (obtain) 120; **ricevere** (receive) 148; **prendere** (catch) 135; **portare** (fetch) 131; **capire** (understand) 30; ***arrivare** (go, arrive) 14

get up ***alzarsi** 9

go ***andare** 11

go away ***andar via** 11

greet **salutare** 10

grow ***crescere** (plants, children) 46; †**aumentare** (increase) 21; ***diventare** (become) 60

guess **indovinare** 10; **supporre** (assume) 184

happen ***succedere** 183

hate **odiare** 182

have **avere** 22

have to **dovere** 66

have breakfast **fare colazione** 80
have lunch **pranzare** 10
have supper **cenare** 10
hear **sentire** 171
help **aiutare** 8
hire **affittare** 6
hit **colpire** (strike) 30; **battere** (knock) 45; **picchiare** (beat) 182
hold **tenere** 189
hope **sperare** 10
hurry ***affrettarsi** 9
hurt **ferire** (injure) 30; **far male** (cause pain, be sore) 80

imagine **immaginare** 10
improve †**migliorare** 10
insult **insultare** 10
interest **interessare** 10
invent **inventare** 10
invite **invitare** 10

join **unire** (connect) 198;***entrare in** (become a member of) 70; ***venire con** (company) 202
joke **scherzare** 10
jump †**saltare** 161

keep **tenere** (retain, store) 189; **mantenere** (a promise) 189
kill **uccidere** 195
kiss **baciare** 36
know **sapere** (fact) 162, **conoscere** (person, place) 41

lack ***mancare** (di) 104
last †**durare** 67

laugh **ridere** 150
lead **condurre** 192
learn **imparare** 89
leave ***partire** (depart) 124; **lasciare** (allow to remain) 100
let **lasciare** (allow) 100; **affittare** 6 (lease)
lend **prestare** 10
lie, lay, lain ***giacere** 85
lie down ***sdraiarsi** 9
lie, lied, lied **mentire** 106
lift **alzare** 9, **sollevare** 10
like ***piacere** (be pleasing) 127
listen **ascoltare** 16
live †**vivere** 205, **abitare** 1
look **guardare** (look at, watch) 88; ***sembrare** (seem) 10
look after **badare a** 23
look for **cercare** 31
lose **perdere** 126
love **amare** 10

make **fare** 80
mean **significare** (signify) 10; **intendere** (intend) 96
meet **incontrare** 93; **fare la conoscenza di** (be introduced to) 80
mend **aggiustare** 10, **riparare** 10
mind **badare a** (look after) 23; ***importare** (object to) 10
miss **perdere** (fail to catch) 126; **sentire la mancanza di** (feel the absence of) 104
mix **mischiare** 10

need **aver bisogno di 22**

offer **offrire 116**
open **aprire 13**
organize **organizzare** 10
order **ordinare 119**
ought to **dovrei, dovresti, ecc. 66**
owe **dovere (qualcosa a qualcuno) 66**
own **possedere 132**

pay **pagare 121**; *pay attention* **fare attenzione 80**
phone **telefonare (a) 187**
pick up **raccogliere 35**; ***passare a prendere** (collect) 10*
plan **progettare** 10
play **giocare 31**
please **far piacere a 80**
practise ***esercitarsi a/in** 9*
prefer **preferire 134**
pretend **fingere 82**
prevent **impedire** (forbid) 30; **prevenire** (crime, fire) 137
promise **promettere 140**
pull **tirare** 10
push **spingere 179**
put **mettere 107**

read **leggere 103**
receive **ricevere 148**
recognize **riconoscere 149**
recommend **raccomandare** 10
record **registrare** 10, **incidere** (music, speech) 91
remember **ricordare** 10
remind **ricordare (qualcosa a qualcuno)** 10

remove **togliere 190**
rent **affittare 6**
reserve **prenotare** 10
respect **rispettare** 10
rest ***riposarsi** (relax) 9*
return ***tornare** (go/come back) 191*; **restituire** (send/give back) 30
ride ***andare in** (car, bike, etc.) 11*; ***andare a cavallo** (horse) 11*
rise ***alzarsi** (get up) 9*; ***sorgere** (sun, moon) 175*
run **†correre 44**

save **risparmiare** (money, time) 10; **salvare** (rescue) 10; **tenere da parte** (keep) 189
say **dire 55**
say hello/goodbye **salutare** 10
see **vedere 201**
seem ***sembrare** 10, **parere 122***
sell **vendere 45**
send **mandare** 10, **spedire** 30
serve **servire 172**
share **dividere 62**, **condividere** 62
shout **gridare** 10, **urlare** 10
show **mostrare** 10, **far vedere 80**
shower ***farsi la doccia 80***
sing **cantare** 10
sit down ***sedersi 170***
sleep **dormire 65**
smell **sentir odore di** (notice a smell) 171; **aver odore di** (have a smell) 22
smoke **fumare** 10
speak **parlare 123**

spend **spendere** (money) **178**;
  passare (time) **10**

stand (up) *****alzarsi in piedi** **9**,
  *****stare in piedi** **180**

start **†cominciare 36**

stay *****rimanere 153**,
  *****restare 147**, *****stare 180**

stop **fermare** (block) **81**;
  *****fermarsi** (cease moving) **81**;
  smettere di (give up) **107**

study **studiare 182**

suggest **suggerire** (propose) **30**

suspect **sospettare** (have
  suspicions about) **10**; **supporre**
  (imagine) **184**

swim **nuotare 114**

take **prendere 135**; **portare** (to
  a place) **131**; *****volerci** (require:
  time, effort, etc.) **206**

talk **parlare 123**,
  chiacchierare 10

teach **insegnare 10**

tell **dire 55**; **raccontare**
  (a story) **10**

thank **ringraziare 155**

think **pensare 125**; **credere**
  (believe) **45**

throw **buttare 26**, **gettare** 10,
  lanciare 36

touch **toccare** 10

travel **viaggiare** 105, *****andare 11**

try **cercare di** (attempt) **31**;
  provare (dress, car, food, etc.) 10

turn **voltare 208**, **volgere 207**;
  *****girarsi** (turn round) 9

turn off **spegnere** (light,
  gas) **177**; **chiudere** (tap) **34**

turn on **accendere** (light, gas) **2**;
  aprire (tap) **13**

understand **capire 30**

use **usare** (employ) 10; *****servirsi
  di** (make use of) **172**

visit **visitare** (places) 10;
  *****andare a trovare**
  (people) **11**

wait **aspettare 17**

wake **svegliare** (wake s.o.
  up) **182**; *****svegliarsi** (cease
  sleeping) **182**

walk **camminare 29**; *****andare a
  piedi** (to a place) **11**

want **volere 206**

wash **lavare 101**, *****lavarsi** (wash
  oneself) **101**

watch **guardare 88**

wear **portare** (clothes) **131**;
  consumare (wear out) 10

win **vincere 204**

work **lavorare 102**; **funzionare**
  (function) 10

worry **preoccupare** 10,
  *****preoccuparsi di** (worry
  about) 9

write **scrivere 168**